邛窑器物设计的审美文化

詹颖 著

中国轻工业出版社

图书在版编目（CIP）数据

邛窑器物设计的审美文化/詹颖著.—北京：中国轻工业出版社，2019.6

ISBN 978-7-5184-2390-3

Ⅰ.①邛… Ⅱ.①詹… Ⅲ.①古代陶瓷—文化研究—海峡 Ⅳ.① K876.34

中国版本图书馆CIP数据核字（2019）第033633号

责任编辑：毛旭林　　责任终审：劳国强　　封面设计：锋尚设计
版式设计：锋尚设计　　责任校对：晋　洁　　责任监印：张　可

出版发行：中国轻工业出版社（北京东长安街6号，邮编：100740）
印　　刷：北京博海升彩色印刷有限公司
经　　销：各地新华书店
版　　次：2019年6月第1版第1次印刷
开　　本：720×1000　1/16　印张：16
字　　数：280千字
书　　号：ISBN 978-7-5184-2390-3　定价：88.00元
邮购电话：010-65241695
发行电话：010-85119835　传真：85113293
网　　址：http：//www.chlip.com.cn
Email：club@chlip.com.cn
如发现图书残缺请与我社邮购联系调换
181208K2X101ZBW

《邛窑器物设计的审美文化》序

中国的陶瓷文化内涵丰富，源远流长，是人类文明史的重要组成部分。作为人类物质和精神的结晶，陶瓷兼具实用与审美的功能和价值，并折射出特定时代的社会经济和文化生活。因此，陶瓷审美文化的研究具有积极的现实意义。

巴蜀地区自古以来农业发达，手工业繁荣，经济上保持了由秦至宋的长期繁盛。成都，历代荣膺"天府之国""扬一益二"等美誉，同时尚为南方丝绸之路的起点，更是北方丝绸之路、草原丝绸之路上的重要商业枢纽，长期保持着与外界的经济和文化交流。然而，尽管在巴蜀大地上存续过邛窑、涂山窑、西坝窑、清溪窑、磁峰窑、广元窑、金凤窑等众多古代民间窑口，但在历史上，包括巴蜀在内的西南地区并非传统的陶瓷主流产地。历代名瓷中几乎未见西南瓷器之身影，古代史籍和近现代陶瓷研究中亦鲜有提及。从20世纪早期至今一系列考古工作的展开，大量窑场重见天日，大批独具特色的瓷器和窑具等从窑址和墓葬中出土，有关西南地区古代陶瓷的生产、发展的画卷渐渐地呈现在世人眼前。近年来，越来越多的研究者开始关注和参与到西南地区古代陶瓷的研究中，并取得了颇具价值的研究成果。这不仅提升了巴蜀地区古代陶瓷的地位和显示度，也为丰富陶瓷史、陶瓷文化的研究做出了贡献。詹颖撰著的这部《邛窑器物设计的审美文化》便是其中之一。

作为地道的四川人，詹颖对巴蜀文化有着天然的深度体验和独特感情，并融入她长期在成都求学、工作和生活的经历中。她在四川大学艺术学院攻读硕士学位期间，得到黄宗贤、彭肜、林木等名师的指教，形成了宽广的学术视野和研究必备的理论素养，并多次跟随卢丁、格桑益西等老师参与巴蜀地区考古遗址的田野调查，为她在邛窑陶瓷领域的研究奠定了坚实的基础。硕士毕业后，她进入西南交通大学攻读设计文化与设计美学方向博士学位，将"邛窑器物设计的审美文化"作为研究课题，并通过坚持不懈的努力，顺利完成了博士论文，获得了评审专家的一致好评。今天，她的这一研究成果终于付梓，作为她博士生阶段的导师，真心为她感到骄傲和欣慰。

实际上，这一课题的选择具有相当的挑战性。由于不为人知的原因，邛窑于南宋后逐渐销声匿迹，目前学界也尚未发现对邛窑有明确记载的史料。直到20世纪30年代邛窑遗址的偶然发现，昔日的邛窑器物才历经数百年后重新回到人们的视野中。但由于最初的保护不力，导致早期发现的大量精品瓷器流散于民间，难以寻访。其后通过几次系统考古发掘工作形成了数篇发掘简报和论文等成果，但除去少量陈列于博物馆的，大量出土器物一直未能进行系统公开展示。因此，在史料缺失、实物资料不足的状况下，尽管陆续有学者对邛窑器物展开研究，但迄今为止，邛窑器物的研究成果依然不多，可供参考的文献也极其有限，而研究标本更是难以获得。这些先天不足的研究条件，对研究的深入开展造成了较大的困难。

另外，从审美文化的角度对陶瓷的设计进行研究，在国内并不多见，在研究方法、研究内容和目标等方面，尚未形成较为成熟的范式。尤其在邛窑器物的研究成果中，大多偏重于考古、工艺、收藏等角度，真正从民艺学、民俗学、设计学、文化学、美学等角度对邛窑器物做深度研究和阐述的论著几乎没有。因此，詹颖的研究具有特别的意义和价值，意味着要在学习和继承前人成果的基础上，以全新的视角和方法来进行深化和突破，形成具有创新意义的成果——可以说，这不仅是对邛窑相关研究的一次全新尝试，也是对陶瓷研究的一次新探索。这无疑对研究者的能力和水平提出了更高的要求。

众所周知，课题的完成，不仅需要大量的时间和精力进行充分的田野调查、民间走访、文献查阅等基础工作，还需要知难而进、锲而不舍的研究和创新精神。毫无疑问，这一成果凝聚了詹颖大量的心血和汗水。为了全面深入地呈现邛窑器物设计的审美文化，书中以多学科、多视角、多方法交叉的研究思路，采用田野调查、文献研究、图像学、类型学以及综合分析诸方法，将邛窑器物放置于更广阔的研究视阈，从民艺学、民俗学、设计学、文化学、美学等角度对邛窑器物设计进行了多层次的论述和阐释。研究内容包括"邛窑器物造型和装饰设计""邛窑器物设计的审美意识"以及"邛窑器物设计的审美行为方式"三个方面。既有对邛窑器物设计的全面、整体把握，又有对器物本体的具体分析；既有纵向的历时性研究，又有横向的共时性比较；通过由点及面、由形式及内涵的层层深入，对邛窑器物设计审美文化的生成、发展和衰亡的影响因素进行了全面分析，从而对其美学价值和历史方位进行全新的认知和评判。可以说，本书既深化了前人的研究成果，也拓展了以往研究的角度和视野，进一步凸显了邛窑器物在陶瓷史、设计史、工艺美术史上应有的地位和影响。

本书不仅为推动邛窑陶瓷文化和巴蜀传统文化的研究做出了贡献，也为探索陶瓷设计的审美文化的研究方法和范式进行了一次有益的尝试。作者从考古学和历史学的角度对邛窑发展进行了分期考察；从设计美学的角度对邛窑器物设计的造型和装饰之美进行了阐释和分析；从文化学的角度探究了邛窑器物设计审美文化的起源和演变、功能与本质、共性与个性、特殊规律与一般规律等问题；用图像学方法对邛窑彩绘纹样进行大量采集、汇总、分类、比较，并进行了深度的图像释读和内涵研究。书中不仅限于对邛窑器物的本体描述，更通过多角度的比较研究来凸显邛窑器物的审美特征，如邛窑与长沙窑的比较、邛三彩与唐三彩的比较、邛窑彩绘与东吴彩绘瓷和西晋点彩瓷的比较、邛窑瓷塑与巴蜀地区历代造型艺术的比较、邛窑彩绘技法与绘画技法的比较、邛窑彩装饰纹样与胎装饰纹样的比较等，在不断比较中确立了邛窑器物设计审美文化的历史价值与地位，使得研究结论更具实证性和说服力。我认为，这些探索难能可贵，颇具创新价值。

当然，限于资料不足和本书篇幅，某些研究点未能更全面深入地展开，想必随着更多考古成果的面世，该课题尚有进一步充实完善的空间。希冀作者能在这一研究领域中继续探索，带来更多更新的成果。

是为序。

张夫也

己亥上元之夜于北京清华园

目录

009　第一章　绪　论
010　一、邛窑研究的历史与现状
011　（一）邛窑研究的历程
015　（二）国内外研究成果
019　二、研究内容与方法
019　（一）研究内容
023　（二）研究方法
024　三、邛窑器物设计审美文化的研究意义
025　（一）探寻邛窑器物设计的审美文化
025　（二）推动陶瓷的跨学科综合性研究
026　（三）推进邛窑文化传承与创新发展

027　第二章　邛窑综述
028　一、学术视野中的"邛窑"概念及其内涵
031　二、邛窑工艺概述
031　（一）邛窑造型工艺
033　（二）邛窑装饰工艺
035　（三）邛窑烧制工艺
038　三、邛窑器物设计审美文化的分期考察
038　（一）发生期：东晋至南朝
040　（二）发展期：隋代
041　（三）成熟期：初唐至盛唐

042　（四）繁荣期：晚唐至五代
043　（五）衰退期：宋代

046　**第三章　邛窑器物设计的审美表现**
047　一、邛窑器物造型设计
047　（一）邛窑器物造型分类简述
053　（二）时代性与滞后性：邛窑器物造型的形式与演变
061　（三）仿生造物：邛窑器物造型设计的典范
070　二、邛窑器物装饰设计
071　（一）邛窑器物装饰的规定性内涵
073　（二）釉装饰：从单色到多色的突破
080　（三）胎装饰：恒常主题的精雕细琢
091　（四）彩装饰：经验图式的视觉转译
103　三、邛窑器物设计的特殊美感
103　（一）邛窑瓷塑：世俗百态的生动再现
109　（二）邛窑彩绘：气韵生动的技法与图像

120　**第四章　邛窑器物设计审美文化的生成与发展**
121　一、邛窑器物设计审美文化的生成基础
121　（一）器用方式与器用诉求的转变
123　（二）水土宜陶的自然地理环境
124　（三）社会生产水平和生产组织方式
125　二、邛窑器物设计审美文化的发展动因
125　（一）思维方式：巴蜀地区开放多元的地域文化与邛窑器物设计审美意识的产生
132　（二）生产方式：巴蜀地区发达的生产力水平与邛窑烧制工艺的发展
136　（三）生活方式：巴蜀世俗文化与邛窑器物设计中的强烈生活气息
141　（四）信仰方式：巴蜀地区宗教文化与邛窑器物设计审美观念
146　三、唐宋美学嬗变与邛窑器物设计审美文化的历史命运
146　（一）邛窑原料劣势与唐代美学的矛盾：邛窑器物设计创新的原动力
148　（二）唐代美学与邛窑装饰发展的突破与创新：邛窑彩绘瓷、邛三彩的兴盛

152　（三）宋代美学转型与邛窑装饰独创性的消失：趋同与模仿下的"邛窑绿"、印花、刻花的流行

154　（四）邛窑器物设计审美文化的终结：审美风尚转变与社会变迁的共同影响

156　**第五章　邛窑器物设计审美文化的内涵**

157　一、邛窑器物设计的观念与表现

157　（一）造型观念：实用与审美相结合

161　（二）装饰观念：相物而赋彩，范质而施彩

164　（三）生产观念：以需求为动力

168　（四）材料观念："材不美"促"工巧"

171　二、邛窑器物设计审美文化的特征

171　（一）装饰为上：以装饰作为形式美感的核心要素

174　（二）情感质朴：大朴不雕、稚拙天然的民间意趣

180　（三）写意精神：从形式到内涵的写意性表达

186　（四）风格多元：多层次的器用诉求与审美趣味

193　（五）蜀地风貌：造型与装饰的本土化特征

199　**第六章　邛窑器物设计审美文化的历史方位**

200　一、邛窑器物设计的创新价值

200　（一）邛窑高温乳浊铜绿釉、高温铜红釉、蓝釉的工艺创新与审美价值

207　（二）邛三彩：高温多色釉的突破性创造

210　（三）邛窑彩绘瓷：开创中国彩绘瓷的第一个高峰

217　（四）省油灯：古代器物造型的科技之美

222　二、邛窑器物设计审美文化的价值重估与当下意义

229　**参考文献**

239　**图　录**

252　**邛窑大事记**

254　**后　记**

第一章

绪 论

一、邛窑研究的历史与现状

邛窑是巴蜀地区[1]最大的民间青瓷窑系，因其主要窑址分布于四川盆地西南边沿的邛崃境内而得名。自20世纪30年代，邛崃境内的十方堂遗址被发现后，陆续有多处邛窑窑场进入了学术研究的视野。现有考古证据表明，邛窑始烧于东晋，盛于唐五代，衰于南宋，瓷器烧造活动长达900多年。邛崃十方堂窑以遗址堆积最厚、产品最丰富、连续烧造时间最长而著称于世。但令人不解的是，如此大规模长时间烧制瓷器的窑场，在当时的文献中并没有直接的记载，后人只能根据近晚以来的零星文字推断出邛崃自古便有瓷器生产，作为出土实物的文献佐证。如《邛崃县志》民国十一年（1922年）刊本卷二中提到："此地土性不坚，黄土砌成土砖亦尚耐久，黑土筑墙遇雨易颓，火烧合之成砖瓦则适用陶，而为坛罐则尤佳，十方堂等处古时之坛罐窑也，至今河水刷岸犹有陶器发现，其质不细而其色亦不佳。"[2]在另一处"山水志"关于"十方堂"一条的记录中提到："十方堂佛庙也。在南河厓岸夷上洒下水泄沙崩多出窑器未见文雅"[3]。这里描述了邛崃当地的土质与烧制陶瓷的关系，明确指出了十方堂等处有地下埋藏的古陶器出现，并形容了器物的色质，与其民窑的性质吻合。这两处文字相互印证，也是至今为止关于邛窑十方堂遗址出土器物的最早确切文字证据（图1-1，图1-2）。

根据现有考古发掘的结果，学术界皆公认自南宋以后邛窑的各大型窑场均逐渐衰落，宋末基本停烧。但民国十一年刊本的《邛崃县志》仍有两处提及宋以后邛崃地区的瓷器生产："城西偏南二十里孔明庙，山市小场也，相传为诸葛武乡侯过辙。后人立庙，附近多坛罐窑"[4]；"砖瓦窑不及百，附城及各场镇皆有之。坛罐则止有七窑，皆在南路金马廖植四姓业此"[5]。表明自宋以后，邛崃

---

[1] 四川简称川或蜀，因先秦时四川曾分属巴、蜀两诸侯国，故别称"巴蜀"。北宋真宗咸平年间将地处今四川盆地一带的川峡路分为益州路、梓州路、利州路和夔州路，合称为"川峡四路"，简称"四川路"，四川由此得名。学术界一般将现四川地域内出现过的历代陶瓷都统称为"四川古陶瓷"，而提及这一地区历代的地域或文化概念时称"巴蜀文化"，本书同样采用了这两种情况下不同的称谓，其称谓的含义与此同一。

[2] 邛崃县志卷二"方物志识大略"．民国十一年（1922年）：5

[3] 邛崃县志卷一"山水志"．民国十一年（1922年）：15

[4] 邛崃县志卷一"疆土志场镇记"．民国十一年（1922年）：12

[5] 邛崃县志卷二"方物志识大略"．民国十一年（1922年）：5

1-1 邛窑十方堂窑遗址近照1

1-2 邛窑十方堂窑遗址近照2

地区仍有少量小规模的窑场继续生产，但由于其规模小、亦无可靠典型器物存世，因此这并不属于学术界所定义的"邛窑"的研究范围了。

关于邛窑的学术研究始于20世纪30年代。在此之前，如前所述的《邛崃县志》中曾描绘的那样，邛窑的各大窑址一直都有出土器物在民间出现。又据最早对邛窑进行研究的学者之一、葛维汉（D. G. Graham）写于1936年的文章《邛崃陶器》中描述，"这个陶窑的出土器物，至少在最近几十年来，不断出现于成都市场"[1]，但这些器物，均为民间收藏者或乡民自行挖掘，未有正式的研究文字资料留存于世。1935年（民国二十四年）至1936年（民国二十五年），邛窑十方堂遗址遭到军阀的疯狂盗掘，大量实物流落民间甚至流失海外。邛窑亦因此引起少数国内外专家关注，自此开始走入学术研究的视野。

（一）邛窑研究的历程

到目前为止，中外学术界对邛窑的研究可以大致划分为四个阶段。

第一个阶段是20世纪30、40年代，邛窑遗址刚发现不久，国内外各界人士从不同角度进行过研究。此期间发表的文章数量不多，但却是对邛窑早期研究的第一手资料，具有很高参考价值。如前华西医大医生杨枝高撰文的《访

---

[1] 四川省文管会，成都市文管处. 成都青羊宫窑址发掘简报［A］. 四川古陶瓷研究（二）［C］. 成都：四川省社会科学院出版社，1984：113

邛窑十方堂古窑记》[1]、贝德福（O. H. Bedford）的 *An Ancient Kiln Site at Chiung-Chou, Szechwan*（《四川邛州古窑址》，成恩元译）[2]、罗希成《唐邛窑奇品》[3]、前华西大学古博物馆馆长葛维汉（D. G. Graham）的 *The Pottery of Chiung Lai*（《邛崃陶器》成恩元译）[4]、原华西大学化学系教授高毓灵的 *Identification of Szechwan Porcelain by Chemical Analysis*（《四川瓷器的化学分析鉴定》）[5]、郑德坤 *An Introduction to Szechwan Pottery*（《蜀陶概论》）[6]、魏尧西《邛窑》[7]等。

第二个阶段是20世纪50年代至80年代初，一大批有较高专业素养的文博研究者对邛崃境内的十方堂窑等遗址进行了多次田野调查，采集了部分实物标本并发表了一批调查研究报告。包括《川西古代瓷器调查记》[8]《成都附近古窑址调查记略》[9]《四川邛崃十方堂古窑》[10]《邛崃县古瓷窑遗址调查记》[11]《四川陶瓷考古调查记略》[12]等。这一时期的调查工作为后来邛崃十方堂遗址的科学发掘打下了坚实的基础，也使学术界对邛窑的认识更加深入。

第三个阶段是20世纪80年代至90年代。这期间最重要的研究进展是对邛窑系的几处窑场遗址的几次科学发掘。1982年10月、12月至1983年5月，四川省文管会、四川省博物馆和成都市文管所，对成都青羊宫窑进行了调查和发

---

[1] 杨枝高. 访十方堂古窑记［A］. 四川古陶瓷研究（一）［C］. 成都：四川省社会科学院出版社，1984：97

[2] (英)贝德福. 四川邛州古窑址［A］. 四川古陶瓷研究（一）［C］. 成都：四川省社会科学院出版社，1984：92-95

[3] 罗希成. 唐邛窑奇品［A］. 四川古陶瓷研究（一）［C］. 成都：四川省社会科学出版社，1984：96

[4] (美)葛维汉. 邛崃陶器［A］. 四川古陶瓷研究（一）［C］. 成都：四川省社会科学出版社，1984：102

[5] 高毓灵. 四川瓷器的化学分析鉴定［A］. 四川古陶瓷研究（一）［C］. 成都：四川省社会科学出版社，1984：1

[6] 郑德坤. 蜀陶概论［A］. 华西大学古博物馆手册丛刊［C］，1945

[7] 魏尧西. 邛窑［A］. 四川古陶瓷研究（一）［C］. 成都：四川省社会科学出版社，1984：114

[8] 徐鹏章. 川西古代瓷器调查记［A］. 文物考古参考资料［C］，1958，（2）

[9] 林向. 成都附近古窑址调查记略［A］. 四川古陶瓷研究（一）［C］. 成都：四川省社会科学出版社，1984：55-57

[10] 丁祖春. 四川邛崃十方堂窑［A］. 四川古陶瓷研究（一）［C］. 成都：四川省社会科学出版社，1984：120-130

[11] 陈显双. 邛崃县古瓷窑遗址调查记［A］. 四川古陶瓷研究（二）［C］. 成都：四川省社会科学院出版社，1984：21-42

[12] 陈丽琼. 四川陶瓷考古调查记略［A］. 四川古代陶瓷［C］. 重庆出版社，1987：162-180

掘工作，并发表了《成都青羊宫窑址发掘简报》[1]；1984年3月2日至5月7日，四川省文物管理委员会和邛崃县文物保护管理所对邛崃十方堂遗址进行了第一次发掘，并随后发表了《邛窑发掘的初步收获》[2]，简要介绍了这次意义重大的发掘成果。1988年9月至11月，四川省文物管理委员会、四川省文物考古研究所、四川省邛崃县文物管理研究所对邛崃县固驿瓦窑山遗址进行了发掘，并于1990年发表了《四川邛崃县固驿瓦窑山古瓷窑遗址发掘简报》[3]。这几次发掘的出土器物丰富，为研究邛窑提供了翔实的实物资料，是邛窑研究工作的重要里程碑。

1984年秋，中国古陶瓷研究会和中国古外销陶瓷研究会在成都市邛崃县召开。为了迎接此次会议，四川省文化厅组织相关学者撰写了一批邛窑的研究论文，并将这些研究成果与此前三四十年代的关于邛窑研究的资料共同编入《四川古陶瓷研究》（一）（二），由四川省社科院于1984年6月出版。其中比较重要的学术论文有：陈丽琼《邛窑新探》[4]、成恩元《邛窑遗址五十年》[5]、陈德富《邛窑省油灯研究》[6]、余祖信《试谈邛窑三彩》[7]等。

会议之后，陆续有专家在国内外学术刊物上发表相关论文，如张福康《邛崃窑的研究》[8]、汪雄，李子军《邛窑出土铭文器初探》[9]、陈德富《略论邛崃瓦窑

---

[1] 四川省文管会，成都市文管处. 成都青羊宫窑址发掘简报［A］. 四川古陶瓷研究（二）［C］. 成都：四川省社会科学院出版社，1984：113-154

[2] 四川省文管会，邛崃文管所. 邛窑发掘的初步收获［A］. 四川古陶瓷研究（二）［C］. 成都：四川省社会科学院出版社，1984：43-93

[3] 四川省文物管理委员会，四川省文物考古研究所，四川省邛崃县文物管理所. 四川邛崃县固驿瓦窑山古瓷窑遗址发掘简报［A］. 南方民族考古（第三辑）［C］. 成都：四川科学技术出版社，1990：341-367

[4] 陈丽琼. 邛窑新探［A］. 四川古陶瓷研究（一）［C］. 成都：四川省社会科学院出版社，1984：131-142

[5] 成恩元. 邛窑遗址五十年［A］. 四川古陶瓷研究（二）［C］. 成都：四川省社会科学院出版社，1984：1-20

[6] 陈德富. 邛窑省油灯研究［A］. 四川古陶瓷研究（二）［C］. 成都：四川省社会科学院出版社，1984：94-109

[7] 余祖信. 试谈邛窑三彩四川古陶瓷研究（二）［C］. 成都：四川省社会科学院出版社，1984：110-112

[8] 张福康. 邛崃窑的研究［A］. 古陶瓷科学技术国际讨论会论文集1［C］. 上海上海科学技术文献出版社，1989：50-53

[9] 汪雄，李子军. 邛崃市发现纪年铭文印模［J］. 成都文物，1996，（1）

山遗址发掘的意义》[1]、姚军《关于邛窑省油灯问题的探讨》[2]等。

第四个阶段是21世纪初至现在，邛窑的研究向广度和深度发展，形成众多研究成果。最重要的当数2001年在邛崃市举行了"邛窑古陶瓷科技考古研讨会"。国内陶瓷界许多一流专家如耿宝昌、李知宴等与会，并对邛窑进行了极高评价。这表明邛窑在中国陶瓷史上应有的重要地位为越来越多的专家学者所认同。会后出版了《邛窑古陶瓷研究》，其中不仅发表了介绍邛窑十方堂考古发掘成果的《邛窑古陶瓷简论——考古发掘简报》[3]，还收录了与会专家的研究论文和大量精美图片，是研究邛窑的重要的资料之一。

这之后，学术界对邛窑的研究继续展开，陈德富《邛窑文化走向全国——以省油灯为例》[4]、黄晓枫《从考古发现看邛窑的文化特征》[5]、胡立嘉，何吉明《试论邛窑衰败之原由》[6]、栾天《邛崃窑彩绘瓷彩绘工艺的SRXRF研究》[7]等文从考古、历史、科技、收藏等角度对邛窑进行了研究，此外还有些论文提供了更为广阔的视角，如王蓓蓓，刘美丽的《唐代邛窑瓷器及其所反映的社会生活》[8]、范仲远的《论邛窑对唐代成都经济的影响》[9]。这两篇论文将邛窑研究引向了社会生活、社会经济等研究层面，亦成为我的研究中的重要参考。

2005年至2007年，成都市文物考古研究所、邛崃市文物管理所对邛窑十方堂遗址1号窑包及其周围的平地、台地进行了大规模的发掘。目前相关发掘报告尚未发表。

---

[1] 陈德富. 略论邛崃瓦窑山遗址发掘的意义 [J]. 成都文物，1998，(4)

[2] 姚军. 关于邛窑省油灯问题的探讨 [J]. 四川文物，2001，(3)

[3] 陈显双，尚崇伟. 邛窑古陶瓷简论——考古发掘简报 [A]. 邛窑古陶瓷研究 [C]. 合肥：中国科学技术大学出版社，2002：123-260

[4] 陈德富. 邛窑文化走向全国——以省油灯为例 [J]. 成都文物，2003，(1)

[5] 黄晓枫. 从考古发现看邛窑的文化特征 [J]. 成都文物，2007，(2)

[6] 胡立嘉，何吉明. 试论邛窑衰败之原由 [J]. 成都文物，2008，(3)

[7] 栾天，毛振伟，王昌燧. 邛崃窑彩绘瓷彩绘工艺的SRXRF研究[J]. 光谱学与光谱分析，2006，(8)

[8] 王蓓蓓，刘美丽. 唐代邛窑瓷器及其所反映的社会生活 [J]. 文物春秋，2007，(2)

[9] 范仲远. 论邛窑对唐代成都经济的影响 [J]. 四川师范大学学报（社会科学版），2005，(4)

(二)国内外研究成果

就笔者目前搜集的资料情况看,邛窑的研究成果主要有以下几类。

1. 邛窑的考古研究成果

这部分成果包括20世纪70年代以前中外学者对邛窑进行田野调查后所写的纪实性文章和20世纪70年代至今文博工作者对邛窑各窑场遗址进行科学发掘后发表的考古报告等。前者如贝德福(O. H. Bedford)的《四川邛州古窑址》[1]、葛维汉(D. G. Graham)的《邛崃陶器》[2],以及徐鹏章的《川西古代瓷器调查记》[3]、陈万里、冯先铭的《四川省古窑址》、林向的《成都附近古窑址调查记略》[4]、丁祖春的《四川邛崃十方堂古窑》[5]、陈丽琼的《邛窑新探》[6]、陈显双的《邛崃县古瓷窑遗址调查记》[7]等,这些调查报告均对田野调查的情况进行客观说明,部分还附上了出土器物的大量图片,是研究邛窑的重要参考资料。后者包括历次考古发掘报告。重要的有:

《成都青羊宫窑址发掘简报》[8],概述了有关部门于1982年10月、12月至1983年5月对青羊宫窑的调查和发掘情况。包括调查发掘的地域范围、青羊宫窑的窑炉形制、发掘出土的典型遗物以及器物分期、分析了地层关系,最后对青羊

---

[1] (英)贝德福. 四川邛州古窑址 [A]. 四川古陶瓷研究(一)[C]. 成都:四川省社会科学出版社,1984:92-95

[2] (美)葛维汉. 邛崃陶器 [A]. 四川古陶瓷研究(一)[C]. 成都:四川省社会科学出版社,1984:102

[3] 冯先铭,陈万里. 四川省古窑址 [A]. 四川古陶瓷研究(一)[C]. 成都:四川省社会科学出版社,1984:52-54

[4] 林向. 成都附近古窑址调查记略 [A]. 四川古陶瓷研究(一)[C]. 成都:四川省社会科学出版社,1984:55-57

[5] 丁祖春. 四川邛崃十方堂窑 [A]. 四川古陶瓷研究(一)[C]. 成都:四川省社会科学出版社,1984:120-13

[6] 陈丽琼. 邛窑新探 [A]. 四川古陶瓷研究(一)[C]. 成都:四川省社会科学院出版社,1984:131-142

[7] 陈显双. 邛崃县古瓷窑遗址调查记 [A]. 四川古陶瓷研究(二)[C]. 成都:四川省社会科学院出版社,1984:21-42

[8] 四川省文管会,成都市文管处. 成都青羊宫窑址发掘简报 [A]. 四川古陶瓷研究(二)[C]. 成都:四川省社会科学院出版社,1984:113-154

宫窑址的烧造时间、烧造技术、装饰工艺、器物类型等方面内容进行了总结。

1984年，相关部门对邛窑十方堂遗址进行了第一次科学发掘，其成果有《邛窑发掘的初步收获》[1]《邛窑古陶瓷简论——考古发掘简报》[2]。考古简报翔实地公布了连续6年的发掘资料，让我们对邛窑十方堂遗址有了第一次全面和科学的认识。其内容有：确定窑址时代为隋至宋；出土器物数量丰富，器形多达数百种；胎色有黄褐、青褐等八种；釉色极其丰富，在全国同期其他瓷窑中极为少见；装饰丰富，彩绘纹样形式多样，釉下彩与釉上彩独具特色；出土了大量印模和有绝对纪年的器物，为瓷器鉴定提供了科学依据；出土了烧装工具、窑具等器物。

1988年9月至11月，相关部门对邛崃县固驿瓦窑山窑址进行了发掘，并发表了《四川邛崃县固驿瓦窑山古窑遗址发掘简报》[3]。根据该简报内容，固驿瓦窑山窑址的时代为南北朝晚期至隋末唐初，规模不大，器物胎以红褐色为主，胎体较厚，釉色以青为主，出土器物2000多件，器形较少，装饰工艺和烧装工艺都比较简单。

以上邛窑遗址的考古报告均实事求是地、全面系统地反映了考古活动的成果，内容涉及遗址的自然地理环境、历史沿革、既往工作历史；发掘工作经过情况；文化堆积与分期；遗迹与遗物；作者认识等，并附注有翔实的插图、表格、图版，为邛窑研究提供了珍贵的第一手资料。此外，在四川各地的墓葬或遗址中，也常有邛窑器物出土，这些考古活动的考古报告中反映的邛窑实物的相关信息，也是极为重要的第一手资料，对研究邛窑器物与当时社会生活之间的关系提供了有力的佐证。

2017年5月，成都文物考古研究所和邛崃市文物管理局主编《邛窑》出版，对邛窑瓷业生产成就按历史分期进行了系统梳理，并汇集刊出部分邛窑出土器物精品。上述系列考古研究成果是本课题研究的最重要的基础。

---

1 四川省文管会，邛崃文管所. 邛窑发掘的初步收获［A］. 四川古陶瓷研究（二）［C］. 成都：四川省社会科学院出版社，1984：43-93

2 陈显双，尚崇伟. 邛窑古陶瓷简论——考古发掘简报［A］. 邛窑古陶瓷研究［C］. 合肥：中国科学技术大学出版社，2002：123-260

3 四川省文物管理委员会，四川省文物考古研究所，四川省邛崃县文物管理所. 四川邛崃县固驿瓦窑山古瓷窑遗址发掘简报［A］. 南方民族考古（第三辑）［C］. 成都：四川科学技术出版社，1990：341-367

2. 邛窑的工艺研究成果

在邛窑的工艺研究方面,以下研究成果比较具有代表性:

伍秋鹏的《邛窑陶瓷窑具与装烧工艺初探》[1],对邛窑遗址出土的窑具进行了详细分类,并选择具有代表性的、已进行充分调查或已经发掘的窑址的窑具进行分别介绍。文章归纳和总结了从东汉到两宋时期的烧装工艺,对邛窑的工艺水平进行了评价并对邛窑与其他窑场的技术交流进行了探讨,尤为重要的是,从烧制工艺的角度对邛窑"窑系"这一概念进行了诠释。

陈德富的《邛窑省油灯研究》[2]是关于邛窑典型器物——省油灯的研究。作者将考古方法与自然科学研究方法相结合,对邛窑省油灯的原理进行了科学实验,并得出结论,对省油灯造型中包含的科技性给予了高度评价。

姚军的《关于邛窑省油灯问题的探讨》[3]是在前文的基础上,根据出土资料、结合文献记载,并通过科学测验,对邛窑省油灯的使用原理,及其传播地带和影响,提出了很有见地的看法,并对省油灯的使用方法提出了另外一种认识。

栾天、毛振伟、王昌燧在《邛崃窑彩绘瓷彩绘工艺的SRXRF研究》[4]中用SRXRF方法对邛崃窑彩绘瓷的彩绘技法进行了科学测验,着重探讨了彩料与瓷釉的相对关系。作者在中国科学院高能物理研究所的微束X射线荧光实验站对邛崃窑古瓷残片剖面进行了线扫描分析,发现古代邛崃窑彩绘瓷器中既有釉上彩又有釉下彩,这对我国古代瓷器彩绘工艺的发展具有一定的参考价值。

另外,中国科学院上海硅酸盐研究所的张富康对邛窑的科技考古研究颇有建树,发表了《中国早期钴蓝釉的研究》[5]《邛崃窑和长沙窑的烧造工艺》[6]等一系列

---

[1] 伍秋鹏. 邛窑陶瓷窑具与装烧工艺初探[J]. 四川文物,2005,(1)

[2] 陈德富. 邛窑省油灯研究[A]. 四川古陶瓷研究(二)[C]. 成都:四川省社会科学院出版社,1984:94-109

[3] 姚军. 关于邛窑省油灯问题的探讨[J]. 四川文物,2001,(3)

[4] 栾天,毛振伟,王昌燧. 邛崃窑彩绘瓷彩绘工艺的SRXRF研究[J]. 光谱学与光谱分析,2006,(8)

[5] 张福康,尚崇伟,承焕生,王昌燧. 中国早期钴蓝釉的研究[A]. 邛窑古陶瓷研究[C]. 合肥:中国科学技术大学出版社,2002:43-52

[6] 张福康. 邛崃窑和长沙窑的烧造工艺[A]. 邛窑古陶瓷研究[C]. 合肥:中国科学技术大学出版社,2002:53-60

研究成果，对邛窑的胎、釉的构成及烧制工艺进行了科学实验的分析。王崇东的《浅析古邛窑陶瓷的工艺特点》[1]对邛窑的工艺特点进行了简要的总结和概括。

3. 邛窑的陶瓷文化研究成果

在目前的研究成果中，有少部分涉及到邛窑的陶瓷文化研究，比如陈丽琼的《邛窑古陶瓷发展概述》[2]中对邛窑的发展历程做了全面梳理，其中有对邛窑的造型、装饰的具体描述和评价，并附上了大量彩图，具有很高的学术水平。唐昌朴在《邛窑彩釉的兴起及其继承问题》[3]中对邛窑彩釉的源流和发展情况进行了梳理，将邛窑与长沙窑、唐三彩的关系进行了论证，认为长沙窑和河南巩县唐三彩都受到了邛窑的影响。余祖信在《漫话古邛窑》[4]中介绍了邛窑的简况，并对邛窑是否外销作出了大胆的推论，认为四川在秦汉以来有一条通往西亚的古栈道，邛窑产品有可能从这条路上输出到西亚各国。但还需更多有力的实物证据来支持其观点，其结论值得商榷。胡立嘉在《南方丝绸之路与"邛窑"的传播》[5]中引用了大量考古证据，对唐宋时期邛窑外销瓷产品以及外销路线等问题提出了推论，以期引起进一步的讨论。伍秋鹏在《四川邛窑彩绘瓷与三彩小议》[6]中对邛窑彩绘瓷和三彩瓷的概念进行了廓清，有利于学术界对邛窑彩绘瓷的正确认识和定位。张天琚的《四川的酒文化历史与邛窑酒具》[7]对四川的酒文化对邛窑的影响进行了阐述，认为四川独特的酒文化丰富了邛窑瓷器的器形需求，从而促进了邛窑瓷器造型的发展。李铁锤的《邛窑高古瓷砚一瞥》[8]《颇具创造性的四川邛窑彩绘、刻绘、三彩及单色釉瓷》[9]等系列文章提供了大量的实物图片资料，在四川地区古陶瓷的收藏、鉴定和鉴赏研究方面收获颇丰，其成果为邛窑研究作出了较大的贡献。范仲远的《论邛窑对唐代成都

---

1 王崇东. 浅析古邛窑陶瓷的工艺特点［J］. 陶瓷科学与技术，2008，（7）
2 陈丽琼. 邛窑古陶瓷发展概述［A］. 三峡与中国瓷器［C］. 重庆：重庆出版社，2010
3 唐昌朴. 邛窑彩釉的兴起及其继承问题［J］. 西南师范大学学报，1986，（1）
4 余祖信. 漫话古邛窑［J］. 中国陶瓷，1984，（3）
5 胡立嘉. 南方丝绸之路与"邛窑"的传播［J］. 中华文化论坛，2008，（12）
6 伍秋鹏. 四川邛窑彩绘瓷与三彩小议［J］. 收藏界，2007，（9）
7 张天琚. 四川的酒文化历史与邛窑酒具［J］. 收藏界，2006，（9）
8 李铁锤. 邛窑高古瓷砚一瞥［J］. 收藏参考，2009，（7）
9 李铁锤. 颇具创造性的四川邛窑彩绘、刻绘、三彩及单色釉瓷［J］. 收藏界，2009，（10）

经济的影响》[1]和王蓓蓓、刘美丽的《唐代邛窑瓷器及其所反映的社会生活》[2]采用与前述研究者不同的角度,从社会经济、社会生活等方面来对邛窑进行了更为广泛意义的研究和解读。陈德富的《试论邛窑白瓷及其相关问题》[3],对陶瓷史上悬而未决的"大邑白瓷"问题进行了论证。作者以大量史料为根据,论证了唐代邛窑生产白瓷的情况。高久诚的《邛窑古陶瓷精品考述》[4],独家发表了四川省博物院所藏部分邛窑精品,这些图片资料和研究成果的公布,加深了学界和古陶瓷研究收藏界对邛窑的工艺美术水平的认识。成都文物考古研究所黄晓枫的《从考古发现看邛窑的文化特征》[5],具有很高的学术价值和参考价值。作者因其邛窑考古工作者和研究者的身份,掌握了翔实的第一手材料,通过对邛窑器物的造型、装饰、工艺等方面具体分析,对邛窑的文化特征进行了概括和总结。这是第一篇较为深入探讨邛窑的文化特征的论文。王崇东的《邛窑陶瓷艺术的语言特点》[6]通过对邛窑各个历史时期人文环境的研究,寻找出邛窑发展、成熟、辉煌、衰落的客观原因,力求厘清其独特风格形成的发展脉络,总结了邛窑陶瓷独特的地域文化语言特征。这些成果表明邛窑具有极其丰富的文化内涵,邛窑研究也具有更大的尚待开拓的空间。

除以上研究成果外,还有部分关于邛窑的收藏、鉴赏方面的报道和学术研究。以上研究成果为本书的进一步研究提供了基础。

二、研究内容与方法

(一)研究内容

本书主要围绕"邛窑器物""设计"与"审美文化"三个关键词来展开研究。

---

[1] 范仲远. 论邛窑对唐代成都经济的影响[J]. 四川师范大学学报(社会科学版),2005,(4)

[2] 王蓓蓓,刘美丽. 唐代邛窑瓷器及其所反映的社会生活[J]. 文物春秋,2007,(2)

[3] 陈德富. 试论邛窑白瓷及其相关问题[A]. 邛窑古陶瓷研究[C]. 合肥:中国科学技术大学出版社,2002:65-71

[4] 高久诚. 邛窑古陶瓷精品考述[A]. 邛窑古陶瓷研究[C]. 合肥:中国科学技术大学出版社,2002:73-96

[5] 黄晓枫. 从考古发现看邛窑的文化特征[J]. 成都文物,2007,(2)

[6] 王崇东. 邛窑陶瓷艺术的语言特点[D]. 四川美术学院,2004

1. "审美文化"的概念及其内涵

所谓"审美文化",是建立在现代文化系统,尤其是艺术文化系统不断发展和日趋完善基础上的,是当代文明和文化日益审美化、日益贴近人类真实生存状态的产物。在西方语境中,"审美文化"是指以人的精神体验和审美的形式观照为主导的社会感性文化。席勒在1793—1795年间撰写了《美育书简》,在该书第23封信的结尾处,席勒提出了"审美文化"概念。在最初的意义中,"审美文化"实际是代表了一种真善美重新融为一体的文化。之后以法兰克福学派为核心的美学流派以文化与机械文明的对立为理论前提,并在否定的意义上使用了"审美文化"这一概念:"审美文化"就是生活的审美化,它标志或意味着艺术与文化的商业化以及人的内在性的消解。阿多诺在《美学理论》的一开头便指出:"由于社会日益缺乏人性,艺术也随之变得缺乏自律性。那些充满人文理想的艺术构成要素便失去了力量。"[1] 显然,同席勒文化理想主义的乐观意识相反,法兰克福学派对于人类文化持一种悲观的态度。法兰克福学派过于强调审美文化概念的否定性内涵,因而也就一定程度上取消了这一概念的进步意义。

但是,更为广义的审美文化是指人类有目的有意识地创造美和享受美的一种特殊社会活动,是人工而非自然的审美活动。它尤其指审美活动是一种能够对社会成员发挥精神教化作用的特殊方式。那些进步的、符合社会和历史发展取向的人类活动,也应该属于审美文化的范畴。叶朗主编的《现代美学体系》明确提出了"审美文化"这个概念的广义内涵,并把它当做审美社会学的中心范畴,认为审美文化不是一个封闭、孤立的文化形态,而是一般文化这一大系统中的一个子系统;"审美文化就是人类审美活动的物化产品、观念体系和行为方式的总和。"[2] 具体而言,审美文化是由三个基本部分构成的。第一是审美活动的物化产品,"主要有两种形态:一种是作为潜在审美对象的各种人工制品……另一构成要素:审美设施。"[3] 物化产品是指审美文化的物质方面,包括各种艺术作品、具有审美属性的其他人工产品(如服饰、日用工艺品等)和经

---

[1](德)阿多诺. 王柯平译. 美学原理 [M]. 成都:四川人民出版社,1998
[2] 叶朗. 现代美学体系 [M]. 北京:北京大学出版社,2002:242
[3] 叶朗. 现代美学体系 [M]. 北京:北京大学出版社,2002:244-245

过人力加工的自然景观，以及传播和保存这些审美化产品的社会设施等。第二是"审美活动的观念体系，也就是一个社会的审美意识，包括审美趣味、审美理想、审美价值标准等。"[1]这是审美文化的精神方面，是审美主体对于审美活动总的认识，尤其集中体现在主体的审美趣味中。叶朗认为，审美趣味有不同层次，由最基本的每一审美主体所体现出来的个体的审美趣味再往上抽象为诸多群体审美趣味的共性特征，再组成了特定民族的审美趣味，鲜明地呈示出一个民族的独特的审美文化的印迹。第三是审美行为方式，它"是连接审美文化物质面（物化产品）和精神方面（观念体系）的桥梁"。[2]包含审美文化的观念体系被客体化和物化产品被主体化两种转变。它以审美生产、审美调节和审美消费三种形式相互连接、循环往复而构成。

"推动中国古代设计艺术思想向前发展的动力源，不只是局限于造物技术的不断创新，更为强大的动力结构来自于人类社会的审美文化，中国古代的设计艺术品具有鲜明的时代与文化特色，主要体现在设计艺术品的装饰题材方面，因而，中国古代的设计艺术思想除了具有技术性的特征外，还具有更为广泛的审美文化性的特征。"[3]陶瓷作为工艺美术中的一个门类，其生产、使用、传承的过程，同样也是一种有目的有意识地创造美和享受美的一种特殊社会活动过程。因此，陶瓷器物不仅满足实用的功能，还蕴含丰富的文化内涵和审美价值，反映出特定民族特定时期的审美理想。邛窑遗址分布在以成都平原为中心的四川西部与南部地区，地处多元文化的交会点，巴蜀地区的酒文化、茶文化、宗教文化、民间艺术观念、南丝绸之路带来的异域文化，等等，深刻地影响了邛窑器物设计的审美文化的形成和发展。邛窑作为古代四川地区民窑的典型代表，既具有中国陶瓷设计文化的共性，又反映巴蜀地区民间艺术的独特面貌，是民间精神、观念、情感、意识的传承。

2．本书的三个研究层次

根据以上理论，本书的研究内容也包括三个层次：邛窑器物设计、邛窑器物设计的审美意识以及邛窑器物设计的审美行为方式。

---

[1] 叶朗．现代美学体系［M］．北京：北京大学出版社，2002：243
[2] 叶朗．现代美学体系［M］．北京：北京大学出版社，2002：247
[3] 孙长初．中国古代设计艺术思想论纲［M］．重庆：重庆大学出版社，2010：217

第一个层次，邛窑器物设计，以邛窑的物化产品形式呈现。尽管"设计"这个概念是在现代才开始逐渐明确起来，但是设计的历史绝不是现代才从西方开始的，中国古代也有着灿烂辉煌的手工业设计史。在《考工记》中，已有对先秦时期各种手工业产品的设计、制作工艺和规范标准的记录，并阐述了"材美工巧"的设计原则、以人为中心的设计思想和为社会功能服务的设计理念。瓷器作为中国的伟大发明之一，早在东汉晚期就烧制成功，并进入了日常生活的各个领域。在漫长的历史进程中，瓷器在造型设计和装饰设计两方面逐渐形成了与青铜器、漆器、金银器、玻璃器等其他手工业完全不同的、独特而完整的体系。"形式美感最直接的表现是造型和装饰两个方面。造型决定着陶瓷器物的基本形态；装饰则起着加强整体的形式美感，或是在一定条件下，以造型为载体，依托造型表现装饰本身的意蕴。"[1]因此，这个层面的研究将围绕"设计"这个关键词，从"造型设计"和"装饰设计"两部分展开，以大量邛窑瓷器实物资料为基础，对器物本体进行具体分析和研究，使邛窑的审美特征在物质层面得以显现。

第二个层次，邛窑器物设计的审美意识，最终反映为邛窑器物设计的审美观念。瓷器是实用性与审美性相结合的产物。作为古代手工业产品，邛窑瓷器既是社会生产力发展的结果，也折射其所处时代的社会文化；它一方面作为中国瓷器大家族的一员，带有瓷器审美文化的共性，另一方面，作为巴蜀文化的一种物化形式，邛窑又不可避免地带有独特的地方特性。因此，对邛窑的研究，不仅要有具体器物的分析，还必须分析这种设计背后的审美观念，因为这才是决定物化形态的最根本因素。论文将以邛窑具体的器物设计展开为基础，逐级探究个体审美趣味（产品生产者的个人审美意识）、群体审美趣味（巴蜀地区的地方性审美意识）和民族审美趣味（各个时期的审美风尚和瓷器文化），从而揭示出物化形态的形成根源。

第三个层次，邛窑器物设计的审美行为方式。行为方式是"一个民族或群体在特定生活条件下和代代相传的不断发展的各种活动中所形成的特殊行为，包括制度、集团、仪式和社会组织方式等"[2]。审美活动是一种特殊的社会文化

---

[1] 杨永善. 陶瓷造型与装饰［A］. 说陶论艺［C］. 哈尔滨：黑龙江美术出版社，2001：144

[2]（英）布洛克·斯塔里布莱斯. 方特纳现代思想词典［C］. 伦敦，1982：150

活动，审美行为方式是连接审美文化的物质和精神两个层面的桥梁。即，审美意识如何物化成具体器物形态，具体器物形态又如何引起"审美感兴"，从而又影响审美意识的变化和发展。如前所述，邛窑遗址分布在以成都平原为中心的四川西部与南部地区，地处多元文化的交会点，古蜀酒文化、茶文化、宗教、民间艺术、商路带来的异域文化等，深刻影响了邛窑设计的审美文化的形成和发展。因此，前面两个层次的研究绝不是孤立的，而是将第三个层次贯穿其中，围绕"审美文化"这个关键词，对器物生产的行为方式和观念体系等进行研究，对邛窑器物的中蕴含的审美特征、设计文化内涵、以及制作工艺等进行探讨。同时，还应将邛窑放置在一定的历史文化环境中来研究，对邛窑器物审美特征的形成来源进行剖析。

综上所述，这三个层面有机地结合在一起，共同构成了本书的研究内容。

（二）研究方法

1. 田野调查法

田野调查被公认为是人类学学科的基本方法，也是最早的人类学研究方法。它是研究工作开展之前，为了取得第一手原始资料的前置步骤。20世纪90年代中期以来，艺术学研究逐渐脱离单纯的艺术本体研究，向社会学和人类学转向，相当一部分学者开始尝试着运用社会学和人类学研究领域极受重视的田野研究方法考察艺术现象，并得到学界广泛认同。在本书的资料查阅和前期准备工作中，笔者采用了田野调查的方法来获得具有实证性质的第一手材料。

本书的田野调查分为四个层次：其一是对邛窑遗址进行实地调查工作，对邛窑遗址的分布、已发掘文物和考古发掘现场以及各博物馆馆藏邛窑瓷器等进行了调查研究，拍摄整理大量的图像资料；其二是走访邛窑考古的主要发掘人员和邛窑工艺的现代传承者，观摩和学习邛窑的制作工艺流程；其三是将调查范围扩展到其他四川古瓷窑系（如广元窑、磁峰窑、金凤窑等窑址），为论证邛窑与其他窑系之间的关系搜集有力的实证资料；四是对邛窑窑址所在地的民风民俗进行走访了解，考察邛窑陶瓷文化与当地审美习俗之间的关系，使对陶瓷设计文化的研究不仅仅限于静态图式化的研究，而是让其与整个社会发展联系在一起，因而更具深度和广度，并为邛窑审美文化的现代传承探寻合适的路径。

2. 文献研究法

本书文献研究的内容包括：一方面，搜集已公开发表的著作、论文和通讯等文字资料。具体而言，主要是搜集关于邛窑的考古研究资料、邛窑陶瓷文化的研究文献、邛窑烧装技法的研究成果、巴蜀地方志、地方文化研究的相关文献，以及审美文化理论的文献；第二方面，在大量阅读的基础上，对各种资料进行汇总分类整理，对有关问题进行分析和解读，并在此基础上提出新的观点。

3. 图像分析法

在视觉艺术研究中，图像资料的分析极为重要。由于本书的研究对象是邛窑器物设计审美文化，而陶瓷产品则是其文化的具体承载体，因此对陶瓷产品的造型、色彩、装饰纹样等视觉形象进行图像分析，是研究的重要内容。"图像学"是现代视觉艺术研究、实践探索中极其重要的一个理论学科，它起源于19世纪兴起于西方的传统图像志研究，20世纪前半叶迅速发展为国际艺术史研究中具有统治地位的学科之一，现在已衍生为一种全新的艺术史和艺术学的研究方法。本书力求从图像分析这一全新的角度对邛窑器物设计审美文化进行深度的解读，从而使邛窑研究由从前的考古学研究和工艺史研究转向设计文化的研究。图像分析的过程中，运用形式分析的方法对图像进行描述和风格分析，以及用图像学的方法进行必要的意义解释。

4. 综合分析法

本方法适合运用在田野调查资料、文字资料和图像资料都已经获得的前提下，将所有资料分析结合起来，互为印证达到阐释观点的目的。现有的设计艺术史研究成果，基本上都采用了综合分析的方法进行研究。在本书中，尤其是在分析邛窑的造型、色彩、装饰等风格特征和邛窑器物设计审美文化的总体特征时，必须使用综合分析的方法才能得到最终结论。

三、邛窑器物设计审美文化的研究意义

从20世纪30年代邛窑遗址被发现起，陆续有学者对邛窑展开研究，但迄今为止，邛窑的研究成果不仅数量较少，而且大多偏重于考古、工艺、收藏等

角度，真正从民艺学、民俗学、设计学、文化学、美学等角度对邛窑做进一步深入研究和阐述的论著几乎没有。事实上，邛窑瓷器中蕴含的设计文化和审美信息是相当丰富的。瓷器的发展史就是一部文化史，它集中反映了经济发展水平、社会意识形态、社会组织结构、社会多元文化、民族审美心理、时代审美风尚等，并通过工匠对材料的处理、对器物进行造型、装饰等具体的实践活动，将抽象的文化呈现为具象的物质外观。因而，对于瓷器的研究，应打破单一视角的局限，将其放置于更广阔的视域中来进行多维度、多向度、多层次的审美观照。邛窑在900多年的发展过程中，将民族风貌、地域特色、多元文化交融其中，其器物特征由早期的注重实用性、装饰单一性逐渐发展为造型多样性、工艺独特性、装饰丰富性，成为兼具实用与审美的生活用品。因此对邛窑的研究，理应提升为一种审美文化的研究。

综上所述，本书的研究意义表现在以下几个方面。

（一）探寻邛窑器物设计的审美文化

长期以来，对邛窑的研究成果数量相对较少，而这些少量的文献著述局限于考古发掘过程的叙述、材料科学实证研究、图录和工艺的简单罗列与一般性介绍，重在对邛窑进行历史考古学和艺术史学的研究，鲜见对邛窑器物设计的审美文化进行系统的深入解读。本文不仅研究邛窑的历史演变，同时将邛窑置入一定的文化环境中，具体分析邛窑器物的造型和装饰的审美特征，并以此为基础探讨了邛窑设计审美文化的审美意识来源、形成、特征等内容，分析了邛窑器物设计审美文化的历史命运和其影响因素。在研究中将历时性与共时性相结合，纵向和横向比较相结合，邛窑与长沙窑、邛三彩与唐三彩、邛窑彩绘与绘画、邛窑瓷器造型与四川历代造型艺术之间进行纵横比较，力求进行较为深入的探讨，从审美文化的角度对邛窑器物设计进行重新评价，以期较为全面地呈现邛窑的文化意义和精神内涵。

（二）推动陶瓷的跨学科综合性研究

设计本身即将科学、技术、艺术、经济等融为一体，跨学科的综合研究将成为设计学的主要研究趋势。陶瓷这一工艺设计门类的研究本身体现的跨学科交叉性特征则更加突出，因此，陶瓷的研究必然应是跨学科的综合研究。在这方面，已有一些学者做出了有益尝试并取得了一定成果，如刘新园著《明宣德官窑蟋蟀罐》[1]，熊寥著《中国陶瓷与中国文化》[2]，朱顺龙、李建军编著《陶瓷与中国文化》[3]，蔡子谔著《磁州窑审美文化研究》[4]，赵宇共著《陶瓷的文化品鉴》[5]等。本书正是着意于通过探讨陶瓷与科技、陶瓷与民俗、陶瓷与绘画、陶瓷与宗教、陶瓷与地理等相关关系，将陶瓷研究从本体研究转向文化研究，从而为工艺美术设计的理论探索做出有益的尝试。

（三）推进邛窑文化传承与创新发展

邛窑遗址是全国重点文物保护单位，2006年被列入国家"十一五"100处重大遗址保护项目库名录。2018年，以邛窑遗址为核心的邛窑考古遗址公园已经正式开放，与三星堆、金沙遗址并列为四川三大考古遗址公园。本书的研究有利于重估邛窑的文化价值，更深地发掘传统物质文化遗产资源的文化内涵，从而更好地实施文物保护和文化传承。同时，"邛陶烧造技艺"是四川省首批非物质文化遗产保护名录项目之一，如何开掘传统民间工艺在新时代的审美价值，积极进行文创开发，推动邛窑文化产业的发展，同样也是值得关注的问题。这也使得本书的研究更具有现实意义。

---

[1]（台湾）刘新园. 明宣德官窑蟋蟀罐［M］. 南昌：江西美术出版社，2011

[2] 熊寥. 中国陶瓷与中国文化［M］. 杭州：浙江美术学院出版社，1991

[3] 朱顺龙，李建军. 陶瓷与中国文化［M］. 上海：汉语大词典出版社，2003

[4] 蔡子谔. 磁州窑审美文化研究［M］. 北京：中国文联出版社，2001

[5] 赵宇共. 陶瓷的文化品鉴［M］. 西安：陕西旅游出版社，1992

第二章
邛窑综述

一、学术视野中的"邛窑"概念及其内涵

"邛窑"这一称谓最早出现于20世纪30年代,源于当时在四川省邛崃县的南河十方堂发现的古代陶瓷窑址。由于史料中并无关于这一窑址生产情况的确切记载,因此当时中外研究者在对这一窑址进行研究时,对其称谓各不相同,如"邛州古窑"[1]"邛崃十方堂古窑"[2]"唐邛窑"[3]等。此后,学术界渐渐采纳"邛窑"这一称谓,如魏尧西[4]和陈丽琼[5]等学者都直接将"邛窑"用于文章之名中。冯先铭在《中国陶瓷》中亦辟专节介绍"四川邛窑"[6]。2001年"邛窑古陶瓷科技考古研讨会"在邛崃召开,出版了《邛窑古陶瓷研究》[7],为"邛窑"知名度的提升起到了极大的促进作用,使"邛窑"为更多人所知。

"邛窑"虽因邛崃十方堂遗址的发现而得名,但其概念的内涵却一直颇有争议。在邛窑研究历程中,关于"邛窑"这一概念的表述不下二十余种。概括起来,主要有两种观点。

一是狭义的邛窑概念,邛窑即为四川邛崃市境内的古瓷窑的总称。

如:"所谓邛窑,非某单一窑址之专名,乃邛州(邛崃市)境内,文化属性一致,制作、工艺、装烧方法、装饰技术相似,窑与窑间,前后承袭、相互影响,彼此关系明显,连续性也很清楚的多处古窑址遗址的总称。它包括南河十方堂、固驿瓦窑山、西河尖山子、白鹤大鱼村及柴山冲、黄鹤、官庄等古瓷窑遗址。邛窑是四川青瓷窑的代表,是南北朝以来形成的巨大的瓷窑体系,它具有鲜明的地方特色、广泛的分布和深远的影响。"[8]

---

[1]（英）贝德福. 四川邛州古窑址 [A]. 四川古陶瓷研究（一）[C]. 成都：四川省社会科学出版社，1984：92-95

[2] 杨枝高. 访十方堂古窑记 [A]. 四川古陶瓷研究（一）[C]. 成都：四川省社会科学院出版社，1984：97

[3] 罗希成. 唐邛窑奇品 [A]. 四川古陶瓷研究（一）[C]. 成都：四川省社会科学出版社，1984：96

[4] 魏尧西. 邛窑 [A]. 四川古陶瓷研究（一）[C]. 成都：四川省社会科学出版社，1984：114

[5] 陈丽琼. 邛窑新探 [A]. 四川古陶瓷研究（一）[C]. 成都：四川省社会科学出版社，1984：131-142

[6] 冯先铭. 中国陶瓷 [M]. 上海：上海古籍出版社，2001：343

[7] 邛窑古陶瓷研究 [C]. 合肥：中国科学技术大学出版社，2002

[8] 陈显双，尚崇伟. 邛窑古陶瓷简论——考古发掘简报 [A]. 邛窑古陶瓷研究 [C]. 合肥：中国科学技术大学出版社，2002：123-260

"众所皆知的邛窑是邛崃市境内南河十方堂、固驿瓦窑山、白鹤大鱼村、西河尖山子等古瓷窑的总称。它创烧于南北朝,兴盛于唐,停烧于南宋中晚期,共经历了八个多世纪,是四川古瓷窑遗址中面积最大、窑包最多、造型纹饰最美,产品最丰富,烧造时间延续最长,产品流散最广的我国著名的民间瓷窑之一。"[1]

二是广义的邛窑概念,即将邛窑视为一个包括现四川境内(主要指成都平原)发现的具有相似的烧装工艺、制作方法、造型特征、装饰风格的众多窑场所组成的窑系的概念。由于邛窑的主要产品是青瓷,因此也将邛窑系视为四川青瓷的典型代表,或直接将四川青瓷窑系称为邛窑系。

如陈显双在《邛崃县古瓷窑遗址调查记》中认为:"根据邛窑、琉璃厂窑、青羊宫窑、玉堂窑的共性及都以生产青瓷为主,都是民窑等特征,我们将其划为一个窑系,即四川青瓷窑系。邛窑以七最(窑址分布最广,面积最大,窑包最多,产品最精,品种最多,产品流散最广,烧造时间延续最长)成为影响最大的民窑而独占鳌头,取得这个窑系的代表资格,因而可将四川民间青瓷窑系简称为'邛窑系'。"[2]

"四川地区已经发现的唐、五代青瓷窑址有成都的青羊宫窑、邛崃固驿窑、十方堂窑、尖子山窑和瓦窑山窑;新津县的石厂湾窑和五代至宋的华阳琉璃厂窑。这些瓷窑除烧青釉瓷器外,一般都兼烧青釉加彩的器物。其中以邛窑加彩瓷最为著名。"[3]

"邛窑……其窑场分布范围亦很广——遍布长江上游支流的岷江、沱江、涪江流域支系的沿岸,在以成都平原为中心的四川西部与南部地区,包括成都、郫县、大邑、崇州、灌县、金堂、双流、新津、邛崃、芦山、绵阳、江油、乐山等13个县市。……以上这些窑场的胎质与釉色、造型与纹饰多具有明显的共性,……若将这各窑集中混杂一块,则很难区分其产地,因此,我们认为应属于一个窑系。"[4]

---

1 高久诚. 邛窑古陶瓷精品考述[A]. 邛窑古陶瓷研究[C]. 合肥:中国科学技术大学出版社,2002:73-96

2 陈显双. 邛崃县古瓷窑遗址调查记[A]. 四川古陶瓷研究(二)[C]. 成都:四川省社会科学院出版社,1984:36

3 中国硅酸盐学会. 中国陶瓷史[M]. 北京:文物出版社,1982:201

4 陈丽琼. 邛窑古陶瓷发展概述[A]. 邛窑古陶瓷研究[C]. 合肥:中国科学技术大学出版社,2002:98

综上所述，狭义的邛窑概念是以"邛崃"这一区域作为主要的界定标准，它不特指某一个窑场，而是将邛崃境内的具有相似风格和承继关系的窑场作为其内涵，本质上是一个窑系的概念。广义的邛窑同样是窑系的概念，但它扩大了邛窑的内涵和区域范围，突破了"邛崃"这一地域的限制，将风格、特征、制作工艺类同性作为主要的界定标准，这种界定肯定了邛窑境内的窑场尤其是十方堂窑的中心地位，同时又明确了在当时的社会经济条件下，四川境内成都平原的各大窑场、窑系之间的相互影响、借鉴和承继以及此消彼长的关系，这是符合历史发展规律的。

在陶瓷研究中，窑系概念的运用非常普遍。窑系是"瓷窑体系的简称。民间众多瓷窑中，以一个窑口为代表，产品的胎釉成分、工艺、造型、釉色、装饰诸方面相同或相近的一批瓷窑，往往被划分为一个窑系。"[1]成熟的窑系概念形成于宋代，比较重要的窑系有定窑系、磁州窑系、耀州窑系、龙泉窑系、景德镇青白瓷窑系等。邛窑在其烧造时期并无史料记载，因此在当时并没有形成类似上述窑系一样的比较正式的概念称谓，但是我们通过今天的研究可以发现，古代四川地区的青瓷窑场如十方堂窑、固驿瓦窑山窑、青羊宫窑、琉璃厂窑、灌县玉堂窑、双流县牧马山窑、横山子窑[2]等出产器物非常符合"窑系"产品的特征，正如陈丽琼在文章中所说，它们"均以烧青瓷为主，与邛窑[3]具有共同的风格。无论是造型、胎质、釉色、纹饰以及工艺过程均极相仿，如不作文字标记，是难以区分产地，很似同一窑之物"，因而，将它们归于同一窑系来进行研究，总结其发展规律，是符合客观事实，也是符合研究规范的。同时，"这个窑系又以邛崃的窑址分布最广，面积最大，窑包最多，品种最富，产品最精，烧造时间最长，影响最大，最具代表性，故统称'邛窑'。"[4]

---

1 冯先铭.中国古陶瓷图典[M].北京：文物出版社，2002：267

2 林向.成都附近古窑址调查记略[A].四川古陶瓷研究（一）[C].成都：四川省社会科学出版社，1984：55提到："从碗、盘等制法、器形、胎骨及釉质看，（双流县牧马山窑）与四川地区已经发现的邛崃的'邛窑'及华阳琉璃厂的釉陶应属一个系统，与成都青羊宫窑址的出土器物十分相似。"同时提到郫县横山子窑的"Ⅰ、Ⅱ式碗与牧马山及青羊宫出土物相同。"

3 此处"邛窑"应为狭义的邛窑概念。笔者注。

4 陈丽琼.邛窑古陶瓷发展概述[A].邛窑古陶瓷研究[C].合肥：中国科学技术大学出版社，2002：98

根据目前的窑址调查与发掘材料，以邛窑为代表的四川青瓷初创于东晋[1]南朝，发展于隋，成熟兴盛于初唐至中唐，至唐末五代长盛不衰，结束于南宋中晚期，共经历了9个多世纪。四川青瓷窑主要分布在以成都平原为中心的四川西部与南部地区，包括成都、郫县、大邑、崇州、灌县（都江堰）、金堂、双流、新津、邛崃、芦山、绵阳、江油、乐山、青神、彭山等县市。"其中根据目前的考古发掘与调查，属于邛窑系的窑址，据陈丽琼《重庆、四川古代瓷窑调查表》统计共有25处，主要有成都青羊宫窑、邛崃固驿瓦窑山窑、邛崃十方堂窑、灌县金马窑、玉堂窑、大邑敦义窑、金堂金锁桥窑、江油青莲九岭窑、方水窑、新津玉皇观窑、白云寺窑、双流牧马山窑、郫县横山子窑、乐山苏稽窑、关庙窑、成都琉璃厂窑等。"[2]因而，上述四川古瓷窑的器物设计审美文化，均属本书的研究内容。（图2-1）

二、邛窑工艺概述

（一）邛窑造型工艺

邛窑器物所使用的最基本成型方法有轮制、慢轮整型、削足、挖足及模制、捏塑等，因器型的不同，又分为一次成型法和组合成型法。

一次成型是指使用上述某种制法使器物一次成形的方法，如各种平底、无耳、无把、无流及无其他附件的碗、杯、盘、钵、盆、罐、瓶等，均直接用转轮拉坯、慢轮整形、削旋足沿、起坯、挖足心成型。一部分人物、动物俑类采

---

[1] 冯先铭，陈万里. 四川省古窑址［A］. 四川古陶瓷研究（一）［C］. 成都：四川省社会科学出版社，1984：52提到："成都市青羊宫窑……这个窑的烧造年代，有上溯到南朝甚至到东晋的。"关于四川青瓷的产生时间一直悬而未决，四川至今尚未发现确切汉代烧瓷的窑址，但在多地汉代墓葬中出土了的青瓷器，如1957年新津堡子东汉岩墓出土的两件青瓷罐（陆德良：《四川新津县堡子岩墓清理简报》载《考古通讯》1958年8期）、1973年大邑马王坟东汉砖墓出土的两件青瓷罐（《大邑县"马王坟"出土东汉青瓷罐说明》载《四川陶瓷史资料》第一辑）等，都具有明显的汉代青瓷特征。李铁锤在《探秘：隋代以前的四川青瓷》中亦提到，近年在四川绵阳等地相继发现了具有典型东汉特征的青瓷器物，跟同期浙江越窑青瓷很相似，底部的胎和身的釉来看，它跟青羊宫窑青瓷相同。推断四川早期四川青瓷跟浙江越窑青瓷有密切联系。因此，有可能随着考古发掘的展开和新的瓷窑遗址的发现，关于四川青瓷的创烧时间的疑问能得到更为确切的答案。

[2] 伍秋鹏. 试论四川古陶瓷的窑系（上篇）［J］. 收藏界，2006，（12）

图2-1 邛崃古窑址分布示意图

用模制成型方法，即将胎泥均匀地注入印模内，脱模后成形。另外部分是直接用手工捏塑成形。另有少数器物是以某一制法为主，辅以其他制法而一次成形的，亦应属单一成形法。

组合成形法用于制作器型比较复杂或部件较多的器物，如各种带耳、带把、带柄、有流及其他附件的器物，以及豆、高足盘、圈足钵等上下部分组合的器物等。具体作法有两类，一是主体部分和附属部分分制，然后再组合，如有耳、把、流等的壶、罐类，主体部分为轮制成形，再将手制或模制的附属部分粘贴，最后修整成形。二是主体分为两部分或三部分，用相同或不同方法分别成形，再粘接而成。如豆、圈足盘等皆采用此法，上部盘、钵用转轮分别拉坯而成，下部喇叭形豆足或高足盘、钵的圈足为轮制，最后把两节合拢、粘接、修整而成。组合成形法使器型变得丰富、形式多样，但是采用这种方法制造器物对技术要求很高，因拼接部分不牢，在炉内煅烧、出炉、搬运等过程中最易损坏，故废品率很高。

（二）邛窑装饰工艺

自从瓷器被烧制成功后，人们对瓷器的装饰就在不断地探索改良中进步，大体上可归纳为"胎装饰""釉装饰""彩装饰"三种方式，三种方式相互结合，就构成难以尽数、多姿多彩的瓷器制品。"胎装饰"是对胎体的美化加工方式，其技法包括划花、刻花、印花、贴花、堆塑等。"釉装饰"是以各种不同颜色釉料的配制和涂施，达到遮盖胎体、美化器物、利于使用的装饰功能。"彩装饰"又称彩绘，是施于器表，使用彩料绘制以美化器物外观的方式。不同的装饰方式会呈现不同的审美外观，而从根本上说，这些外观的差异是由于具体的装饰技法的不同而引起的。

邛窑的基本装饰技法有：

划花与刻花：划花是陶瓷器装饰技法之一。"在半干的器物坯体表面以竹、木、铁扦等工具浅划出线状花纹。"刻花是"在尚未干透的器物坯体表面以铁刀等工具刻制出花纹，然后施釉或直接入窑焙烧"[1]。划花和刻花常常结合使用，两者的区别在于使用工具的不同，因而划花只能呈现出线条，而刻花可以因刀法的不同使线和面呈现出浮雕效果。邛窑较多地使用这两种装饰技法。如青羊宫窑南北朝时期的青釉莲瓣四系盘口壶，就采用了刻花和划花结合的技法，表现凹、凸弦纹、莲瓣等纹样。在晚唐、五代至宋时期，邛窑还创造了刻花与彩绘相结合的新型装饰技法，先用线刻划鱼藻、卷草、牡丹、荷花、花卉枝叶等纹饰，然后施各种色彩，使邛窑器物具有更为丰富的艺术表现力。邛窑的刻、划花不如一般传统刻、划花那样圆转流畅，舒卷自如，但却方折有致，具有屈铁盘丝的劲道之美。因而在表现卷草、忍冬之叶时，其刻划纹往往具有顿挫秀挺之感。

印花：是"以有花纹的陶瓷质料的印具，在尚未干透的器物坯体上印出花纹，或用有纹样的模子制坯，直接在坯体上留下花纹，然后入窑烧制。"[2]上述两种印花工艺在邛窑都有使用。

一类是以刻有装饰图案的模具直接在成形后的胎上印花。这类模具有两

---

[1] 冯先铭.中国古陶瓷图典［M］.北京：文物出版社，2002：370
[2] 冯先铭.中国古陶瓷图典［M］.北京：文物出版社，2002：370

种。一种是较小的单元图案，戳印于器物的外表，有时也有两种或两种以上不同图案相间使用，如青羊宫窑的印花青瓷，有多种花朵的单元图案反复印制组合而成的纹样。这类印模为托式。另一种单元图案较大，一般是一器物戳印一次，多见于一些制作精致的小碟、海棠杯等器物内壁底部视线易及的位置，且大多都是圆形（即器同形）纹饰。往往印于内底，一底一印。这类印花因压印于碗、盘底部形成具有浅浮雕状的纹饰，在光照下形成浅淡的投影纹饰，具有婉约清雅之美。

另一类是印模成型装饰，即装饰和成形在"模印"之中一次完成。印模分为两种。一种为内模。模具为阴文刻划，线条纤细如发丝，戳印后纹饰为阳纹，图案有莲花、梅花、牡丹等花卉，也有龙、凤等纹饰。这种印模常用于花型碗、杯、盏，不仅有装饰的作用，同时也起到器物定型的作用。还有一种为外模，模具为内凹外拱形，经外模印制后的瓷胎上会呈凸块状的纹饰，具有浅浮雕的立体效果。这种印模常用于印制器盖、俑、贴花泥片等。

邛窑的印花装饰不仅显示了极其成熟的工艺及其高超的制作水平，而且器类多、产量大，是邛窑晚唐五代时期制作日常用瓷如碗、盘、杯，以及象生瓷等所采用的主要装饰方式。邛窑印花的刻画线条大都精致纤细，刻画细腻，深浅有序，工整清晰，经高温焙烧后线条并未变形，可见窑工技艺之高超。

贴花：是"将模印或捏塑的各种人物、动物、花卉、铺首等纹样的泥片用泥浆粘贴在已成形的器物坯胎表面，然后施釉入窑焙烧。"[1]邛窑的贴花工艺始于唐，结束于五代，其应用不如印花普遍，但却工艺高超，常以多种模印、多种技艺相结合。如唐代黄绿釉印、贴花飞天高足炉，炉身和炉盘分别使用用轮制和拉坯成形，通体贴三重绿釉莲花瓣。花瓣以模印而成，再一片一片用手贴按于炉身上，每个莲瓣上又压印一手持菩提枝的飞天，层层堆叠，繁简有序，莲瓣的姿态栩栩如生。另有唐代五佛脚炉，以模印的五个站立佛像作炉足支撑柱，佛的头、足分别连接炉盘与炉底圈，既是贴花装饰又具有力学支撑的作用，工艺精湛，世所罕见。

堆塑：是"以手捏或模制的立体人物、动物、亭阙等密集又有规律地粘贴在器物坯体上，然后直接或施釉入窑烧制。"[2]邛窑的堆塑具有典型的特点，即

---

1 冯先铭. 中国古陶瓷图典［M］. 北京：文物出版社，2002：371
2 冯先铭. 中国古陶瓷图典［M］. 北京：文物出版社，2002：372

堆塑既是装饰技法，同时也是造型技法。堆塑的纹样以各种人物和动物为主，龙、熊、凤凰、麒麟、狮子、羊、狗、鸡、猪、鼠、龟、蛇、鱼、鸟、人俑、佛像、神道人物，如以手捏动物或人头粘贴于器盖顶上，起到盖钮的作用，还有以龙的造型作为提梁罐的提梁等。

施釉：是将含有不同元素的釉料施于器物表面，经烧制后形成不同的色彩，起到保护坯胎、易于清洁并产生装饰效果等作用。邛窑瓷器的釉色丰富，从青瓷到白瓷、三彩瓷等，色彩多达上百种，釉质上也有乳浊釉、玻璃釉等区别。

彩绘：彩绘是用毛笔蘸各种颜料在瓷器上描绘纹饰的装饰技法。彩绘有釉下彩和釉上彩之别。釉下彩是在瓷器的坯胎上进行彩绘装饰后，罩透明釉一次高温烧成的。邛窑彩绘被称为"非典型釉下彩"，使用了写意画和没骨画的绘画技法，并产生了具有独特风格的装饰纹样。邛窑彩绘是邛窑装饰审美文化中的重要的内涵。也是邛窑瓷器风格的重要形成因素。

邛窑在装饰手法上的丰富性以及纹样题材的多样性，使邛窑的装饰具有同时期较高的艺术水准。三种装饰方式中，"釉装饰"以不同的颜色釉呈现出不同的色彩，而"胎装饰"和"彩装饰"都以纹样的形式呈现为图像。对纹样的图像研究对理解邛窑装饰设计的审美文化具有非常重要的意义。

在釉装饰中，只有一种方式可以呈现图像（纹样），即开片。瓷器开片是瓷器釉面在烧制过程中的一种自然开裂现象。其原因有两种：一是成型时坯泥沿一定方向延伸，影响了分子的排列；二是坯、釉膨胀系数不同，焙烧后冷却时釉层收缩率大形成裂纹。开片原是瓷器烧制中的一个缺点，但人们掌握了开裂的规律而制出的开片釉（即裂纹釉），形成瓷器的一种特殊装饰效果。邛窑瓷器中有部分开片现象，多见于高温三彩釉，或乳白釉的表层。邛三彩开片较为细密，乳白釉器的开片呈现明显的铁线纹，具有古朴的风貌。早期瓷器的釉开片多为自然形成，无美学上的意义。孙瀛洲在《谈哥汝两窑》中提到："汉唐以来瓦器、瓷器釉上，多有本色细碎纹片，隐约可见，都是自然的纹片。而哥窑的纹片则是由人工技巧控制而烧出的。"也正是这个原因，在邛窑的纹样研究中，开片并未纳入图像研究的范畴。

（三）邛窑烧制工艺

现有的研究资料表明，邛窑至少在晋代已经开始烧造青瓷。这一时期邛窑产品的特点是碗的内底部有一圈密集的瓷石小方块，这是装烧中采用瓷石支钉作为间隔垫具而留下的疤痕。这种装烧工艺与同时期南方青瓷完全相同。

南朝时期，采用明火叠烧法，燃料为木柴。器物之间的垫隔有所改进，不再用瓷石垫烧，支钉成为常用的支具，根据装烧器物的大小、形状、品种而决定支钉的大小、形状、齿数的多少。南朝邛窑多用六至七齿支钉叠烧，使器物内底留下六至七个不等的无釉疤痕，这种疤痕比密集的瓷石支垫要美观，且便于洗濯。根据出土的窑具可以推断这一时期已经采用了龙窑焙烧技艺，使用的燃料为木材。

隋唐时期，固驿瓦窑山窑、青羊宫窑的装烧仍然采用无匣钵的叠烧法，用隔具间隔每件坯体，以垫柱支撑进行明火敞烧。支钉足从三齿到七齿不等，烧出的器物底面也有三到七个支钉疤痕。少数器物是以大装小，套烧而成的，如青羊宫采用的炉与盘叠烧，其装烧工艺很有特色。有的小型器物使用一种随手捏成的尖状小泥团作为间隔，贴附于器物底部，使烧成后的釉面疤痕较小甚至没有疤痕，器物更为美观。隋代固驿瓦窑山窑已经出现利用自然山地修建的斜坡式龙窑，唐时斜坡式龙窑不再建造在自然的坡地上，而是建造在废弃品堆积形成的窑包上。燃料为木柴。

邛崃十方堂窑是邛窑系中规模最大、产品最丰、工艺最精的代表窑口，隋唐时期十方堂除采用传统的明火叠烧法外，于唐代前期开始使用了先进的匣钵装烧工艺。"匣钵可起到盛装和支架的双重作用，同时还能使装烧物受热均匀，避免燃烧气体和灰粉侵蚀污损坯面，使产品器形端正，器壁减薄，釉面光润，有效地提高了产品质量。"[1]这时期还不是一匣一器，而是一匣多件。坯体间用支钉作间隔后重叠放入匣钵内，可以多个匣钵叠放烧制，有利于提高产量。十方堂的支钉制作已经较为精细，多为五齿，齿尖短小，尤其以首创的小巧精致的三齿芝麻钉为最精，齿尖有如针尖般大小，烧出的器物上留下的支钉痕也十分细小，这种支钉用于烧制邛三彩这类内外满釉的产品，能够获得优美的外观，满足使用者的审美需求。窑炉依然以斜坡式龙窑为主，出现了少量的小型馒头窑，器物的装烧仍然采用匣钵装烧法。

两宋时期，邛窑大多数窑口基本沿用唐代的装烧方法。琉璃厂窑的装烧方法有了新改进，采用了先进的一匣一器的装烧技术，烧出的器物釉面光亮，内

---

[1] 伍秋鹏. 邛窑陶瓷窑具与装烧工艺初探［J］. 四川文物，2005，（1）

底满釉无支钉疤痕。匣钵的造型有独特的漏斗式和尖底斜腹敞口式，可以层层叠放码高，既可以节省窑内空间又可以叠放得比较稳固。琉璃厂窑还使用了"火标"测温技术，有利于掌握窑内火候，提高瓷器质量（图2-2、图2-3）。

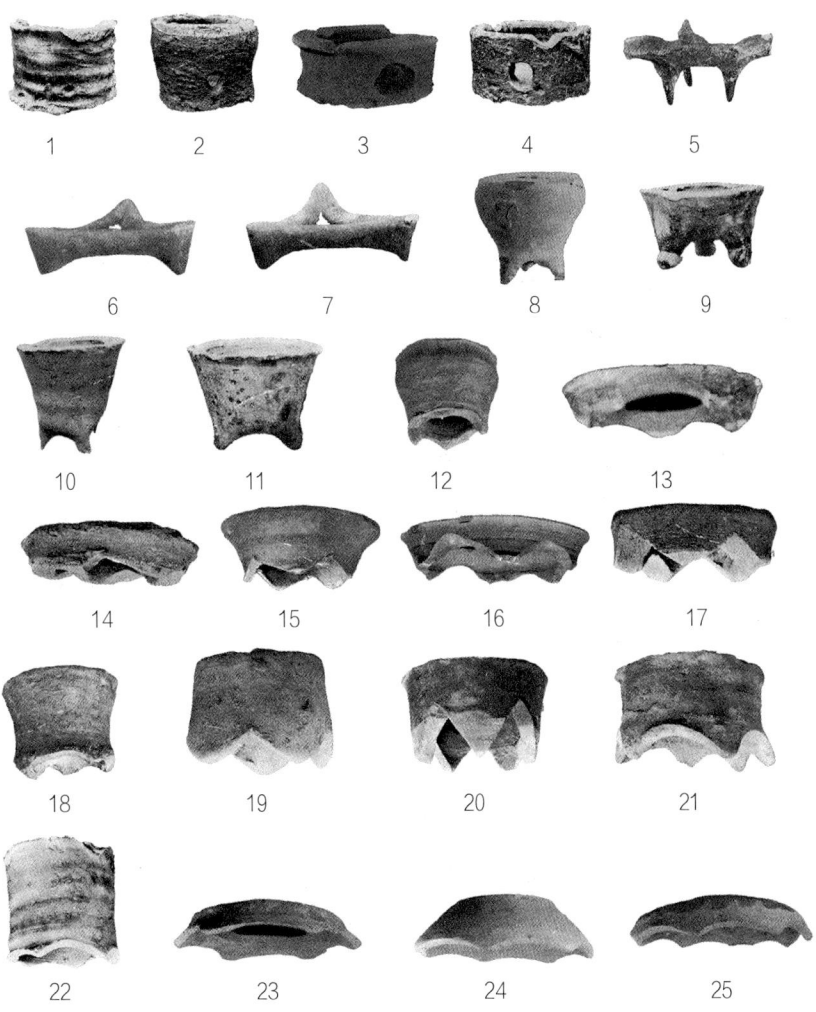

图2-2 唐至宋 邛崃十方堂窑出土匣钵和支钉
1. Ⅰ式 直口平唇匣钵 2. Ⅱ式 敞口平唇匣钵 3-4. Ⅲ式 腹部透火孔匣钵 5-7. Ⅰ式 三角形三齿支钉 8-11. Ⅱ式 锥形三齿支钉 12. Ⅲ式 四齿筒形支钉 13-15. Ⅳ式 饼形五齿支钉 16-17. Ⅴ式 饼形六齿支钉 18-20. Ⅵ式 筒形五齿支钉 21-22. Ⅶ式 筒形六齿支钉 23-25. Ⅷ式 喇叭形支钉

图2-3 唐至宋 邛崃十方堂窑出土垫柱
1-2. Ⅰ式 瘦长型柱 3-5. Ⅱ式 半椎体柱 6-7. Ⅲ式 圆筒形柱 8-10. Ⅳ式 喇叭形柱 11-12. Ⅴ式 杯形柱 13-15. Ⅵ式 筒形柱 16. Ⅶ式 圆管形柱

三、邛窑器物设计审美文化的分期考察

（一）发生期：东晋至南朝

东晋至南朝，是邛窑的初创期。这一时期，始烧于东汉的青瓷开始在全国各地大量烧造。从东部沿海至长江中下游，再到黄河一带等地都有瓷窑分布。手工业发达的巴蜀地区也开始了青瓷的烧造。现有考古证据表明，邛窑至少在东晋就拥有了成熟的青瓷生产技术，并在南朝时获得了极大发展。其窑口众多，器物具有明显的时代特征，也有了本土特征的发端。东晋时期最具代表性的邛窑窑口是成都青羊宫窑。

这一时期邛窑主要产品是单色釉的青瓷。晋代青羊宫窑瓷器釉色呈青黄、青绿或者青褐色。胎质较粗，呈黑、灰白、灰红等色。器物以生活实用器为主，碗、盘、盘口壶、鸡首壶、桥系罐等较为多见。器物造型与同时期越窑等产品相似，具有明显的时代特征。这种相似性也体现在器物造型上，比如晋代至南朝期间，各地的瓷器底大都为饼足或平底，邛窑也同样如此。这是因为此时期各地器物的烧装工艺多为无匣钵的叠烧法，器物间用垫具支撑间隔。为了使叠装器物的底部增加承受力，设计者采用了厚厚的平底（饼形），这样可以避免生坯变形。另外，与同时期的其他窑口一样，青羊宫窑使用了小方块瓷石支钉垫烧，因而碗内留下一圈密集的瓷方块。

南朝时邛窑的窑场明显增多，青羊宫窑、邛崃固驿瓦窑山窑、新津白云寺窑、大邑敦义窑、崇州天福村窑、江油九岭窑与方水窑[1]等。南朝的邛窑青瓷的釉色有青黄色、青灰色、黑釉、青绿色、青褐色等，并已出现了带乳浊状的青绿釉[2]。南朝时邛窑的胎色大多为灰黑，少数为灰白和灰红。胎面开始施化妆土。一般器物釉面只施设于器物上部约三分之二处，足部及底部无釉。器型与同时代南方诸窑口器物类似，如盘口壶和罐、四桥系壶、饼足碗等。邛崃固驿窑出土了盘口壶、敞口深腹饼足碗、敞口尖唇斜直腹饼足碗、敞口深腹小饼足碗，直口直腹饼足杯等。其中，盘口壶与青羊宫窑的早期（南北朝）盘口壶形极为相似（图2-4）。除窑口的出土器物以外，四川各地的南朝墓葬中也普遍发现了青瓷，这些器物表明四川青瓷除了具有普遍性的时代特征外，还具有本地特点。如彰明县（今江油市）常山村崖墓中出土了双鸡首装饰的壶，鸡首流嘴上翘，其壶合股柄的上端做成熊头双足蹲抓盘口，在并列的双鸡头壶下，贴饰一个小圆饼，饼下刻向外延伸的四条放射式短线、点线[3]。这与其他地区的鸡首壶有很明显的区别。还有昭化（今广元市）等地出土的四系扁圆鼓腹罐、四系大口罐以及盘口壶、唾壶和盏等，富有地方特色之器物，应是本地产品[4]。除此以外，德

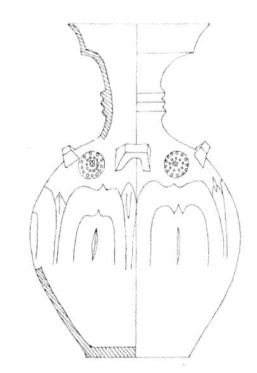

图2-4 南朝晚期 绿釉莲花纹壶墨线图

---

1 黄石林. 四川江油市青莲古瓷窑址调查［J］. 考古, 1990,（12）中提到，1987年3月，考古工作者在江油市青莲镇所属的九岭、方水二乡，发现了多处上限为南朝、下限为北宋的古瓷窑址。从采集器物上分析，两地瓷窑所出产品与同时期的青羊宫窑、灌县金马窑、邛崃固驿窑等处所产瓷器非常类似。

2 陈丽琼. 邛窑古陶瓷发展概述［A］. 邛窑古陶瓷研究［C］. 合肥：中国科学技术大学出版社，2002：99

3 石光明，沈仲常，张彦煌. 四川彰明县常山村崖墓清理简报［J］. 考古通讯, 1955,（5）

4 沈仲常. 四川昭化宝轮镇南北朝时期的崖墓［J］. 考古学报, 1959,（2）

阳、成都等地的南朝墓葬中均普遍发现有青瓷。

这一时期器物的装饰纹样有刻画的弦纹和莲花纹。青羊宫窑出土了带有莲花纹的碗、瓦当等器物，莲瓣肥厚、瓣心起脊，纹饰优美[1]。这些都与江南越窑、德清窑等早期青瓷的装饰风格类似。莲花是南朝青瓷中普遍使用的装饰纹样，这与南朝佛教盛行有密切关系。在邛窑南朝青瓷中，还出现了高足杯上的花心状联珠纹彩绘[2]和少量的单色草叶纹等彩绘装饰（图2-5）。

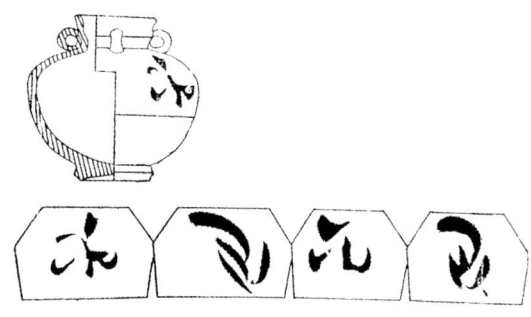

图2-5 南朝"永元"字黑彩四系壶展示图

（二）发展期：隋代

隋代是邛窑彩绘兴起的重要阶段。这一时期，邛窑的窑场有所增多，据陈丽琼考证，新增了新津玉皇观窑、双流牧马山窑、乐山苏稽窑、关庙窑、邛崃大鱼村窑等。其中技术较高的是青羊宫窑、邛崃固驿窑、邛崃十方堂窑、灌县金马窑、江油九岭窑[3]等。

这一时期的产品以青瓷为主，釉色除原有的青黄、青绿、青褐、灰黄、灰青等，还出现了乳白色。乳白釉器以邛崃大鱼村窑所产为代表，胎质细腻，釉层较薄，釉面有细小的开片。多数器物为半釉不及底，底部和足部无釉。十方堂窑址中出现了青釉中带有乳浊的深蓝窑变兔毫纹。胎色有灰白、黄白、紫

---

[1] 四川省文管会，成都市文管会. 成都青羊宫窑址发掘简报［A］. 四川古陶瓷研究（二）［C］. 成都：四川省社会科学院出版社，1984：113-154

[2] 四川省文管会，成都市文管会. 成都青羊宫窑址发掘简报［A］. 四川古陶瓷研究（二）［C］. 成都：四川省社会科学院出版社，1984：131

[3] 陈丽琼. 邛窑古陶瓷发展概述［A］. 三峡与中国瓷器［C］. 重庆：重庆出版社，2010：139

红、灰黑及灰红等，胎体较厚，胎质较为细腻。除大件的罐、壶外，其他器物上的化妆土使用相当普遍。化妆土的普遍使用和乳白色釉器的烧造为彩绘的兴起创造了条件。

和前期相比，隋代邛窑的产品品种增多，器型和器式朝多样化发展。各窑址的器物组合大多为碗、豆、盘、杯、盏、钵、罐、壶、砚等。比较富有特点的有敞口深腹小饼足碗、侈口深腹小饼足杯、五足、八足圆形平底砚、六系或复式系盘口壶、敛口钵等。豆（或称高足盘）是隋代瓷窑产品中的典型器物，邛窑生产的豆为盘口坦平底的高喇叭圈足，形制有高矮两种，固驿瓦窑山窑和青羊宫窑等都有同样器型出现，为邛窑隋代产品中的代表性器物[1]。

装饰方面，刻饰纹样有凹、凸弦纹、莲花纹等。弦纹常装饰于器物口沿或颈部，莲花纹与南朝类似，装饰于碗的外壁或壶的肩部等。彩绘纹样有釉下黑褐色彩绘条带式联珠纹、圆圈形联珠纹和花瓣纹。邛窑的代表性纹样兰草纹也在这一时期开始多见。印花有朵花纹、草叶纹、花瓣纹等，均为拍印于器表的单体小印花组合而成，区别于五代的器内整体印花（图2-6、图2-7）。

 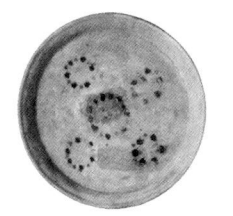 

图2-6 隋 釉下彩白瓷敛口钵　　图2-7 隋 青瓷褐绿双彩联珠纹高足盘

（三）成熟期：初唐至盛唐

初唐至盛唐时期，是邛窑彩绘的成熟阶段。这一时期巴蜀地区烧造青瓷的窑场发展迅猛，多达数十个。成都、新津、郫县、金堂、灌县、双流、邛崃、芦山、大邑、崇州、江油、绵阳、乐山、犍为等14个县市均有青瓷烧造。其中

---

[1] 四川省文物管理委员会，四川省文物考古研究所，四川省邛崃县文物管理所. 四川邛崃县固驿瓦窑山古瓷窑遗址发掘简报［A］. 南方民族考古（第三辑）［C］. 成都：四川科学技术出版社，1990：364

邛崃十方堂窑是这一时期的最重要的代表。

这一时期邛窑的釉色极为丰富,多达三十多种,比较常见的如黄绿、青黄、青灰、绿、深绿、浅绿、油绿、灰白、乳白、蓝色、酱褐、黑、黄、米黄、茶黄、菜籽黄等。胎釉之间多使用化妆土,还开始在器物上使用护胎釉。胎质坚硬,烧成温度达到1240℃±20℃。胎色主要有灰黄、灰白、灰黑、紫红色等,其中以灰白胎质最佳。

产品种类较前期更为丰富,包括生活用器、文房用器、休闲用器(玩具、乐器)、生产工具等,几乎涵盖了日常生活的各个方面。造型上亦有新增,并形成了独特的邛窑器物本土特征。此外,邛窑还生产瓦当、筒瓦、房屋构件等建筑实用器。

装饰方面,兴起于隋代的彩绘,在此期间大放异彩。各种釉上彩和釉下彩大量流行,尤以釉下多色彩绘为主,开创了瓷器彩绘装饰史上的第一个辉煌期(图2-8)初唐至中唐的刻花和印花并不是主流的装饰方式。就发掘实物来看,较为典型的印花纹样有青羊宫窑的莲花纹、花朵纹、莲花棒"王"字纹;十方堂与金马窑的兽面纹;贴花始于唐,有多种模印、多种工序,捏与雕琢双用;模印与手塑合成,仅饰于盘、炉、砚之足上。

图2-8 唐 褐绿双彩瓷器

唐时邛窑装饰的重要特点是,器物中涌现了大量外域文化因素,如高鼻深目的胡人形象和摩羯鱼、宝相花、联珠纹等装饰因素在器物上反复出现。这些外域文化因素体现出邛窑生产过程中对外来文化因素的吸收与采纳,以及对其他手工制造业技术的吸取。

(四)繁荣期:晚唐至五代

晚唐至五代是邛窑生产的又一新高潮。这一时期彩绘渐渐没落,邛崃十方堂窑生产的邛三彩代表了邛窑高超的技法水平。无论从制作、装烧工艺还是从产品形态上观察,邛三彩无疑是邛窑晚唐至五代时期的高端精细产品。器物主要有杯、盘、罐、执壶等，有拉坯成型的，也有模制成型的器物，器物均造型规整而轻盈。邛三彩的釉料不同于乳浊釉，是一种透明的玻璃相釉，由于采用了高温烧制，且釉中不含铅，所以出土的邛三彩均光亮如新，色泽艳丽。邛三彩的釉色主要有黄、褐、绿三种，有单色器，也有多色交错混搭饰于器表，器物上不留空白，或在单色器物内壁或口沿随意点染。胎质精细，有白、红两种胎色，承袭了胎釉之间施白色化妆土的传统，且采用了护胎釉技术，使器物的足部无色釉的区域呈现出明亮的褐红色，与黄釉的主色调相互衬托，美丽而夺目。

此时期邛窑釉面装饰极其丰富，南朝开始出现高温乳浊铜绿釉产品大量生产，高温铜红釉已烧制成功。器物造型方面，品种与中唐基本相同，但有更多精细产品生产。出现了大量花口器和花形器，模制印花的器形和装饰增多。器物有少数变化，如壶流增长，新增了风字砚，底足为三只短圆型柱足等。此外还有冥器烧制，如三彩陶棺等。

装饰方面，彩绘锐减，有少量褐、黄、绿、蓝组合的彩绘装饰以及罕见的暗浅蓝紫彩。刻花和印花开始发展盛行，纹样丰富，如动物纹中龙、凤、鸟、鹦鹉、人物、飞天、蝴蝶、蜻蜓等；植物纹有莲花、芙蓉、梅花、牡丹、海棠、卷草等。纹样设计非常精美，在不同器物上，以折枝、缠枝或团花等不同形式出现。印花和刻花的工艺也相当精湛，线条优美。尤其是出现了装饰和造型相统一的器物，如莲花型的碗内整体印制莲花纹样，堪称造型与装饰的完美统一（图2-9）。在琉璃厂窑还流行彩绘与刻花纹的组合装饰。先用黄、绿、褐、白色等在大盆的青釉底或浅黄底釉上，绘出大体轮廓，再刻画纹饰的细部。典型的牡丹花纹样富丽而不失清雅。

（五）衰退期：宋代

宋代由于全国的瓷器手工业全面繁荣，巴蜀地区也新增了大量窑场，形成了除青瓷产品以外的黑瓷和白瓷的生产基地。如专烧黑釉或以烧黑釉为主的灌县金凤窑、乐山西坝窑、重庆涂山窑等，以及专烧白瓷的彭州瓷峰窑。还出现了多种瓷器混烧的瓷窑，如达州的达州窑烧青瓷为主兼烧黑釉瓷。这一时期的邛窑系窑场依然保持了大量生产，邛崃十方堂窑、尖子山窑、绵阳的龙门窑、芦山的东郊窑、灌县的玉堂窑、周家窑、罗家窑、江油的方水窑、乐山的苏稽

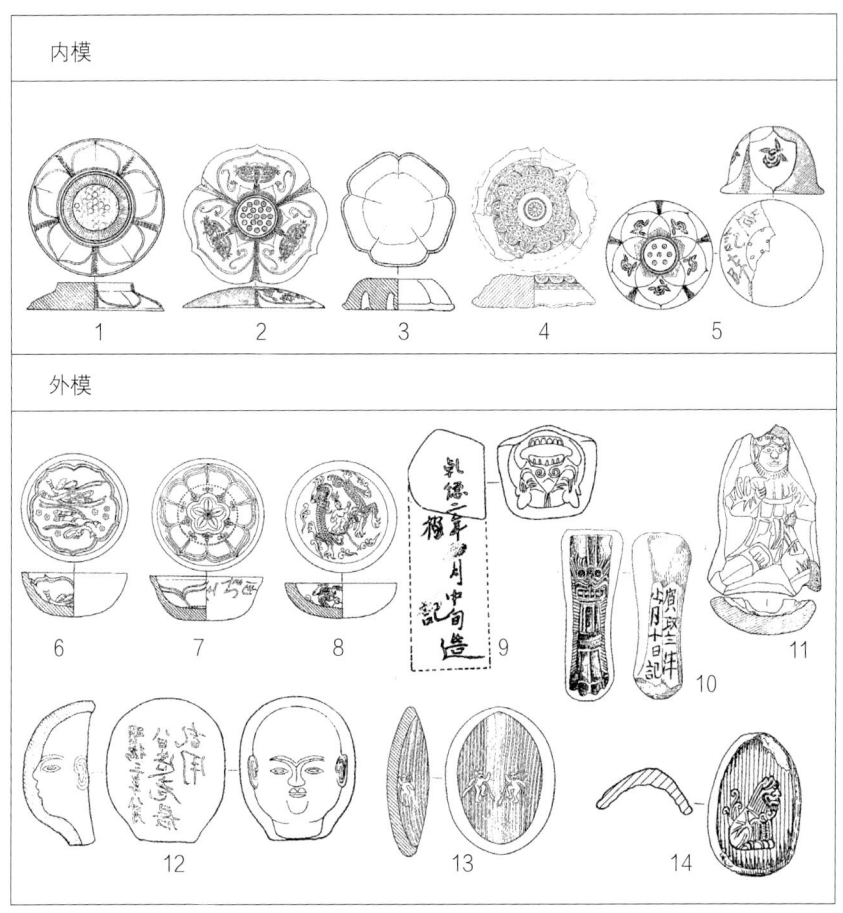

图2-9 五代至宋初 邛崃十方堂窑出土刻花印模
1. 莲花型茶船模 2. 莲花型蝴蝶纹盘模 3. 六曲花型盘模 4. 菊花葵瓣纹碗模 5. 双重花瓣纹铭文碗模 6. 六曲飞天莲瓣纹粉盒盖模 7. 莲花葵瓣纹盒盖模 8. 双龙童子粉盒盖模 9. 兽头铭文模 10. 兽面蹄足纹炉足铭文模 11. 胡人俑身模 12. 人头铭文模 13. 人物贴饰模 14. 坐狮贴饰铭文模

窑、成都的琉璃厂窑。其中又以十方堂窑和琉璃厂窑为最重要的代表[1]。

  这一时期，釉下彩装饰的数量锐减，以各种色调的绿色、青色釉为主的乳浊釉瓷器开始大量生产，形成了独具特色的"邛窑绿"。各种类钧瓷的乳浊釉，高温铜红釉器物在这个时期的生产已经较为常见和稳定，尤其此外还有

---

[1] 陈丽琼. 邛窑古陶瓷发展概述［A］. 邛窑古陶瓷研究［C］. 合肥：中国科学技术大学出版社，2002：111

黄、褐、黑等釉色。为迎合宋瓷的美学风格，十方堂、玉堂窑、苏稽窑还烧制天青色的青白釉或粉青釉，但不如景德镇湖田窑系色白亮丽。在长期的竞争中，邛窑终因其原料较为逊色而让位于黑瓷、白瓷与达州青瓷（图2-10、图2-11）。

图2-10 宋 乳浊绿釉省油灯

宋代邛窑产品的外观形态出现了较大的转变。最突出变化是，大多数器物的底足已是圈足，余少量饼足。胎色仍以黄白，灰黑为主，亦有灰白色。还出现了红胎的彩色陶器，即俗称"宋三彩"，其烧成温度在1000℃以上，主要是用作冥器的各类俑。琉璃厂窑与十方堂窑均有黄褐色及绿色筒瓦与板瓦、兽头与龙纹瓦当等建筑用瓷的生产。

图2-11 宋 酱釉黄斑彩煎茶瓶

装饰方面，彩绘逐步为刻花、印花装饰所代替。刻花纹在十方堂窑与琉璃厂窑比较流行。其构图与刻画工细，较为拘谨，犹如南宋工笔院画。印花纹在五代时主要是团花纹，见花不见叶，宋时的印花纹，枝干清晰，花叶密繁，多以双株或二株对称排列构图。这些纹样与蜀锦纹样相似，也与湖田窑、定窑、耀州窑纹样有相似之处。

宋以后，邛窑的各大窑场基本停烧。

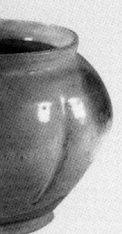

第三章
邛窑器物设计的审美表现

瓷器作为中国的伟大发明之一，早在东汉晚期就烧制成功，并进入了日常生活的各个领域。在漫长的历史进程中，瓷器在造型设计和装饰设计两方面逐渐形成了与青铜器、漆器、金银器、玻璃器等其他手工业完全不同的、独特而完整的体系。"形式美感最直接的表现是造型和装饰两个方面。造型决定着陶瓷器物的基本形态；装饰则起着加强整体的形式美感，或是在一定条件下，以造型为载体，依托造型表现装饰本身的意蕴。"[1]对邛窑器物设计的审美表现的研究，同样要从造型和装饰两个方面来展开。

一、邛窑器物造型设计

造型设计是邛窑器物设计的审美文化中的一个重要方面。造型，即塑造物体特有形象，瓷器的造型表现为一定外观形状的器型，包括了器物的口部、颈部、肩部、底部以及足部的形状。作为实用与审美兼具的器物，瓷器的造型不仅反映器物的功能性，也通过形式美感反映出审美性。宗白华说，"中国人的个人人格，社会组织以及日用器皿，都希望能在美的形式中，作为形而上的宇宙秩序，与宇宙生命的表征。这是中国人的文化意识，也是中国艺术境界的最后根据……中国人感到宇宙全体是大生命的流行，其本身就是节奏与和谐。人类社会里的礼和乐，是反射着天地的节奏与和谐。一切艺术境界都根基于此"[2]。这里提到的节奏与和谐，亦是瓷器器物造型中应遵循的美的规律。优良的瓷器造型应是实用功能与视觉美感的统一体，同时也反映特定历史时期的工艺技术水平、时代风尚和地域特征。

（一）邛窑器物造型分类简述

邛窑作为古代四川地区最大的民窑体系，产品的类别十分丰富，种类繁多、形式多样，涵盖了生产和生活的众多方面。主要的器型有生活用器、文房用器、娱乐用器等。

---

[1] 杨永善. 陶瓷造型与装饰［A］. 说陶论艺［C］. 哈尔滨：黑龙江美术出版社，2001：144
[2] 宗白华. 宗白华全集（卷二）［M］. 合肥：安徽教育出版社，1994：415-416

1. 生活用器

邛窑的生活用器是其产品中数量最多、品类最富的器型,包括碗、盘、罐、壶、瓶、钵、碟、盆、杯、唾壶、盏托、匜、豆、灯、炉、茶具、枕、粉盒等。每类又分多种样式,举例如图3-1至图3-4。

碗,有深腹碗、浅腹碗、花瓣形碗、印花碗等;

盘,有花瓣形盘、圈足盘、饼足盘、平底盘、五足盘等;

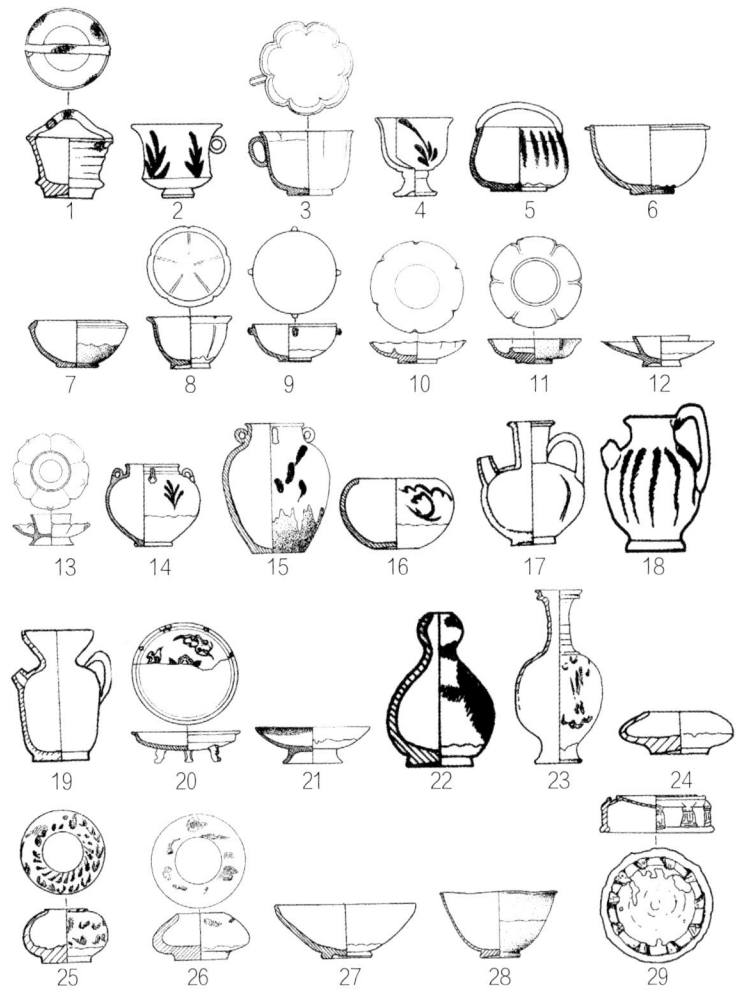

图3-1 隋至宋 邛崃十方堂窑出土器物造型汇总图
1~5. 杯 6~9. 钵 10~13. 茶托 14~16. 罐 17~19. 壶 20~21. 盘 22~23. 瓶 24~26. 水盂 27~28. 碗 29. 砚

青瓷褐彩草叶纹杯　　　　白瓷绿彩草叶纹环柄杯　　　青瓷褐彩带柄杯

图3-2 唐 邛窑杯

图3-3 唐 青瓷褐彩斑纹四系盘口瓶　　　图3-4 唐 青瓷四系罐

盆，有平底盆、折腹盆等；

钵，有敛口钵、敞口钵、四耳钵、葵口钵等；

罐，有瓜棱形罐、小型鼓腹罐、敛口鼓腹罐、双耳罐、四耳罐等；

壶，有瓜棱壶、短流弓柄壶、双耳弓柄壶、双耳短流无柄壶等；

瓶，有敞口管颈瓶、葫芦瓶、盘口长颈瓶等；

碟，有九曲瓜瓣型碟、菊花口碟、敞口碟等；

盏，有敞口直腹盏、敞口坦腹盏等；

灯，有5管形灯、省油灯等；

匜，有各式把、流形匜；

唾壶，有喇叭形口、弧腹、鼓腹等；

茶具，有托盘式、托碗连作型等；

枕，有梯形、长方形、狮形等；

盒，有子口、直腹或斜直腹等；

粉盒，均为子口盒身、圆拱形盖，盖面皆有浮雕式印花图案；

炉，有鼎形炉、五足炉、三足炉等；

豆，有敞口式、侈口式等；

杯，有无耳杯、单耳杯、高足杯、提梁杯、三联杯等；

臼磨器，有摩羯形、龙形、碗形、钵形等。

总体而言，邛窑的日用器物与当时的民间生活紧密相系，产量最大的碗、盘、钵、罐、杯等都是普通生活用瓷。功能上的实用性和使用上的方便性，是生活用瓷的基本要求，也是其外在感性形式（即造型设计）不可逾越的局限性和前提条件。因此这些器物的造型首先具有实用性，在一定时期内其器型也具有相对稳定性。但随着烧制工艺的进步和时代审美风尚的变迁，邛窑的器物造型又有局部的变化，这些变化体现在口、颈、肩、底、足等几方面，不同部分的改变又组合成多种型和式，使其器物造型在满足实用的基础上也具有更加美观的外在形式。通过对邛窑实物造型的形式分析可以发现，邛窑在生产过程中特别注意器型的实用性与审美性的统一。从外观形式上来看，仅在邛窑十方堂遗址1984—1989年的考古发掘的出土的器物中，就有多种类别和多种样式，如表3-1统计：

表3-1　　　　　　　　邛崃十方堂窑发掘出土器物统计[1]

器型	型	式	件
碗	4	35	5464
盘	6	22	2789
盆	3	14	2095
钵	5	17	2348
罐	5	32	1659
壶	5	24	1871
瓶	3	12	984
灯	2	8	84
炉	3	14	984
豆	2	8	146
杯	4	22	4395

不仅十方堂窑，邛窑的其他各窑场，均是以生活用器作为最主要产品来生产的。1989年在成都指挥街唐宋遗址中出土的大量邛窑瓷器，也证实了生

---

[1] 本表数字根据《邛窑古陶瓷简论——考古发掘简报》统计而成。

活用器在邛窑的产品构成中的突出比重:"在出土的所有文化遗物中,以瓷器的数量最多,类型最为丰富。计出土的瓷片总数为6798片,瓷器中完整的和可复原的器物中1009件,其中完整的462件,可复原的547件。瓷器的类型有:碗、盘、碟、壶、罐、坛、钵、大盌、盆、盒、粉盒、器盖、杯、研磨器(擂钵)、灯盏、灯台、香炉、砚、盂、瓶、豆、三足器、带流器、甑、水匜、枕、铃、围棋子、禽兽、人物以及瓷器烧造时所用的支钉。"[1] "瓷器中以碗、盘、盏、壶、罐为大宗。根据三千多件器物、口沿的粗略统计,碗、盘约占50%,灯盏约占10%,壶、罐约占15%,钵、盆约占20%。这种构成与当时四川各窑生产的产品情况大体相同。"[2] 在1983年大邑县城唐宋遗址中出土的邛窑瓷器,也具有这种构成特点:"碗、盏、碟三项约占50%,执壶约占20%,罐、瓶、水盂等约占10%~15%。"[3] 这些都说明邛窑作为民间瓷窑,其生产始终与民众生活需求保持一致。

2. 文房用器

邛窑文房用器包括笔架、砚、水盂、水注、镇纸、水滴等(图3-5)。

笔架,有弯月形、波峰形等;

砚,有圆盘形、长方形、风字形等;

水盂,有敛口瓜棱形、敛口鼓腹形、敛口扁圆腹形等;

水注,有短流、曲流等。

邛窑的文房用器均形体娇小。如水盂,大多口径为2~3厘米,高为2~4厘米,造型精巧,无论鼓腹、瓜棱形或扁圆腹型均显得规整饱满;邛窑的砚也

唐 白瓷褐绿双彩砚滴　　宋 乳浊绿釉瓜棱砚滴

图3-5 唐至宋 邛窑砚滴

---

[1] 成都市博物馆,四川大学博物馆. 成都指挥街唐宋遗址发掘报告[A]. 南方民族考古(第二辑)[C]. 成都:四川科学技术出版社,1989: 237

[2] 成都市博物馆,四川大学博物馆. 成都指挥街唐宋遗址发掘报告[A]. 南方民族考古(第二辑)[C]. 成都:四川科学技术出版社,1989: 289

[3] 赵殿增,胡亮. 大邑县城唐宋遗址出土的瓷器[A]. 四川古陶瓷研究(二)[C]. 成都:四川省社会科学院出版社,1984: 165

独具特色,款式各异,其中多足砚和风字砚都体现了明显的本土风貌。

3. 娱乐用器

邛窑的娱乐用器包括:

(1)观赏玩具,如各种动物、人物形象的瓷塑,这些瓷塑通常具有较单纯的审美功能,并发挥装饰环境、渲染气氛的作用。由于侧重于形象的刻画与表现,因而具有一定的认识意义和教育意义。邛窑瓷塑包括了人物瓷塑、动物瓷塑、宗教瓷塑等。

人物瓷塑,有玩球俑、抱物俑、捧手俑、交手俑、匍匐俑、倒立俑、侧卧俑、骑兽俑,及各种男女俑头;

动物瓷塑,有鸡、鸭、鱼、龟、狗、猴、狮、虎、象、鼠及各种鸟等;

宗教瓷塑有佛像、菩萨像、天王相等。

邛窑瓷塑采用了手捏或模制的方式,所有器物的均形态小巧,大多数尺寸为:卧式约5厘米,立式高约7厘米,造型各异,形态生动,不求细节但却富有神韵(图3-6)。

(2)健身玩具,以户外活动器具为主,具有体育器械的功能,在娱乐、竞技中发挥着锻炼身体的作用,如投壶、陀螺等。地转子为圆锥形,下尖上平中空;弹子为圆球形,表面密布圆点锥刺纹。

(3)音响玩具,如瓷哨、瓷摇铃、瓷埙等可以发出声响的玩具,具有较强

| 五代 低温绿釉抱孩俑瓷塑 | 宋 乳浊青瓷盘坐孩童瓷塑 | 宋 乳浊青瓷骑坐人像瓷塑 | 宋 乳浊青瓷游泳孩童瓷塑 | 宋 乳浊青瓷盘坐孩童瓷塑 |

| 宋 青瓷小狗瓷塑 | 宋 青瓷乌龟瓷塑 | 宋 乳浊蓝釉飞鸟瓷塑 | 宋 黄釉小牛瓷塑 | 唐 青瓷小猴瓷塑 |

图3-6 唐至宋 邛窑瓷塑

的娱乐性和刺激性,适宜于低幼儿童。铃有圆球形和椭圆形,铃上有钮,下开槽,中空,腹内装一活动圆珠,摇之发出清脆铃响,表面有褐釉斑装饰。埙为人头形,有男人头或女人头形,两颊各开一孔,用于手指控制音调,顶部有一开孔为吹奏之用。都江堰玉堂窑生产有唐五代时期盛行的拍鼓,圆筒中空,两头大、中腰细,表面饰有凹弦纹或彩绘(图3-7)。

图3-7 唐至宋 青瓷铃铛

(4)益智玩具,如象棋、围棋、骰子等,此类玩具可以启发智慧、刺激大脑活动为主要功能,具有较强的逻辑性、数理性和竞技性。骰有转骰和方骰两种。转骰为六方形,上下各有一锥形转足,骰身的六面分别刻1~6个不同的圆点;方骰与转骰不同之处在于没有锥形转足。

这些玩具设计富有生活情趣,尺寸小巧,便于赏玩。由于烧成温度较高,质地坚硬不易破碎,因此这些器物大都保存完好,摇铃清脆,三孔埙还能吹奏乐音。

(二)时代性与滞后性:邛窑器物造型的形式与演变

邛窑器物的产品使用者众多,器型十分丰富,且在900多年的烧造历史中始终保持着比较活跃的变化,如碗口由单一圆口发展出侈口、花瓣口、海棠口、葵花口;器身有圆鼓腹、瓜棱腹、扁圆腹等;杯有无柄杯、小环柄杯、海棠杯、高足杯、鸭形杯等。邛窑器型的不断丰富和变化,一方面是出于对器物功能性的完善,另一方面则是由于审美风尚流变所带来的影响,尤其与同时期瓷器造型总体风貌的影响有关。我们还可以从以下常见形式的变化过程中比较明显地看到这一趋势。

流与把手的演变:壶类器物在初唐时多加以短嘴流,这种较短的管状流适于倒出液体。到晚唐五代时期,壶流明显加长,壶把也由弓形把改为更适于手握的曲把,提高了器物使用的方便程度。罐、壶在东晋南朝时多为桥式系,隋唐时开始流行复式系(图3-8)。

足的演变:唐代以前,人们普遍遵

唐 青瓷索纹执壶　　宋 乳浊绿釉执壶

图3-8 唐至宋 邛窑执壶

从席地而坐或者蹲踞的生活方式,案几的高度为配合这种方式而设计得较矮。与之相应,南朝、隋代的邛窑器物中高足的造型较为多见,如高足杯、高足盘等[1],以方便置于矮几上并易于拿取。唐代以后,家具中高坐具的出现使得人们的日常生活习惯也发生了改变,日常生活器皿可以放于高桌上,因此器物的高足逐渐变为矮足,并且可以制成大小不同的底,如玉璧底、撇足底等。器足的形式也随时代而变迁,如东晋南朝时为饼足,隋时流行小饼足,唐代又变为大饼足或平底,再发展为玉璧底、环形底、圈足底等(图3-9)。

图3-9 隋 青瓷高足盘

瓶的演变:唐宋时期,由于室内装饰的需要和适应贵族、文人士大夫的审美要求,陈设瓷开始大量出现,邛窑的瓶类变化最为明显,如玉壶春瓶、瓜棱形瓶、葫芦瓶、净瓶等,尤其是大量尺寸在5~10厘米左右的小型瓶器,更明确的体现了其陈设用瓷的功能(图3-10)。

乳浊月白釉小葫芦瓶　乳浊绿釉长颈球腹瓶　乳浊蓝釉长颈鼓腹瓶　乳浊蓝绿釉长颈鼓腹瓶　乳浊蓝紫釉胆式瓶　乳浊浅绿釉玉壶春瓶

图3-10 宋 邛窑瓶

碗的演变:碗是生活用器中功能最明确、外在形式最为简单的器物之一。就造型因素来说,仅唇、口、腹、足、底五项。但邛窑通过对这五项因素进行局部调整后,就形成了多样的外观形式。如唇,便有尖唇、卷唇、圆唇;口则有侈口、直口、敛口、敞口、花口、葵口;腹有长腹、短腹、鼓腹、弧腹、深腹、浅腹、葵瓣形腹之分,腹壁则有斜、直、垂直、曲折等;足有大饼足、小

---

[1] 陈显双,尚崇伟. 邛窑古陶瓷简论——考古发掘简报[A]. 邛窑古陶瓷研究[C]. 合肥:中国科学技术大学出版社,2002:254

饼足、圈足、玉璧形、喇叭形等，并有外撇、内敛之分……这些不同的造型因素进行有机的排列组合，造就成了形形色色、林林总总的不同外在感性形式（图3-11）。随着时代的变化，碗的各个部位都处于演变中，尤其明显的表现在口、腹、足等处。邛窑的碗造型变化如下图所示，可以看到其变化趋势与时代风尚的变迁是大抵相似的（图3-12）。

隋至唐初 白瓷碗　　唐 青瓷碗a　　晚唐至五代 青瓷碗b　　宋 乳浊蓝绿釉碗

图3-11 隋至宋 邛窑碗

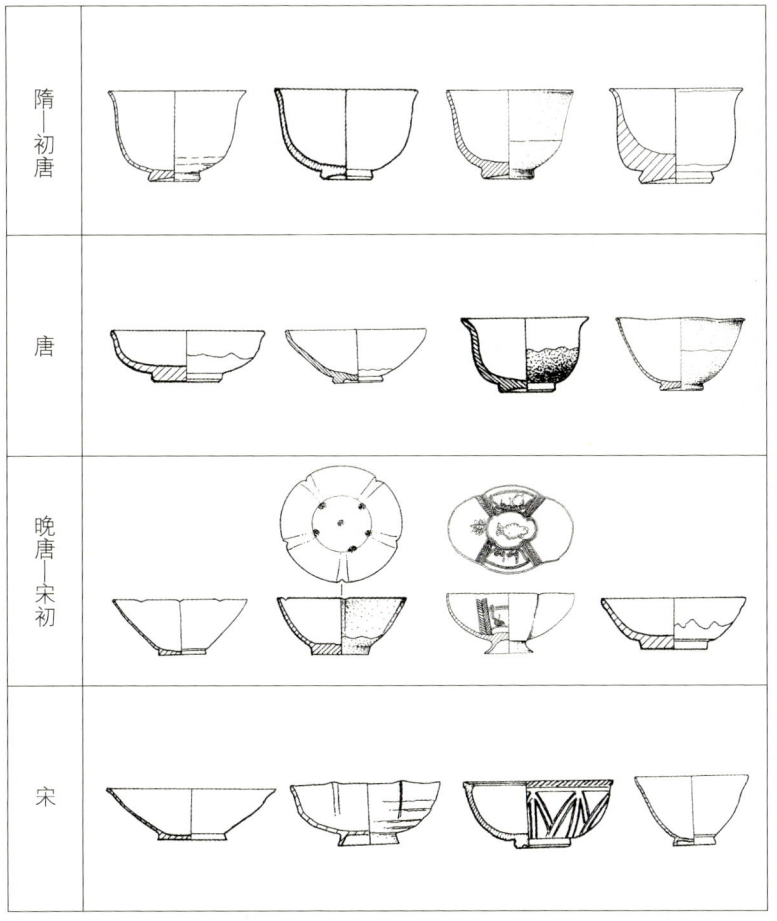

图3-12 隋至宋 邛崃十方堂窑出土碗造型汇总

第三章 邛窑器物设计的审美表现

砚的演变：在邛窑的文房用器中，瓷砚的造型演变最具有典型的时代性。邛窑的瓷砚出现较早，烧制历史长，从东晋开始生产，一直延续到晚唐五代。随着朝代的更迭器型也一直处在演变之中，并形成了自己独特的风格。砚俗称砚台，不仅是书写、绘画研磨色料的工具，也被古代汉族文人视为文房雅玩之一。汉代时已出现了石质砚台，东汉刘熙《释名·释书契》所云："砚，研也，研墨使和濡也。"汉以后，随着浙江、江西、北方及四川青瓷的烧造，青瓷砚台也开始生产。"在此后晋至唐的600多年间，陶瓷砚一直是书画用砚的主角，承载着传承中华文化的使命。"[1]砚的造型在各朝都有变化。三国两晋时期的瓷砚多为三足，足的形状有力士或熊形，东晋则多蹄足。砚面平坦，有方形和圆形两种。为防墨汁过快干涸，有的还附有砚盖。四川青羊宫窑生产的晋代三足圆形青釉瓷砚，其砚面光滑平坦，皆为三足，与晋代瓷砚的特征完全一致。南北朝时砚面开始突起，足的数量多至八个，四川青羊宫窑生产的八足圆形青釉瓷砚，砚面无釉、微凸，直径大至40厘米，在古代瓷砚中极为少见。隋唐时期，"邛崃固驿窑生产的盘形五足、八足砚形与长沙隋墓所出Ⅰ式砚形和青羊宫所出的Ⅱ、Ⅲ式砚形相似"[2]，这一时期，一种在圆盘多足砚基础上发展出来的独特造型的辟雍砚也开始流行。辟雍是古代天子讲学的地方。《礼制·王制》记载："大学在郊，天子曰辟雍，诸侯曰类宫"。辟雍砚的砚面居中，研堂与墨池相连，砚台中心高高隆起，砚台四周留有深槽储水以便润笔蘸墨之用，具有很强的实用功能。砚的下部用为数众多的珠足承托，并用一个圆环把各足连成一体，增加了足部的强度。当时的四川邛窑、浙江越窑、江西洪州窑等窑口都有青瓷多足砚和辟雍砚生产。如邛窑十方堂遗址唐代文化层中出土的Ⅳ式、Ⅴ式砚，均为典型的辟雍砚，砚身圆盘形，砚心平坦或中凹，周有水槽，下附10~13个兽形蹄足[3]。邛窑还率先把高温釉下彩绘用于辟雍砚装饰，如唐代邛窑黄釉彩绘环足辟雍砚，周围砚槽颇深，砚面从南朝的馒头凸起形变为中央微凹形，砚台注水后颇似微缩的"辟雍"，造型颇为精美。

---

1 李铁锤. 砚的演变与陶瓷砚的流行［J］. 收藏界，2010，(5)

2 陈显双，尚崇伟. 邛窑古陶瓷简论——考古发掘简报［A］. 邛窑古陶瓷研究［C］. 合肥：中国科学技术大学出版社，2002：256

3 陈显双，尚崇伟. 邛窑古陶瓷简论——考古发掘简报［A］. 邛窑古陶瓷研究［C］. 合肥：中国科学技术大学出版社，2002：191

唐代还流行一种造型特殊的中小型砚台——箕形砚，"因似长方形箕而得名，又因砚尾端两侧向外撇似风字形，亦称风字砚。"[1]风字砚的造型独特，上圆下方，周围有沿，砚面平坦，靠近砚首部位有凹槽，用于储存墨汁，砚底箕口的一端有二足，使口部升高，保持砚面水平。邛窑的风字砚留存较多，不仅有当时流行的基本造型，还有使用彩绘进行装饰的彩绘瓷砚，甚至有将动物造型作为箕形砚的砚身，如唐代邛窑褐点彩蟾蜍瓷砚等。邛窑还有一种由箕形砚变形而来的方形砚，一端无沿，另一端专门设计了笔的插孔，整体用彩点装饰，体现了邛窑对文房用器的审美功能的重视。宋以后，以端歙为代表的优质石砚逐渐成为文人追求的目标，各地也纷纷开发当地砚石，石砚渐成主流。邛窑瓷砚也随之逐渐停烧（图3-13）。

南朝至隋 青瓷多足辟雍砚

唐 青瓷褐釉猴头五足辟雍砚

唐 青瓷青褐釉撮箕砚

唐至宋 青瓷风字砚

图3-13 南朝至宋 邛窑砚台

通过比较可以看到，邛窑的器物设计具有非常明显的时代特征。其器型的演变，与同时期的瓷器形式演变保持着大体的一致性。如隋代至唐初邛崃固驿窑所出的侈口、深腹小饼足碗，"在隋代窑址、墓葬中有类似器型发现，在湖南长沙咸嘉湖初唐墓已有与之器型基本相同的I式侈口、饼足碗和II式侈口、饼足杯出土……邛崃十方堂窑所出的早期（唐代早期）碗中也有与之完全相同的器型发现。"[2] "邛窑的高足灯托为宽沿、深腹，与北方瓷窑烧的大体相同。炉为宽沿、深腹，下承以五兽形足，也与南北方各窑烧制的基本相同。邛窑的陶瓷砚为圆形，有滴足和多足之分，砚面平坦，与唐墓出土的瓷砚相同。"[3]这些器物与其他窑场产品形式上相同，具有共同的时代风格，并非巧合，而是不

---

1 冯先铭. 中国古陶瓷图典［M］. 北京：文物出版社，2002：177

2 陈显双，尚崇伟. 邛窑陶瓷简论——考古发掘简报［A］. 邛窑古陶瓷研究［C］. 合肥：中国科学技术大学出版社，2002：256

3 冯先铭. 中国陶瓷［M］. 上海：上海古籍出版社，2001：345

同时代器物发展演变的规律性反映，属于时代赋予的共性特征。同时，也表明邛窑一直与其他窑场之间保持着不断的交流。

另外，邛窑器型的演变在与时代特征保持同步的过程中还具有相对的滞后性。如成都指挥街唐宋遗址中出土的大量邛窑瓷器，"从整个瓷器的造型风格上观察，在中晚唐以前，主要是模仿外地并稍晚于外地，如西安地区天宝以后碗多圈足，晚唐时又流行撇口碗，唐越窑出产的碗，中唐时通行撇口碗，多璧形底，而在本遗址中，唐时极少见到璧形底和圈足，撇口碗在唐末以后才开始流行。罐、壶等器物的体身由粗壮变修长的过程也稍晚于外地。"[1]这是由于邛窑所处的地理位置所决定的。作为非主流瓷器产地的西南地区的瓷窑，在接受其他窑系风格的影响的时候，必然出现这种短暂的滞后。这也反映了邛窑在发展过程中，的确较多地学习和吸收了外地瓷器的烧制工艺，尤其是在基本造型方面一直接受着主流瓷器审美的影响（图3-14、图3-15、表3-2）。

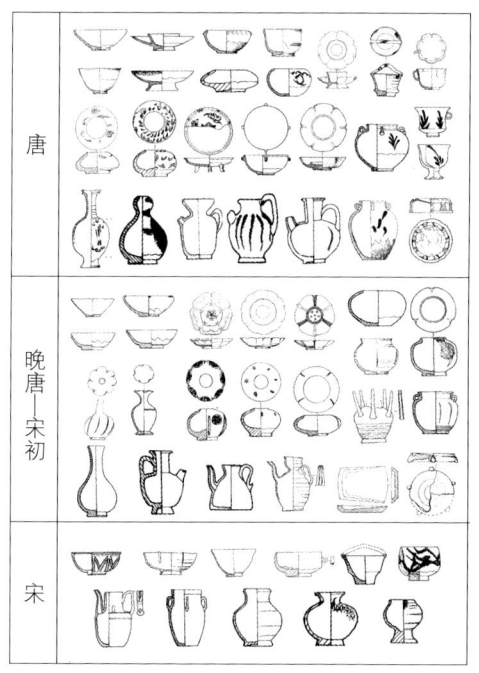

图3-14 唐至宋 邛崃十方堂窑出土器型分期汇总

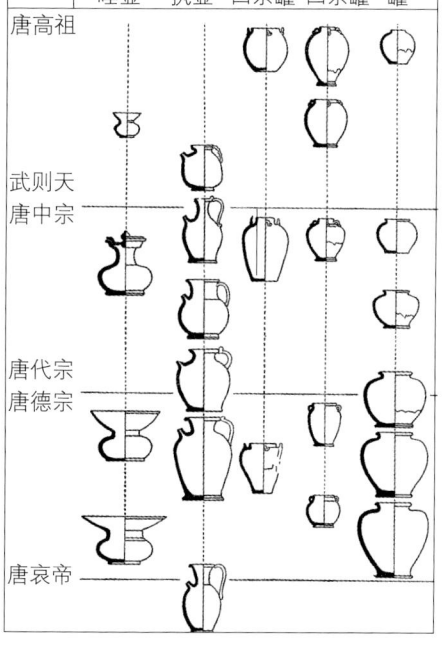

图3-15 唐 唐代壶罐造型演变

---

1 成都市博物馆，四川大学博物馆. 成都指挥街唐宋遗址发掘报告［A］. 南方民族考古（第二辑）［C］. 成都：四川科学技术出版社，1989：290

表3-2　　　　　　　　　　邛窑器物各时代的器型变化汇总表[1]

器型	各时代器型主要特征					
	东晋	南朝	隋	初唐-中唐	晚唐-五代	宋
罐	有盘口桥形系罐	有盘口桥形系罐、盘口圆环耳平底罐、四系大口罐、四系扁圆鼓腹罐	流行复式系、圆圜底、平底或大饼足	多为敛口鼓腹，彩绘装饰；双耳或四耳罐，皆短颈	新出瓜棱形罐，敞口、折沿；各式罐腹部变长	双耳或四耳罐的颈部变长
壶	有盘口桥形系壶、鸡首壶	有盘口桥形系壶、鸡首壶、唾壶	新增六系或复式系盘口壶，流行圆圜底、平底或大饼足	新出现侈口高颈短嘴管状流、八棱流，有的双耳短流无柄，有的多柄，皆为饼足	口形增多，有侈口、敛口、卷沿口、杯形口等；流增长，且为曲形；把多曲把；新增瓜棱壶；皆为饼足	多敛口、长曲流、深腹或瓜棱形壶身，有执柄
碗	敛口深腹、饼足	敛口浅腹碗（饼足或平底）、敛口深腹饼足碗、敞口深腹饼足碗、敞口尖唇斜直腹饼足碗、敞口深腹小饼足碗等；饼足（面积）相当于碗口的1/2	敞口深腹小饼足碗、敛口及少许侈口，内壁皆无纹饰；小饼足（面积）相当于碗口的1/3或1/4	多为侈口、内壁有彩绘，创新折腹	口沿创新三出莲花口、四出海棠口、五出莲花口或十瓣莲花纹口，于盘中央彩绘或印花装饰	多为敞口、六出花瓣口、侈口；少数敛口，腹壁以斜直壁为主；碗底印花装饰
盘	浅腹壁，平底	敞口浅腹盘	敛口及少许侈口，内壁皆无纹饰；新出现一种盘口坦平底的高喇叭圈足盘；底足全为小饼足	多为圈足盘、饼足盘、侈口或敞口；新出三足盘，兽形蹄足，彩绘装饰	口沿创新三出莲花口、四出海棠口、五出莲花口或十瓣莲花纹口，于盘中央彩绘或印花装饰；新出五足盘，兽形蹄足	与五代略同

[1] 本表根据各研究资料和笔者田野调查结果汇总而成。

续表

器型	各时代器型主要特征					
	东晋	南朝	隋	初唐-中唐	晚唐-五代	宋
杯	敛口深腹，饼足	高足杯；直口直腹饼足杯	新出现一种侈口深腹小饼足杯，少许侈口杯，内壁皆无纹饰，底足全为小饼足	新出现侈口收腹折腹环耳杯、鹅形杯、鸡形杯、小环柄杯、高柄杯、海棠式杯等；底足为大饼足或玉璧底	口沿创新三出莲花口、四出海棠口、五出莲花口或十瓣莲花纹口，于盘中央彩绘或印花装饰；五代时流行外撇微卷圈足	与五代略同
盏和盏托				多直口，宽沿圈足托	五代出现五曲莲花形或六棱葵瓣形托沿，托口微侈，深腹，高圈足，足底微外撇卷	口有弇口、敛口、侈口、敞口；沿有宽托沿或花口托沿；身为坦腹或斜直壁、足为矮圈足或中空或有底
水匜				敛口短流，深腹，饼足	敛口短流，腹上增设圆环系，或长圆柱形喇叭尾把手，圈足	与五代略同
香炉				有三足圆腹鼓炉、五足兽面纹炉、莲花碗形高柄喇叭足	有宽卷沿，折腹，高喇叭实心足炉；宽卷沿，高五足炉；及敞口方唇，折腹平底五乳钉足炉	有浅盘，矮五足炉和三足圆鼓腹炉等
瓶				有盘口长颈或双复式系深腹平底瓶	有盘口，无系，深腹饼足瓶，或直口、长颈、鼓腹、饼足瓶	有侈口、细颈、斜肩、圆鼓腹、圈足等特征。玉壶春瓶为敞口长颈；圆鼓腹圈足瓶，喇叭花口瓶等，瓶身多为四棱、五棱、八棱瓜瓣形

续表

器型	各时代器型主要特征					
	东晋	南朝	隋	初唐-中唐	晚唐-五代	宋
灯				有碟形省油灯、五管灯	五代时新增有圆唇、坦底、饼足碟形省油灯	五代至北宋末，多是厚圆唇，斜外弧壁，内坦底平足，南宋时为方唇，斜直壁平底；省油灯为圈足
砚			多为五珠足、八珠足圆形平底砚，砚心微下凹，砚面四周有蓄水槽，砚周以榫口与珠足相连	新增长方形多足砚，在蓄水槽上作圆管状笔插；圆形多足砚较为盛行	新增风字砚，底足为三短圆柱足	风字砚较多，少见圆形砚
水盂			敛口、圆鼓腹、平底	多敛口，圆鼓腹，平底	多敛口，圆鼓腹或四瓣瓜棱形腹、六瓣瓜棱形腹，饼足或玉璧底	多为敛口，圆鼓腹，或扁圆腹圈足，少量平底盂

（三）仿生造物：邛窑器物造型设计的典范

仿生设计是在人类师法自然的思维中诞生的。人具有观察和模仿的能力，自古以来，自然界中生物的奇异形态就吸引着人们去想象和模仿。古希腊哲学家德谟克利特就认为艺术是对自然的"模仿"："从蜘蛛我们学会了织布和缝补；从燕子学会了造房子；从天鹅和黄莺等唱歌的鸟学会了唱歌。"[1]中国的《管子》中也谈到音乐是模仿动物的声音而来"凡听羽，如鸟在树""凡听角，如雉登木以鸣"。人类运用其观察、思想和设计能力，对自然中存在的物质及某种构成方式的直接模拟，这是人类初级创造的阶段，也就是仿生设计的起源和雏形。长久以来，这便促成了仿生学的诞生。"通过研究自然界生物系统的

---

[1] 伍蠡甫. 西方文论选（上册）[M]. 上海：上海译文出版社，1979：5

优异功能、形态、结构、色彩等特征,并有选择地在设计过程中应用这些原理和特征便是仿生设计。"[1]

邛窑的器物造型设计中大量使用了仿生设计的造型方法。在同时期的国内窑口中,很少有像邛窑一样如此广泛地使用了仿生造型。不仅仿生对象极其丰富,仿生的形式和仿生结构也变化多样。邛窑仿生造型的主要类别见表3-3。

表3-3　　　　　　　　　　邛窑器物仿生造型汇总表[2]

仿生类别	仿生形式	仿生结构	仿生目的	示例
形象仿生（在器物造型中直接移植形象）	具象仿生（仿制自然形态如动物、植物、人物的具体形象）	局部仿生	功能性与装饰性统一	凤头壶、动物器盖、兽蹄足
			纯装饰性	鼠偷油碟
		整体仿生	功能性与装饰性统一	鸭杯、人头埙、整体印花碗
			纯装饰性	各种瓷塑、象生瓷
	抽象仿生（抽取自然形态或其他工艺品的某些元素进行仿制）	局部仿生	功能性与装饰性统一	花口碗,瓜棱壶
		整体仿生	与仿制对象功能一致性	提梁壶、柳条杯、小耳杯
意义仿生(在器物造型中同时进行了形象移植和象征意义的植入)	具象或抽象（选取的仿生对象与器物的功能之间有着内在的联系）	局部或整体仿生	功能、装饰、意义的统一	莲花香炉、狻猊香盖、蟾蜍砚台、海棠杯

1. 形象仿生

形象仿生即在器物造型中直接移植各种动植物或者人物形象的造型方式。形象仿生又分具象和抽象两种形式。

具象仿生指器物造型仿制自然形态如动物、植物、人物的具体形象。邛窑的造型中有的是将器物的某一局部使用动、植物造型,其他部分保持几何造

---

[1] 熊菁菁,汪浩. 浅谈陶瓷仿生设计［J］.江苏陶瓷,2010,（3）
[2] 本表根据各实物资料、研究资料和笔者田野调查结果汇总分析而成。

型，也有的是整器都以仿生对象的形象来制作成型。

局部具象仿生的典型实物有：以凤头、鸡首等作为壶嘴或壶流。提梁罐是邛窑出产的特色器型，其提梁往往使用动物造型。唐代邛窑绿釉鸡头提梁壶，壶嘴为鸡头，提梁为鸡冠状，其多曲的造型更利于手握，具有了现代设计中人体工程学的意义。

还有用人头形或鸟兽形作为水匜或盏的把柄，这种造型在邛窑也较为常见。如四川博物院收藏的唐代鸭把短流壶，高9.6厘米，口径12.6厘米，底径7.2厘米，壶主体似钵形，宽沿唇口内敛，近口沿处置一圆流，平底，流的右侧配一引颈向上的鸭形把。宋代灰釉人头把柄盏，在普通圆盏边沿上粘接一人头，既作装饰又可以当把柄使用。此外还有以鼠、鸟等其他动物作把柄装饰的器物。

以兽足或兽蹄为器足的造型，在砚、炉中较为多见。兽足为模制成形后粘接于器身，有三足、五足或多足不等。还有如狮型枕，在枕面和枕底之间塑一卧狮，狮子的姿态和表情皆具生动，狮身既承担了力学功能，又具有强烈的装饰效果（图3-16）。

另外，邛窑有大量的动物形器盖，如鼠、鸟、鲵头、鸭头、狗头、鹦鹉头等，动物的造型既是装饰也承担盖钮的功能，设计十分巧妙。

整器具象仿生的典型实物有：

以人物外形为器物造型的有如唐代彩绘人壶，壶身即为一彩绘跪姿人形，头梳发髻面容清秀，肩部有两耳，手部设计最为精妙，一手抚腹，另一只手置于前胸手握一杯，杯口斜上向外，即为壶嘴（图3-17）。

图3-16 唐 褐彩狮形枕

邛窑的娱乐用器中，有人首造型的埙，高为6厘米左右，发髻清晰，头顶部有一吹孔，脸颊各穿一空用于手指调音，设计独具匠心。这种人面三孔青釉瓷埙并不多见，邛窑亦出产较少（图3-18）。

邛窑的鹅形杯、鸭形杯、鸡形杯等一类器物，造型类同，整体为一完整禽类造型，头部以捏塑而成，或作回头咬尾状，或作低首衔足状，蹼足伫立，尾部打开呈花口状杯体，器身有彩绘点彩装

图3-17 唐 褐绿双彩绘人头壶

饰仿似羽毛。这类器型生动活泼，极富自然情趣。

邛窑大量的模制花形盘、碗，均为花朵仿生造型。有三瓣莲花碗（盘）、五瓣莲花碗（盘）、五瓣梅花盘、菊花形碟、葵口碗、莲花式茶托等。这些碗多为印模成型，且内外壁纹饰与器型同一，即莲花形碗的内壁印制莲子、莲瓣纹样，梅花形碗内壁印制梅花的花瓣及花蕊，实现了装饰与造型的统一，构思精巧，纹样精美，属于邛窑的精品（图3-19）。

图3-18 唐 褐绿双彩人头埙

唐 青釉黄褐彩绘三联杯　　五代 绿釉印花双层莲花形盏　　宋 绿釉印花莲花盏　　宋 青釉印花花形盏

图3-19 唐至宋 邛窑花形器

摩羯形臼磨器，器身为摩羯形，外壁以彩绘装饰，使用时对半分开，内壁密布尖齿，用以研磨茶饼（图3-20）。

通过工匠的巧妙设计，这些具象的仿生造型（无论是局部仿生还是整体仿制），都具有装饰性和功能性相统一的特点，兼具了审美和实用的意义。除此以外，在邛窑的具象仿生器物中，还有一部分是纯粹作为装饰或娱乐之用的。它们脱离了瓷器的实用功能，满足人们的精神需求，是更具情感性的产品。如邛三彩中，有仿生的植物、水果等，如核桃、莲蓬、桃、梨等，以细腻白胎精雕细琢，施三彩玻璃釉，光洁莹润栩栩如生。开后世象生瓷之先河。还有大量的手捏或模制的动物、人物、宗教瓷塑，小巧拙朴，反映出当时丰富的社会娱乐生活面貌。

抽象仿生指提取自然形态或其他工艺品的

图3-20 唐 褐绘花朵纹摩羯形臼磨器

某些符号性元素作为器物的造型元素。同样有局部的仿生和整体的仿生两类。

局部的抽象仿生造型，最为典型的是花口、瓜棱腹的造型样式。花口器，是中晚唐时期流行的一种花朵造型的瓷器。邛窑器物中的盘、碗、瓶、杯盏、茶托等均有花口造型。这类花口器与前述整体模制成花朵形，并以印花满器装饰的花形器有所不同。花口器仅是在制成的器坯口部削去一些等距离的小缺口，使之略成花瓣状，常为五曲、六曲、八曲、十曲等不同曲数的梅花形、葵花形、莲花形等，其口部俯视为花形，但整器仍保持原有器物的基本几何造型。瓜棱腹是指在器物的腹部均匀分布纵贯的凹凸弧线，将器体分成瓜棱形。在造型上，瓜棱形较多的用于罐身、瓶身的腹部造型，亦常和花口组合，在口沿与缺相对的腹部压出浅浅的竖道，谓之"浅瓜棱腹"。花口中有一种"葵口"造型，是在制成的器坯部向下拉成微呈"U"字形的凹状，使器物的口沿形成一圈连续不断的跌宕起伏的波浪线。此种"葵口"造型的碗、盘、瓶在邛窑均有生产，往往不与"瓜棱腹"匹配组合而单独使用（图3-21、图3-22）。

图3-21 唐 青灰釉瓜棱形罐

晚唐至五代 青瓷菱花口盘

宋 乳浊蓝釉花口碟

南宋 乳浊浅绿釉花口瓶

图3-22 唐至宋 邛窑花口器

花口和瓜棱腹这两类仿生造型均是将自然物中的一些形式特征提取出来作为造型样式，以波动的线条作为造型手段。无论是"花口—瓜棱腹"组合装饰模式，或是单独运用的"花口"或"葵口"和"瓜棱腹"装饰，均打破了生活用瓷诸如碗、盘、瓶、罐的沿和腹部单一的圆弧线，在凹凸中呈现出律动之美，具有较强的装饰性。同时，在实用功能上，将花口器设计为盛装器物，"大抵是有受到雨后花朵中、叶片上残留有雨水的启示，在制作过程中，根据器物功能需求，将这些自然形态所具备的功能进一步夸大，制成能盛装一定份量食物的造型。这类花口器充分借用植物形态的功能特征，并将其巧妙地运用到造型当中，使其在具备功能性的同时，带有浓重的装饰性。"[1] 瓜棱腹的仿生造型，在功能上则体现为有助于手持或手握时的防滑。

在抽象仿生中，还有一类是仿制其他门类手工艺品的材质、肌理或器型等。如丁祖春所见晚唐至五代时期的灰绿釉藤编杯、仿编织物的柳斗式杯，"器外仿柳条编织纹饰，是邛窑工匠以民间常见的藤箩筐为样本，将其缩小为杯用瓷土制作烧成的，表现了工匠极其丰富的想象力。瓷藤条呈条形米粒状纹饰有序地按由小而大的平行半圆形状态排列，中间饰有藕节状的'结'，颇似藤条编织样式，给人以新颖的美感。"[2]（图3-23）这种肌理仿生有触觉和视觉上的双重审美意义，能够充分满足人的视觉、触觉感受和心理需求，从功能上看，它还兼有加固和防滑的作用。邛窑独具特色的提梁罐，其造型为口大于底，口沿上有弓形提梁，形式乃是仿自木桶而来。提梁杯形制与提梁罐同，只是器型更小（图3-24）。

邛窑唐代器物中出现了较多模仿金银器的造型。如仿金银器的高足杯，腹部较深，与金银高足杯同。唐代新出现的小环柄杯，小耳、折腹、侈口，造型与金银器中的各种带把杯造型一致（图3-25）。邛窑的海棠式杯，口沿和杯身造型屈曲有致，犹如海棠花开，杯足较高，外撇。此种造型来源于萨珊金银器"多曲长杯"，传入中国后被改造创新为金银长杯（图3-26）。各式印花碗、盘、圆盒等，造型与纹饰也是仿自同类金银器皿。这类模仿同时期金银质地的瓷器造型，是中晚唐时期青瓷器的流行样式，反映了当时青瓷器逐渐替代金银器的发展趋势。

图3-23 唐至宋 青瓷柳斗杯

图3-24 唐 褐绿双彩提梁壶

---

[1] 张亚林，王苗苗，余勇陶. 瓷花口器造型仿生设计之美探究[J]. 艺术百家，2011，(5)

[2] 丁祖春. 四川邛崃十方堂古窑[A]. 四川古陶瓷研究（一）[C]. 成都：四川省社会科学院出版社，1984：125

带把金杯　　　　　　　白瓷绿釉彩草叶纹环柄杯

图3-25　唐 何家村出土单耳金杯与邛窑单耳杯对比图

唐 金摩羯纹长杯　　　　　　　　五代 低温绿釉海棠杯

图3-26　唐 西安出土金摩羯纹长杯与邛窑摩羯印花长杯对比图

2. 意义仿生

意义仿生是指在器物造型中同时进行形象移植和象征意义的植入。所谓象征，是以某种具体的人或事物的图形，标记一种特定的意义。邛窑器物设计中的意义仿生，正是借助于这些具有约定俗成、被普遍认可的象征意义的事物的形象，来作为器物的局部或者整体的造型，同时，这些器物的功能与仿生对象的形象、意义之间还有着巧妙的内在关联。正是由于这种独特的内在关联，使这类器物的造型实现了功能、装饰、意义的统一，是仿生设计的最高水平的体现。

蟾形砚台是邛窑的精品造型之一。蟾蜍在中国古代有特殊含义。古人传说月中有蟾蜍，屈原在《天问》中说："夜光何德，死则又育？厥利惟何，而顾菟在腹？"根据闻一多《天问释天》中的说法，"顾菟"即蟾蜍。《灵宪》中也说："嫦娥遂托身于月，是为蟾蜍"。因为月宫中有蟾，所以人们俗称月宫为"蟾宫"，"蟾宫折桂"常用来比喻文人应试中榜。砚台作为文房用品之一，是古人读书写字不可缺少的用具，因此用蟾蜍作砚台造型，将"蟾宫折桂"符号语义包含其中，以祈愿使用它的人能金榜题名、登科及第（图3-27）。

以海棠花形作碗、杯、盂等器物造型在邛窑也较多见。如唐青褐釉彩海棠式杯等，因"棠"与"堂"谐音，故海棠花形常用作食用器或酒器，当器内容满后，即寓意"富贵满堂""金玉满堂"等（图3-28）。还有葫芦形瓶，整个瓶身仿照葫芦造型而成，取其谐音为"福禄"，制作成瓶形，亦有"平安"之意，成为吉祥的象征。因此葫芦瓶也包含了器物功能与意义的协调统一。

图3-27 唐 黄釉褐彩蟾蜍砚

邛窑的香炉形式多样，其中莲瓣贴花高足炉和狮型香盖都是典型的意义仿生造型。在中国，熏香习俗早于汉代已有，随着佛教东渐，焚香风气日盛，邛窑香炉的形式随之多样。在中国，莲花自古以来便因"出淤泥而不染"成为品性高洁的象征，佛教中莲花也具有同样意义而被奉为"圣花"。熏香的功能有敬佛、祭祖、除秽、净心等，因此莲花所代表的内涵与香熏的各种功能、意义均不谋而合。邛窑的莲瓣贴花高足炉以莲花瓣

唐 青瓷绿彩花口杯

宋 海棠杯陶内模

图3-28 唐至宋 邛窑海棠式杯

贴饰于炉身外壁，全器为一朵绽放的莲花，其工艺精湛，造型优雅，为同时期其他窑口所不见。与后世如北宋吉州窑绿釉狮盖香熏中的莲瓣香炉相比，邛窑的器物在造型上具有更为轻盈灵动的姿态。以莲花来作为香炉的造型带来了装饰、意义和功能的高度统一，是意义仿生的典范之作（图3-29）。

邛窑的唐代香炉盖有形象生动的狻猊造型。狻猊，别称金猊、灵猊。传说龙生九子，狻猊为第五子，形如狮，喜烟好坐，故香炉多以为盖，当炉内燃香之时，烟雾从狻猊口中吐出，恰与其"喜烟好坐"的形象极为吻合。这种狻猊立于炉上的造型唐代出现较少，在宋时开始流行，并有莲花香座与狻猊炉盖的组合式样。但邛窑早在唐代就已有类似的精巧设计（图3-30）。不仅工艺精湛、造型优美，同时承载了祈福礼佛的意义。前蜀花蕊夫人《宫词》有云："夜色楼台月数层，金猊烟穗绕觚棱。"也说明在宋以前巴蜀地区已经有狻猊型盖的香炉了。

邛窑的仿生造型设计，实现了功能性和审美性的高度统一。不管器物造型是形象仿生还是意义仿生，无论是具象还是抽象，整体还是局部，它们的形态都不是任意的，定是受到使用功能的限制。正如马林诺夫斯基说的："造一只船，目的在解决一个如何渡水的问题，因此，它是受着'有限变异原则'的支配。最重要的，这船的船身一定要能浮的。……形式上的有些要素是不变的，它们是规定于它的有用的活动的性质；有些要素是可以变异的，这变异或是起于同一问题可有种种不同的方法，或是起于任何解决所附带的不十分紧要的细节。"[1] 邛窑的仿生造型设计同样遵循着这种"有限变异原则"。它的外在形式始终围绕着实用功能开展，又通过审美的外观赋予仿生产品以艺术的美感，这种艺术美感不仅包含了由纯粹外观所带来的视觉的愉悦，还包括了由仿生对象的意义所激发出来的更深层次的审美情感体验，并通过赋予器物以生命的象征，使造物与自然和谐统一。这种和谐统一也暗合了中国传统儒家思想"文质彬彬"的观念。《论语》中记载的孔子的言论："质胜文则野，文胜质则史。文质彬彬，然后君子。"以及子贡所言："文犹质也；质犹文也。""文"指文饰，"质"指本质，孔子认为"文"与"质"这一对矛盾的事物应该是一种统一的关系，"文"与"质"的统一，即形式与内容的统一，才能到达"彬彬"这种完美的状态。儒家的这一思想影响着我国传统造物思想中的关于审美与功能的关系问题。"文"代表装饰、审美，"质"代表实用、功能，只有"文"与"质"的统一，也就是装饰、审美与实用、功能的统一，才能得到"彬彬"的完美的器具形态。邛窑的仿生设计也反映了邛窑工匠所秉持的一种质朴的人与自然共生的哲学观念，这众多模拟对象丰富、形式结构多样、造型形态多变的仿生器物体现了邛窑器物造型设计中强调实用，同时又注重装饰、尊重情感的设计精髓，至今看来仍具启发性。

图3-29 五代 低温黄绿双色釉堆贴莲瓣高足香薰

图3-30 唐 褐釉狻猊薰炉

---

[1] 程金城. 中国陶瓷艺术论［M］. 兰州：甘肃人民美术出版社，2001：136

二、邛窑器物装饰设计

"陶瓷装饰，基于型而表于人。在特定的陶瓷造型表面，围绕着人的思想意绪运用各种陶瓷工艺的、方法技巧的装饰手段，进一步美化陶瓷造型，为通常的陶瓷装饰观念。"[1]装饰的基本概念是"装扮与修饰，如服饰、图案、纹样等等，即加之于物品表面的'文采'。"[2]如何按照"美的规律"在不同的物品上进行美化，就形成了装饰设计。在长期的造物过程中，人们逐步形成了一些具有普遍性的形式感，并认识到这些形式感对审美主体心理上的舒适感受，因而在满足功利性的基础上，用装饰来美化器物，使之成为具有形式美感的工艺品。

瓷器作为中国古代的伟大发明，是实用性与审美性相结合的产物。它一方面满足人们日常生活的需要，另外一方面也对使用者的精神世界进行着审美观照。附着在器物上的装饰既为器物构建了形式美的外观，也体现了每个时期的审美意识，是政治、经济、文化等因素的共同反映。"我们把装饰不仅理解为一种艺术，更理解为一种文化。装饰作为文化，一是因为装饰作为人类行为方式和造物方式所具备的文化性和文化意义，二是装饰作为装饰品而存在所具备的文化意义。装饰品类从一定意义上说是文化品类，它的存在价值在于文化本质或文化意义，即装饰品类本身首先是文化的产物，其次其本身是文化的物化形态，这种物化形态是整个社会文化系统的一部分，与整个人类文化系统相关联……"[3]因而，装饰在本质上是意识形态的产物，是按照"美的规律"所从事的精神生产，意志由里及外的物化过程。"一件艺术品往往具有审美意义，无论其是否服务于某些实用目的，也无论它是好是坏，艺术品都要求被人们审美地感受。"[4]所以，审美性是艺术的最根本特质，在实用功能基础上发展起来的瓷器装饰，为瓷器这种手工艺品增加了更多艺术的美感。

邛窑装饰设计的审美文化包括了三个方面：一是装饰形式研究，即对邛窑的色彩、纹饰研究；二是装饰技法研究，技法是赋予形式的物质基础；三是装饰风格的研究。

---

[1] 孔六庆. 陶瓷装饰展开［J］. 陶瓷研究，1999，（1）

[2] 曹林. 装饰艺术源流［M］. 北京：文化艺术出版社，2006：1

[3] 李砚祖. 装饰之道［M］. 北京：中国人民大学出版社，1993：3

[4]（美）E·潘诺夫斯基，傅志强译. 视觉艺术的含义［M］. 沈阳：辽宁人民出版社，1987：13

（一）邛窑器物装饰的规定性内涵

邛窑器物装饰的最基本的规定性内涵，包括胎、釉和化妆土，这三者构成了邛窑器物装饰赖以存在的基础。邛窑装饰中的色彩和纹饰，均是在这个基础之上发展起来的。

胎，或称胎骨。瓷器未烧之前称坯，瓷坯经高温烧结后即成了"胎"。瓷胎的主要成分是氧化硅、氧化铝、三氧化二铝、三氧化二铁等化学成分组成，此外还有少量的钾、钠（主要是氧化钠）、钙（主要是氧化钙）、镁（氧化镁）等元素。瓷胎的成分、胎质的粗细等对器物烧成后的审美感受（包括视觉、触觉、听觉等）起到非常重要的作用。不同化学元素含量的高低影响烧结后的胎体呈色。如在泥料加工的过程中，除铁是一项非常重要的工作，目的是为了除去瓷土中的铁元素，使瓷胎呈现洁净的白色。细腻、致密、洁净的瓷胎是烧制优质瓷器的基础。从这个角度上来说，邛窑的胎质具有先天不足的特征。由于当地缺少优质的瓷土，邛窑采用了含铁量较高的黏土制胎，烧成后胎色多呈灰白、灰黄、灰黑、褐等，生烧胎则呈现褐红或紫红、砖红等色，其中以灰白最佳。科学手段测试的结果表明，邛窑的胎中"有粗颗粒胎料和大块富铁矿物质存在"[1]。因此，这也促成了邛窑对化妆土装饰工艺的大量采用。如表3-4所示。

表3-4　　　　　　　　邛窑胎的化学组成[2]

名称	SiO_2	Al_2O_3	Fe_2O_3	TiO_2	CaO	MgO	K_2O	Na_2O	MnO	P_2O_5
邛窑窑胎JN1	未测	15.02	3.77	1.50	0.28	0.82	0.61	0.36	0.02	—
邛窑窑胎JN12	74.76	14.21	4.11	0.93	0.31	1.02	2.03	0.43	0.01	0.03
邛窑窑胎JN13	78.45	15.15	1.89	1.05	0.28	0.69	2.00	0.03	0.01	0.04
邛窑窑胎JN15	77.58	13.20	4.36	0.95	0.32	0.87	0.71	0.18	0.02	0.04

---

[1] 张福康．邛崃窑和长沙窑的烧造工艺［A］．邛窑古陶瓷研究［C］．合肥：中国科学技术大学出版社，2002：56

[2] 本表中的数据采自张福康．邛崃窑和长沙窑的烧造工艺［A］．邛窑古陶瓷研究［C］．合肥：中国科学技术大学出版社，2002：55

续表

名称	SiO_2	Al_2O_3	Fe_2O_3	TiO_2	CaO	MgO	K_2O	Na_2O	MnO	P_2O_5
邛窑窑胎JN16	76.54	15.83	2.07	1.07	0.31	0.74	2.05	0.02	0.01	0.05
邛窑窑胎JN17	75.38	16.06	3.19	1.01	0.25	0.92	2.14	0.37	0.02	0.03
邛窑窑胎JN18	76.45	14.80	3.18	0.99	0.45	0.94	1.95	0.43	0.01	0.03
邛窑窑胎JN22	76.60	14.38	3.11	0.96	0.25	0.98	2.23	0.31	0.01	0.04
邛窑窑胎JN23	72.47	19.72	1.43	1.34	0.22	0.83	1.89	0.67	0.01	0.03
邛窑窑胎JN24	77.43	14.03	3.21	1.02	0.31	0.84	1.99	0.37	0.01	0.05
邛窑窑胎JN25	78.84	14.02	2.11	1.06	0.32	0.71	1.73	0.01		
邛窑窑胎JN26	78.45	14.15	3.01	0.87	0.19	0.74	1.93	0.20	0.01	0.02
邛窑窑胎JN28	77.36	14.39	3.25	1.01	0.24	0.90	2.19	0.29	0.01	0.03

釉，是覆盖在瓷胎表面的无色或有色的玻璃质薄层。其物理、化学性质与玻璃有相似之处，原料主要是石英、长石、黏土等，化学成分主要有：氧化硅、氧化铝、氧化钾、氧化铁、氧化钠、氧化镁、氧化钙等。釉的发明，最初是为了覆盖器物表面。由于釉中含有较高的钾、钠、钙、镁等助熔剂，使釉汁会在高温下熔融后在器表流动，填补瓷胎表面的孔隙，使胎体光滑、对瓷胎起着保护作用，还能使器物易于清洗、防止容器内液态物质渗漏。另外，釉还能增加制品的机械强度、热稳定性。可以说，釉的最初使用是与功利目的紧密关联的。随着实践的发展，人们逐渐发现，在石灰釉和长石釉中加入金属氧化物或渗入其他化学成分作为呈色剂，可以使烧成后的釉面呈现不同的色彩，对器物起到良好的装饰作用，如同给瓷器穿上了各种色彩的衣服。于是工匠们通过反复实践，逐渐掌握了烧制各种釉色瓷器的工艺，形成了比较稳定的彩色釉的配方。瓷器的色彩变迁反映了时代好尚和审美趣味，也反映了烧成技术的发展。邛窑的釉面，除乳浊绿釉和乳白釉比较肥厚外，一般釉层都比较薄，其釉色极其丰富，为同时期其他窑口所鲜见。

在邛窑的装饰基础中，除了胎和釉，不能忽略的还有化妆土。"化妆土是以上好的瓷土加工调和成泥浆，施于质地较粗糙或颜色较深的瓷器坯体表面，其颜色有灰色、浅灰色、白色等。这种工艺在西晋时见于浙江金华的婺州窑，东晋时期浙江德清窑等处也开始使用，南北朝起，湖南、江西、四川、河北等地的窑口相继使用。"[1]化妆土可以覆盖较深的坯色，并使粗糙的坯体表面变得光滑细腻，使釉层更为美观。同时，化妆土还可以最大限度地美化和修复胎体的损伤，并通过调配化妆土的成分配比来调节化妆土的膨胀系数，在胎体和釉面之间形成一个有效的过渡层，促进胎釉的更好结合，消除釉层剥落的现象。

邛窑对化妆土的使用，对提高瓷器质量起到了很好的作用。胎、釉的多样性，是邛窑的一大特点。邛窑的多数窑口对胎料的加工不甚注重，因此胎体一般较粗糙。为了减少胎色不良和胎质不精对釉色的影响，邛窑在南朝时就开始在胎釉之间施用化妆土，这种装饰技法贯穿了邛窑其后的生产历史。对于邛窑来说，化妆土装饰工艺，是邛窑独具个性特征和丰富多彩的装饰审美文化的土壤。因为几乎邛窑所有的装饰工艺都是在它的基础上创造并拓展而成，尤其是邛窑的彩绘瓷，没有白色化妆土，就很难达到审美装饰效果。从某种意义来讲，没有化妆土装饰工艺，便没有邛窑最富特色的装饰审美文化。因此，化妆土装饰工艺，属于邛窑装饰审美文化的规定内涵。

胎和釉是构成瓷器的色彩之美的主要因素，是陶瓷器的骨和衣。胎和釉的结合强度对于瓷器的审美效果至关重要。从工艺上来说，坯和釉的适应性会影响器物的最终烧成。由于釉与胎有不同的膨胀系数，在两者不相匹配的情况下，焙烧后冷却时釉层收缩率大，会出现釉面开裂或者剥落的情况，影响瓷器的呈色效果。因此，邛窑的化妆土技法除了起到装饰作用之外，还可以很好地协调胎釉之间膨胀系数不同的矛盾。

（二）釉装饰：从单色到多色的突破

邛窑的单色釉有高温釉和低温釉两种。其中高温釉较为常见。主要是以铁为呈色剂的青釉和以铜着色的铜绿釉、铜红釉。另外，还有少量白釉和钴蓝釉。

青釉：在邛窑900余年的烧造历史中，一直以生产高温青瓷为主。青瓷所施釉为青釉。青釉以铁为主要着色元素，以氧化钙为主要助熔剂，因而青釉并

---

[1] 冯先铭. 中国古陶瓷图典［M］. 北京：文物出版社，2002：369

不是单纯的青色，其呈色效果一方面与烧制工艺有关（如加了氧化铁的色釉，在氧化焰里烧成黄色，经过还原焰才成为青色），同时，釉色深浅还与釉料内氧化铁含量的多少成正比。含铁量高，则呈色较深，反之则浅。如古代的越窑、婺州窑青瓷釉料中铁的含量高，釉色较深，呈豆青色或艾色；唐代瓯窑青瓷釉的氧化铁含量较低，釉作淡青色；德清窑在釉中加入了含铁量很高的紫金土，使釉内含铁量高达8%，因此色黑如漆。邛窑的历代青釉色彩丰富，以铁为着色剂，因铁含量的不同和火焰温度的高低而形成各种不同的色彩。如晋代釉色为青褐色或青黄色，少数为青绿色；南朝以青色、青灰色为主，少数黑釉；隋代有青绿、青黄、青褐、灰黄、灰青、乳白色，以青绿、乳白色（米黄）为优；唐初到唐中期有黄绿、青黄、青灰、绿、深绿、浅绿、油绿、灰白、乳白、蓝色、酱褐、黑、黄、米黄、茶黄、菜籽黄等30几种；宋代青釉有虾青、青绿、粉绿等，还有黄、褐、黑几大类，在十方堂、玉堂窑、苏稽窑等窑口还出现一种仿景德镇湖田窑系的天青色的青白釉或粉青釉等。邛窑釉色之丰富是同时期全国其他窑口少见的，这显然与邛窑高超的施釉技术、制作技术和装烧工艺分不开。

铜绿釉：我国传统的绿釉和绿彩都是以铜作着色剂，属于铜绿釉。在宋代以前，铜主要作为低温绿色釉彩的着色剂，比如我国在汉代就已用铜为着色剂烧铅绿釉，还有唐三彩中的绿釉等。在邛窑的低温铅釉中，也将铜作为着色剂，使釉色呈现绿色。但邛窑却比其他窑口更早地把铜用于高温釉的着色，使邛窑的青瓷色彩中出现一种独特的绿色。其中，最为典型的是高温乳浊铜绿釉。根据相关的考古发掘报告，邛窑在南朝时便成功创烧了高温乳浊铜绿釉[1]，此后这种釉器产量不多，但在邛窑的烧制历史中一直延续不断，是邛窑独具特色的产品。晚唐至五代时期开始较多出现，到了宋代，各种色调的绿色乳浊釉瓷器开始大量生产。邛窑的乳浊绿釉高度乳浊，没有纹片，色泽清雅润泽，少数还绿中泛蓝，或绿中泛紫，有窑变现象，具有独特的韵味（图3-31）。

图3-31 五代至北宋 乳浊天青釉双耳小罐

---

[1] 陈丽琼. 邛窑古陶瓷发展概述 [A]. 三峡与中国瓷器 [C]. 重庆：重庆出版社，2010：139

铜红釉：唐代邛窑铜红釉并不多见，常与铜绿釉伴生出现，大多由于偶然的窑变，无规律可循。也有部分是有意识的以铜红釉斑装饰于器物鼓腹等处，但从制品的总体水平看，其质量不高，呈色也不够成熟。直至晚唐至五代时期，邛窑掌握了成熟的高温铜红釉烧制技术。宋代，高温铜红釉器物的生产已经较为常见和稳定。继邛窑成功掌握铜红釉烧制技术以后，兴起于唐代中晚期的湖南长沙窑也开始了铜红釉的生产。

白釉：邛窑是四川地区最大的青瓷窑系，青瓷是主体产品。但在其发展过程中，受北方瓷器的影响，也有白釉瓷器的生产。在邛窑的相关研究资料和遗址发掘中，都能看到邛窑生产白釉瓷器的例证。成书于清嘉庆二十年的《景德镇陶录》(卷七)在"蜀窑"一节中说道："唐时四川邛州之大邑所烧(白瓷)，体薄而坚级，色白声清，为当时珍重。杜少陵集韦处乞大邑瓷盏诗云：'大邑烧瓷轻且坚，扣如哀玉锦城传，君家白碗胜霜雪，急送茅斋也可怜'。首句美其质，次句美其声，三句美其色。蜀窑之佳已可想见。"[1]到目前为止，四川境内还没有发现史籍中所称大邑烧瓷的白瓷窑址，而"大邑在唐属邛州"[2]，故邛窑生产的白瓷釉器，也反映了早期四川境内白瓷的生产技术和能力。我国白瓷在隋代北方已经有了初步发展，胎、釉料的淘洗、提炼技术均不高，与后世定窑的白瓷相去甚远。而邛窑也在隋代就开始了乳白釉器的烧制，胎细白，以邛崃大鱼村窑最具代表性[3]。唐代其他邛窑窑口也有零星白釉瓷器的发现。

一般来说，"胎和釉均为白色的瓷器"称为白瓷[4]。从更多的实物来看，邛窑的白瓷釉器并不能称为典型的白瓷，而是一种带乳浊状的乳白釉器，从十方堂出土的白釉瓷碎片看，其釉质为乳白色，胎色为砖红色，胎釉之间施有白色化妆土。这是缘于邛窑的胎土本身的缺陷，无法得到纯净的白胎，故使用了化妆土和乳浊釉进行器表的修饰。由于邛窑瓷器胎体较为粗糙，胎色较深，且工艺技术不太成熟，因此单色白釉生产的量比较小。但也正因为邛窑白釉瓷器无法以釉质和釉色取胜，邛窑才得以在白釉瓷器的基础上施以彩绘装饰，增强瓷器

---

1 蓝浦，郑廷桂（清）. 景德镇陶录图说［M］. 济南：山东画报出版社，2004

2 陈德富. 试论邛窑白瓷及其相关问题［A］. 邛窑古陶瓷研究［C］. 合肥：中国科学技术大学出版社，2002：68

3 黄晓枫. 从考古发现看邛窑的文化特征［J］. 成都文物，2007，（2）

4 冯先铭. 中国古陶瓷图典［M］. 北京：文物出版社，2002：53

的审美效果。因此，邛窑白釉瓷器的出现对邛窑彩绘的兴盛奠定了基础，其意义非常重大（图3-32、图3-33）。

图3-32 唐 白瓷褐绿双彩点纹小瓶

蓝釉：在邛窑的单色釉中，蓝色极为少见。邛窑的蓝釉有两类。一类是以铜着色的高温乳浊绿釉在烧制时发生了窑变现象，形成一种蓝釉乳光，这与长沙窑的蓝色釉的产生原理类似。邛窑的另一类蓝釉是以钴蓝着色的低温釉。由于唐代国产钴蓝还未发现，进口之钴蓝得之不易，无法大规模应用，因此邛窑的钴蓝釉器极其稀少和珍贵。同时，科学检测还发现，唐代邛窑的钴蓝釉与唐三彩蓝釉或唐青花一样，都含有铜元素，具有早期钴蓝釉化学组成的典型特点。

图3-33 唐 白瓷褐绿双彩点纹碗

邛三彩：晚唐至五代时期，邛窑十方堂窑出产一种独特的多彩高温釉瓷器。其釉质为透明玻璃釉，釉色主要有黄、褐、绿三种，其中明黄色的釉面是主色调，其上用绿、褐釉点染交错，经高温烧制后，三种色彩会晕散交融形成艳丽淋漓的彩色釉面。除了在器物上同时施用这三种色彩外，也有施单色、二色或三种以上的色彩。典型的单色器，有花口出筋金黄釉盘、绿釉水盂等，也有以黄色作为底色，饰以褐、绿或红色的条状或块状的色斑。这类施彩色无铅透明玻璃釉、色彩艳丽、经高温一次烧成且胎质精细轻薄、器形精致的实用器，被称为邛三彩（图3-34、图3-35）。

图3-34 五代 邛三彩盘

邛三彩在晚唐至五代时期的邛窑十方堂窑大量生产，以艳丽莹润的釉面和多彩交融的釉色而著称于世，其在色彩上的审美特征非常明显，即将明黄作为最主要的釉色。这种黄釉明亮艳丽，或作为单色使用，或作为底色，在黄釉之上施以绿、褐等色釉，形成华丽的装饰效果。1936年6月，华西大学教授杨枝高在《华西学报》上发表《访邛崃十方堂窑记》，文中写道："胎骨厚者多黄泥，薄者多红泥，釉色有白、青、黄、绿、涂紫种种。极美观者惟金黄色碗，薄而坚，内外一色，底涂紫

图3-35 五代 邛三彩杯

色，金光射目，如在灯下视之，有似金珠一块，……然全者绝少，可压倒他省唐宋时各大名窑也。""茶托黄釉口径五寸，五瓣。中有一托杯，红泥胎，色黄而放金光，美丽之至。"[1]此中提到的"金黄色碗"，即是指黄釉的单色邛三彩。单彩的明黄色釉的使用具有独特的意义。黄釉是以适量的铁为着色剂，在氧化焰中烧成，分高温和低温两种。低温黄釉瓷多见于唐三彩和宋三彩，且于明永乐年间烧制出纯正的黄釉，成为历代皇家专用瓷。高温黄釉以唐代寿州窑黄釉瓷最为著名，"寿州窑瓷器的玻璃质釉透明光润，开小片纹，釉色以黄为主，有蜡黄、鳝鱼黄、黄绿等。"[2]唐人陆羽将其所烧茶碗评为六大名窑之第五。除此以外，能烧制高温黄釉的窑口并不多见，有邛窑、河南密县西关窑、郊县窑、陕西黄堡窑、山西浑源窑、河北曲阳窑等，邛窑即是其中之一。与其他窑口相比，邛窑的黄色釉不同之处在于，其色明度极高，有鹅黄、柠檬黄、金黄等。单色的黄釉器在灯光下呈现出一种金色的光亮，色泽娇艳，釉面光洁，器型规整，内外壁均满施黄釉，因此被形容为"金珠"，在当时的黄釉器中显得极为特别。二彩或三彩的器物，底釉均为黄色，可以极为显眼地衬托出绿、褐等色斑，造成流光溢彩的效果。在中国封建社会中，黄色具有独特的象征意义。自唐高祖在武德年间颁布的官制中严格规定皇帝及朝廷的各阶层官员的服色后，黄色即成为天子的专用色，并禁止"士庶"穿黄，黄釉瓷器由此也逐渐成为皇家专用。尤其自明永乐年间纯正的低温黄色釉瓷烧制成功以后，黄釉瓷器便为皇家所垄断，绝不许民间使用。因此，产生于晚唐至五代时期的邛三彩高温黄釉瓷更属于存世稀少的名贵品种。由于邛三彩的形制大都比较精致，仿金银器的造型较多，使用明黄色调更加接近金器的色泽，能达到较高的仿真度，使其更加适应上层贵族以瓷器代替金银器的心理需求（图3-36、图3-37）。

图3-36 五代 邛三彩盘

图3-37 五代 邛三彩五足炉

---

1 杨枝高. 访十方堂古窑记［A］. 四川古陶瓷研究（一）［C］. 成都：四川省社会科学院出版社，1984：99

2 冯先铭. 中国古陶瓷图典［M］. 北京：文物出版社，2002：195

邛三彩大量采用了黄、褐、绿多彩融合的施釉方法，色斑之间的边沿相互交融，看上去浑然一体，华贵富丽。其釉面莹润，有冰裂纹，如"茶盏红泥胎，三足、五足、六足印花，黄地涂绿紫二色，光可镜人，全者绝少。"[1]尽管这种视觉效果跟某些北方唐三彩极为相似，但在高温釉的烧制中，将单色发展为多色，并形成多色交错、互相浸润、斑驳灿烂的釉面色彩效果，邛三彩乃是具有首创之功。这种崭新的创造，不仅显示了邛窑工匠的借鉴和创新相结合的能力，也显示了其高超的烧制工艺（图3-38、图3-39）。

图3-38 晚唐至五代 邛三彩执壶

图3-39 唐 唐三彩鹰首壶

邛窑绚丽多姿的釉色装饰为青瓷带来了极为丰富的审美表现力。色彩是装饰体系中最为重要的元素之一。"色彩，诉诸感觉，触发情感，激发想像。""在人类原始自发色彩本能之中，有一个重要的求变求新的基本特征。目色求变是人类共有的色彩品性，它具体表现为人永不满足于长时间的色彩单一，总希望发现新奇的色彩激励，正是这种特性，构成人类发展色彩本质的动力。"[2]中国的色彩装饰意识发生于远古时期。早在新石器时代后期的彩陶上便已经凸显出自觉的色彩装饰，制作者在原始单色陶器的基础上，以黑、白、红并置于器表，表现出象征性的色彩倾向。黄帝时期，出现了所谓绘画者，"黄帝染衣裳，虞舜画衣冠'五彩兼施'"。至周朝，设立了专职画工，《周礼·冬官·考工记》中记载："设色之工，谓之画。"并提出了五色应遵循五行五德之象征，指出色彩之间的相互关系："画缋之事，杂五色。东方谓之青……西方谓之白……青与白相次也，赤与黑相次也，玄与黄相次也……五采备谓之绣……杂四时五色之位以章之，谓之巧。凡画缋之事，后素功。""'绘画之事后素功。'谓先以粉地为质，而后施五采，犹人有美质，

---

[1] 杨枝高. 访十方堂古窑记[A]. 四川古陶瓷研究（一）[C]. 成都：四川省社会科学院出版社，1984：99

[2] 李光元. 色彩艺术学[M]. 哈尔滨：黑龙江美术出版社，2000：21

然后可加文饰。"[1]《论语》中孔子向弟子讲述"绘事后素"的设色关系，等等，这些关于中国古代色彩关系的早期理性认识，为后世色彩装饰意识的形成和发展奠定了基础。

秦汉时期，中国装饰色彩集中表现在陶瓷、木雕髹漆、服饰和装饰绘画等方面。最早出现的东汉瓷器以淡青、青褐的青釉呈现，继而全国多地开始烧制青瓷，无论从造型还是釉色方面都具有相似的时代特征，邛窑青瓷同样如此。由于邛窑胎土的先天不足，胎质粗糙与胎色不纯成为邛窑的最大劣势。为了掩饰胎质的弱点，使产品更为吸引购买者和使用者，邛窑没有按照南方青瓷追求青釉色质之美的传统发展，而是转而开辟了以丰富的色彩组合来美化产品的独特道路。在邛窑的盛期，各种色调的单色釉、瓷彩大量生产，与唐代"灿烂求备""华贵斑斓"的审美风尚相契合，这些色彩纷呈的多彩瓷器受到了下至普通民众上至文人贵族的欢迎，形成了"南青北白"之外的独特的瓷器风貌。晚唐五代时期，在北方唐三彩影响之下的邛三彩形成了邛窑生产新的高潮。入宋以后，全国制瓷业进入高度发达时期，官窑和民窑竞相发展，全国窑厂林立，各种釉色与多种装饰技巧并生。以汝窑、官窑、龙泉窑、耀州窑等为代表的青瓷窑系以其敦厚儒雅、如冰如玉的形质体现出宋代文化的特质。在时代审美风格的影响下，邛窑又回归了单色釉瓷的道路，大量绿色乳浊釉的生产以及对湖田窑青白釉的仿烧，都显示了邛窑对于时代潮流的顺应。但由于邛窑自身无法回避的天然缺陷使其始终难以达到宋人对釉质美感的追求，斗茶之风的兴起却又带动了社会对黑釉和白釉瓷器的崇尚，邛窑瓷器渐渐旁落。邛窑系的各窑场在宋以后均逐渐停烧，直至退出了瓷器生产领域。

如前所述，作为烧制青瓷为主的窑系，邛窑始终坚持对色彩的追求，为同时期的国内其他瓷窑所罕见。邛窑的产品中，不仅青瓷的色彩多达三十多种，还有以明黄色为基本色，并施以褐、绿二色的彩斑、彩条、彩点装饰的邛三彩色釉装饰，以及以褐、黄、绿为主要色调的彩绘装饰。邛窑釉装饰从单色到多色的突破、对色彩装饰的孜孜以求既是邛窑自身主动的技术探索和创新的结果，也是社会发展时代审美文化影响下的选择。邛窑作为西南地区最大、烧造时间最长的窑系，其产品主要面向普通民众，因此其部分粗瓷表现为质地不

---

[1] 朱熹（明）. 四书章句集注·论语集注（卷二）[M]. 北京：中华书局，1983

精、造型拙朴、釉质不匀、釉色呈色不佳等特征。这并不能影响邛窑在陶瓷史上的地位与贡献。同时，与同时期的国内其他窑场相比，邛窑在釉色装饰上的丰富程度和创新力度都是处于领先地位的，如表3-5所示。

表3-5　　　　　邛窑各发展时期釉色汇总表[1]

时期	主要产品	釉面色彩
东晋	青瓷	青褐色或青黄色，少数为青绿色
南朝	青瓷	青灰色、少数青绿釉（乳浊）、黑釉
隋	青瓷为主，高温彩绘瓷兴起	青绿、青黄、灰黄、灰青、乳白色、乳浊深蓝窑变
初唐-中唐	青瓷为主，高温彩绘瓷兴盛	黄绿、青黄、青灰、绿、深绿、浅绿、油绿、灰白、乳白、蓝色、酱褐、黑、黄、米黄、茶黄、菜籽黄等30几种
晚唐-五代	青瓷为主，高温彩绘瓷渐渐减少，邛三彩大量烧制	高温铜绿釉、高温铜红釉、低温三彩、邛三彩
宋	青瓷为主，高温彩绘瓷基本绝迹	青色、绿色、虾青、青绿、粉绿、橘黄、深棕色、酱色、漆黑、绀黑 高温铜绿釉、各种类钧瓷的乳浊釉、高温铜红釉

（三）胎装饰：恒常主题的精雕细琢

彩陶文化时期，陶器上的纹样与图形的装饰就已经十分发达。纹样是一个统称，包括一切器物外表的纹饰或雕饰；它是装饰的一般属性，本质上具有附着于某种物体的依附性。在漫长的发展过程中，原始的纹样和图形逐渐演进为文字、绘画和装饰图案，并形成了特定的意义。装饰纹样的特征可以概括为"功能意义""符号意义""审美意义"三种。邛窑装饰纹样与装饰技法有很重要的关系。不同的装饰技法对纹样的题材选择、表现方式、装饰效果都有重要影响。因此，对邛窑纹样的研究，是结合装饰技法来共同讨论的。

1. 邛窑胎装饰的纹样类型

邛窑的纹样十分丰富。根据统计，主要有如下题材，如表3-6所示：

---

[1] 本表根据笔者所掌握资料和田野调查结果汇总而成。

表3-6　　　　　　　　　　邛窑纹样按题材分类汇总表[1]

植物纹	牡丹、莲花、卷草、宝相花、忍冬、梅、菊、兰草、小簇花、芙蓉、萱草、玫瑰
动物纹	鱼、鸟、鹦鹉、蝴蝶、狮、龟、鸡、狗、鸭、鹅、猴、猫、猫头鹰、虎、鼠
神异纹	龙、凤、佛像、摩羯、飞天、摇钱树
几何纹	联珠、散点、弦、斑块、条形、线圈、卷曲线
人物纹	胡人、妇女、儿童
其他	开片、文字、云气、卷云

其中，邛窑胎装饰的主要纹样有如下四类：

（1）植物纹

莲花纹：邛窑瓷器中有大量的莲花纹样出现，其表现方式也多种多样。有作为造型手段出现的（如唐代莲瓣贴塑香炉、莲花形碗等），也有作为主题纹饰出现的，另外还可作为辅助纹饰使用。其装饰技法也很多，如刻花、印花、贴花等。

南朝青瓷中普遍以莲花纹为装饰，在器物外壁肩部或腹部处划刻双勾线和仰覆莲纹。如青羊宫窑带有莲花纹的碗[2]、江油九岭窑烧制的青黄釉莲子盘等[3]，这些莲纹均表现为莲瓣肥厚、瓣心起脊，刻线优美，与江南越窑、德清窑等早期青瓷的装饰风格相同。隋代的莲花纹与南朝类似，装饰于碗的外壁或壶的肩部等。唐五代时莲花纹样多为印花纹，出现于碗、盘等器底中央，除了表现莲花的花型，还增加了莲子、莲蕊、莲蓬等细节表现，如彩绘的褐、黄、绿三色莲花、莲子，或印花的花瓣、花蕊、莲子等，尤以印花莲纹最为精美。同时还流行以莲花的花型或花瓣来造型。如莲花口盘、盏等，多以三瓣或五瓣桃尖形莲花为器物造型，盘内中心印制数粒莲子，绕以内夹联珠的双层凹弦纹，花瓣形内壁上饰以展翅飞翔的蝴蝶或大雁等，形成生动活泼的戏莲画面。纹饰和造型结合得相得益彰。还有以模印的绿釉莲花瓣贴饰

---

[1] 本表根据笔者所掌握资料及田野调查结果汇总而成。此处统计纹样为彩绘、刻花、印花（模印），刻花填彩纹样，另有部分动物纹样出现于手捏瓷塑。

[2] 四川省文管会，成都市文管会. 成都青羊宫窑址发掘简报［A］. 四川古陶瓷研究（二）［C］. 成都：四川省社会科学院出版社，1984：113-154

[3] 四川省文物管理局. 四川文物志（中）［M］. 成都：巴蜀书社，2005：519

而成的省油灯和高足炉等，宛如一朵盛开的莲花，工艺精湛，姿态优美。在一些圆形盒盖上，也有模印的莲花图案。宋代，刻画与彩绘组合的纹饰（大盆）中，有刻画的莲花和莲蓬纹。

牡丹纹：多设计成线条精致的团花型，印制于碗内，如邛窑十方堂的宋代乳浊绿釉碗与印花碗模，即是以双株变形牡丹与其他花卉构图而成。

菊花纹：中晚唐的饼足乳浊绿盘中印有简洁工整的菊花纹。一些大盆中的刻画纹样中也有菊花出现。邛崃十方堂出土了菊花纹和葵瓣等纹样组合的印模，圆形菊花印制于盘内中心，外圈绕以葵瓣、卷草等形成的几个规整的环形带装饰，繁复饱满。

梅花纹：多见于五代的印花纹盘内或小圆盒的器盖表面。如落花流水梅花纹盘，盘身为五瓣莲花形，盘中央印制的一朵花蕊具现的五瓣梅花，纹与形同。小圆盒盖上的梅花在正面五片花瓣周围饰以萼片，充满生气。宋代比较精美的梅花纹出现在琉璃厂窑，有在黄釉碗内壁印制三株折枝梅，也有在黄釉小杯上刻画的折枝梅，这些梅花纹皆刻画工细，花朵配以花蕾和枝叶，清晰自然，构图颇具匠心。

卷草纹：与彩绘卷草纹相比，刻画的卷草纹则更为工整，多为环形的S形首尾缠枝纹样。宋代刻绘装饰的大盆中，有刻画的卷草纹作为边饰，风格较为粗犷稚拙。十方堂的卷草划花纹更为精细，如六出莲花口青釉碗，内底划双圈凹弦纹，碗内壁环刻一周卷草缠枝纹，叶片伸展卷曲，素雅姿韵，有宋代美学

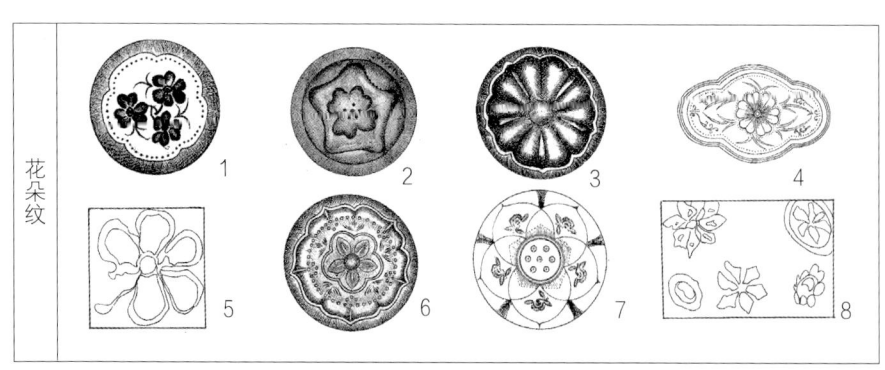

图3-40 南朝至宋 邛窑刻花、印花植物纹样汇总（1）
1. 五代-宋初 花朵纹印花粉盒盖a 2. 五代-宋初 花朵纹印花粉盒盖b 3. 五代-宋初 花朵纹印花粉盒盖c 4. 五代-宋初 花朵纹印花海棠杯 5. 南朝 褐釉印花纹罐残片a
6. 五代-宋初 花朵纹印花粉盒盖d 7. 五代-宋初 双重花瓣纹铭文碗模 8. 南朝 褐釉印花纹罐残片b

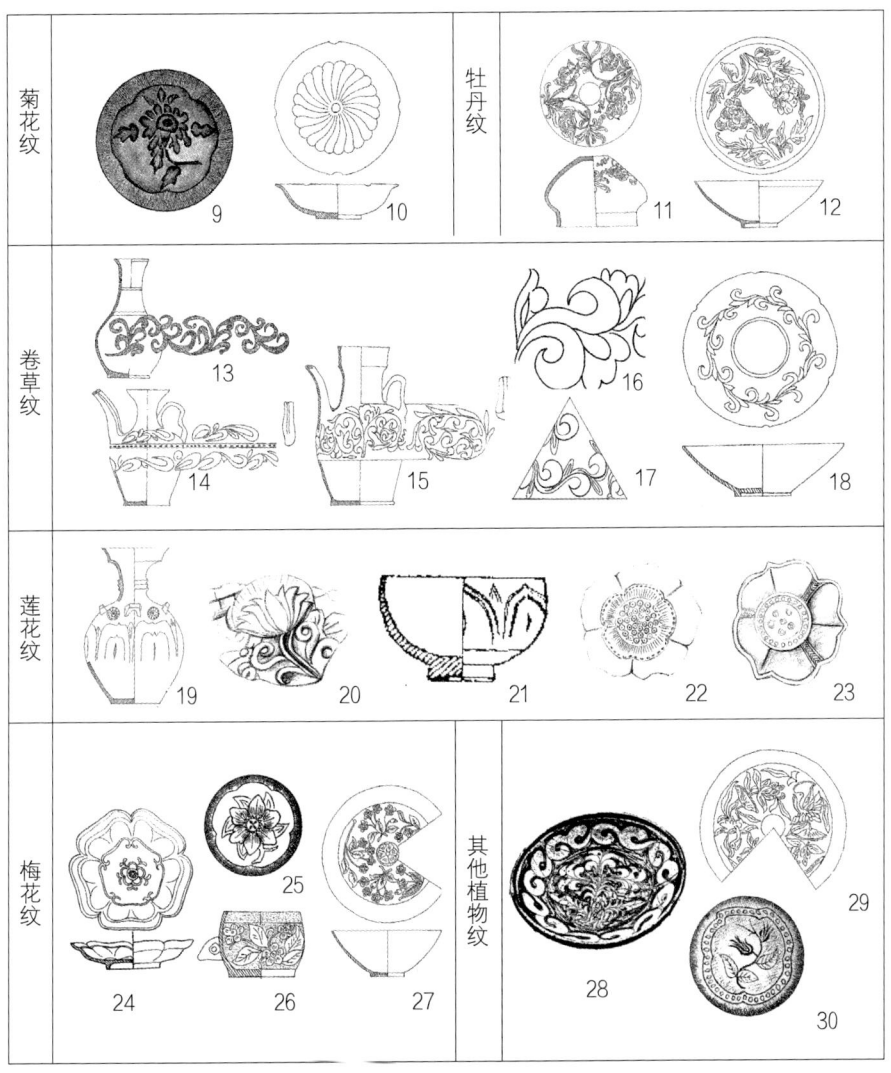

图3-40 南朝至宋 邛窑刻花、印花植物纹样汇总（2）

9. 五代-宋初 菊花纹印花粉盒盖 10. 唐 乳浊绿釉印菊花纹碗 11. 宋 牡丹纹碗印模 12. 宋 绿釉印双株花卉纹碗 13. 宋 素胎绘褐红色卷草纹瓶 14. 五代 素胎绿彩刻划卷草纹壶 15. 五代 青釉刻划双枝卷草纹壶 16. 唐 褐彩卷草纹双耳罐 17. 唐 彩绘刻划香插 18. 宋 青釉刻划缠枝卷草纹碗 19. 南朝晚期 绿釉莲花纹壶 20. 五代 邛三彩印花莲瓣纹器物残片 21. 南朝 莲瓣纹碗 22. 五代 五瓣印莲花纹盘印模 23. 五代 三瓣刻印莲花纹盘 24. 五代-宋初 五曲葵花印梅花纹盘 25. 五代-宋初 梅花纹印花粉盒盖 26. 宋 棕色釉划梅花杯 27. 宋 黄釉印梅花纹碗 28. 唐 萱草纹刻绘大盆 29. 宋 刻双雁戏莲纹盏印模 30. 五代-宋 折枝花纹印花粉盒盖

第三章 邛窑器物设计的审美表现 083

之风。

花朵纹：隋代青羊宫窑流行用小花朵纹印于器身，花朵有五瓣、八瓣等，花瓣有圆形或尖形，有规律连续拍印或刻画环饰于器周。五代器物中有以花朵纹作为辅助装饰印制于花瓣形碗的内壁花瓣上。

其他植物纹：还有一些花卉纹样较为少见，如玉堂窑的青釉木芙蓉印花纹碗，构图严谨细腻，讲求对称平衡美；又如别致的玫瑰花蕾折枝花，印制于小圆盒盖上；还有成都琉璃厂窑的刻绘大盆底有萱草花纹样，三朵萱草花盛放于盆底，花下三片齿状长叶，花与叶均扇形展开，卷曲优雅。（图3-40）

（2）动物纹

鹦鹉纹：鹦鹉纹常见于印花纹，如唐代有模印的鹦鹉瓷塑，圆睁双眼，饰以彩绘，形象生动。五代有印制于圆盒的器盖上的云间飞戏鹦鹉纹，和辽韩佚墓的青瓷刻画的鹦鹉风格相同。

蝴蝶纹：蝴蝶纹常出现于晚唐五代时期的印花纹中，有模印制作成椭圆形薄饰片，如出土于邛崃十方堂晚唐至北宋初文化层中的蝴蝶饰片，"椭圆形薄片，中拱，蝶身中部及左右两侧皆有圆形穿孔……蝶身纹饰皆模印而成"[1]。还有

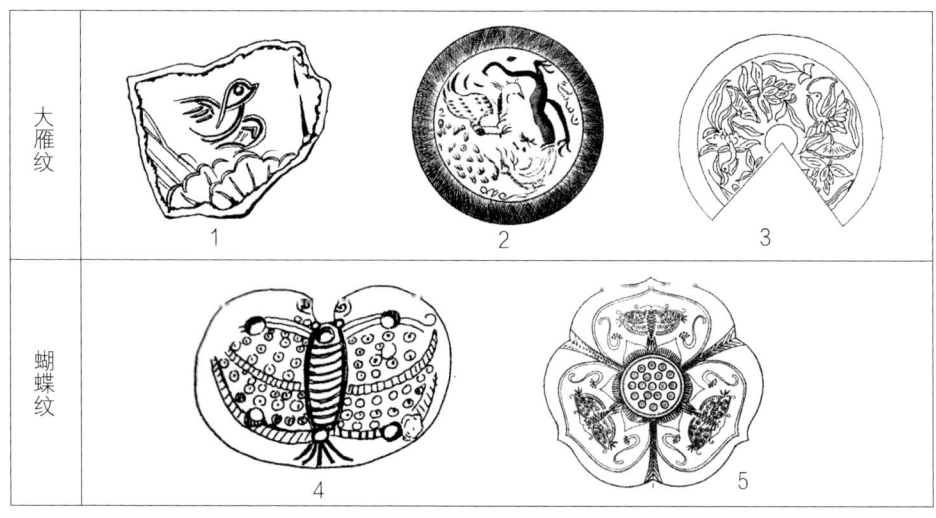

图3-41 唐至宋 邛窑刻花、印花动物纹样汇总（1）
1. 五代-宋初 邛三彩大雁纹印花碗残片 2. 五代-宋初 鹦鹉纹印花粉盒 3. 宋 刻双雁戏莲纹盏印模 4. 五代-宋初 模印蝴蝶饰片 5. 五代-宋初 三曲莲瓣蝴蝶印花纹盘模

---

[1] 陈显双，尚崇伟. 邛窑古陶瓷简论——考古发掘简报[A]. 邛窑古陶瓷研究[C]. 合肥：中国科学技术大学出版社，2002：220

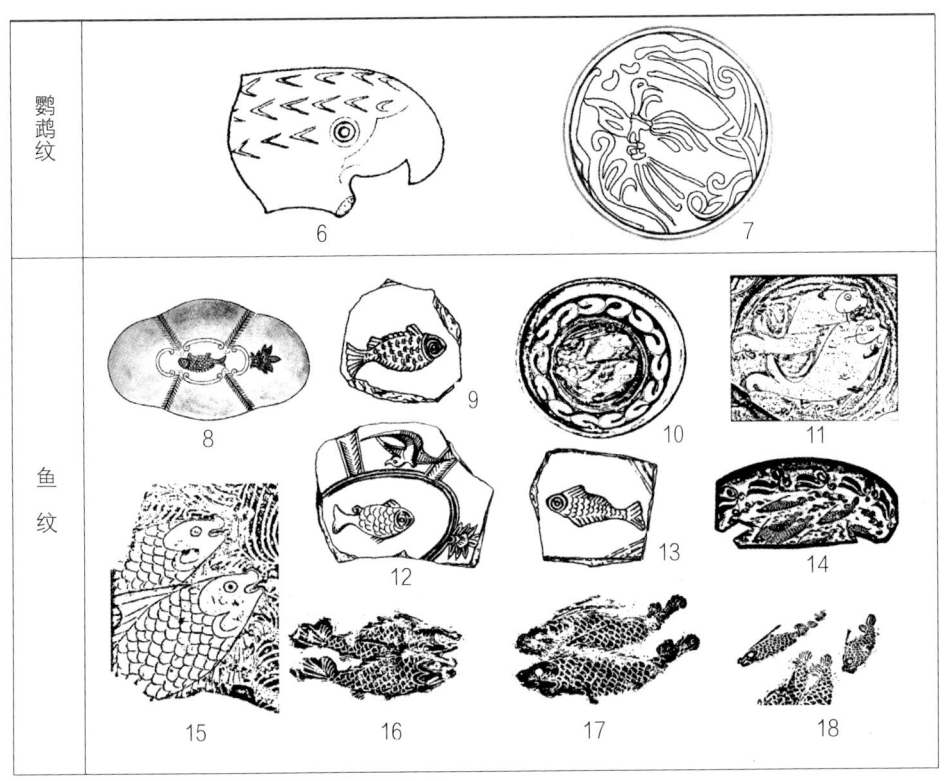

图3-41 唐至宋 邛窑刻花、印花动物纹样汇总（2）

6. 唐 模印鹦鹉头 7. 五代-宋初 鹦鹉流云印花粉盒 8. 五代 摩羯纹印花海棠杯 9. 五代-宋初 青釉印鱼纹碗残片a 10. 唐 彩绘双鱼纹大盆 11. 唐 刻绘双鱼纹大盆 12. 宋 绿釉印鱼纹碗残片 13. 五代-宋初 青釉印鱼纹碗残片b 14. 唐 刻绘鱼藻纹大盆 15. 宋 刻绘双鱼纹大盆残件 16. 宋 刻绘双鱼纹大盆a 17. 宋 刻绘双鱼纹大盆b 18. 宋 刻绘多鱼纹大盆残件

印制于莲花口盘、碗、盏内壁的花瓣上的蝴蝶，形成生动活泼的花间蝴蝶画面。

鱼纹：邛窑的鱼纹常见于刻花或印花装饰的器物上。如印花纹碗中常将鱼的形象单独印制于碗底中心部位，并以凹凸弦纹作外圈装饰。琉璃厂窑生产的刻绘大盆中，鱼纹通常以两种形象出现，一种是仅以单线刻出鱼的轮廓，及头部的鳃、眼睛等，无鱼鳞，形体较为简略粗犷，另一种形象则写实和具象，不仅精细地刻划出鱼形和鱼鳞，且有的还在鱼鳞部分涂上了绿色的釉彩，使鱼鳞一片一片的生动呈现，鱼尾摇曳的姿态如游水中，故宫博物院所藏邛窑双鱼盆即是如此。鱼的数量有双鱼，还有多鱼，无论多少，均构图匀称，呈现和谐之美。

雁纹：雁纹常与草叶、莲花等纹样结合在一起构成团花形印制于器盖或碗、盏的内壁。如五代十方堂的莲花盏内壁、宋代玉堂窑的双雁展翅飞舞戏莲花纹盏等,生动活泼,极富自然情趣。

其他动物纹:邛窑的动物纹样大量出现于堆塑手法制作的器盖、提梁上,以及应用于贴花装饰。有模印和手捏两类。在模印纹中,有虎头、狮、猫头鹰等纹样,如邛窑十方堂晚唐至宋初文化层出土有坐狮印模,凹面密布线条纹,坐狮刻于条纹之上,庄严雄健,坐姿威武。最具特色的是各种生动的模印或手捏鸟、龟、鸡、狗、猫、鸭等动物形象作为盖钮以及将盘曲于罐上的龙作为提梁,这是功能性和审美性相结合的典范。(图3-41)

(3)神异纹

佛教造像:有模印的佛像、菩萨等纹样,多见于贴花或堆塑装饰中。

飞天:邛窑的飞天纹见于印花纹,多为女性形象。如唐代莲花瓣香炉,外层每个花瓣上均有一压印手持菩提枝的飞天。五代时多饰于圆盒盖上,一般是双飞天对称出现。云间飘舞的飞天与莲花、大雁等共同构成团花纹,设计精美。晚唐五代时期,邛窑飞天纹中还出现了独特的裸体童子双飞天。

龙鱼纹:龙鱼纹,也称摩羯纹。摩羯本是佛教文化中一种长鼻、利齿、鱼身的动物,东汉随佛教传入我国后,与中国的"鱼化龙"纹结合,其纹样逐渐中国化,以鱼身、卷鼻、龙角、飞翅等元素组合而成。龙鱼纹在邛窑唐五代时期的印花纹中多见,或出现于印花碗、碟内中央部分,如五代青釉绘绿彩斑的

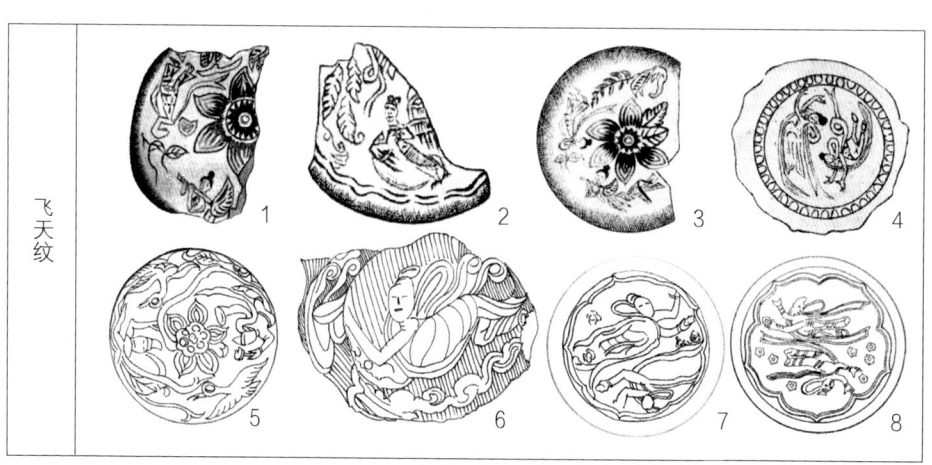

图3-42 唐至宋 邛窑刻花、印花神异纹样汇总(1)

1. 五代-宋初 飞天花朵纹粉盒盖残片a 2. 五代-宋初 飞天蕉叶纹粉盒盖残片 3. 五代-宋初 飞天花朵纹粉盒盖残片b 4. 五代-宋初 双飞天纹粉盒盖a 5. 五代 邛三彩飞天莲花粉盒盖 6. 五代 邛三彩飞天纹粉盒盖残片 7. 五代-宋初 双飞天纹粉盒盖b 8. 五代-宋初 双飞天纹粉盒盖c

086　邛窑器物设计的审美文化

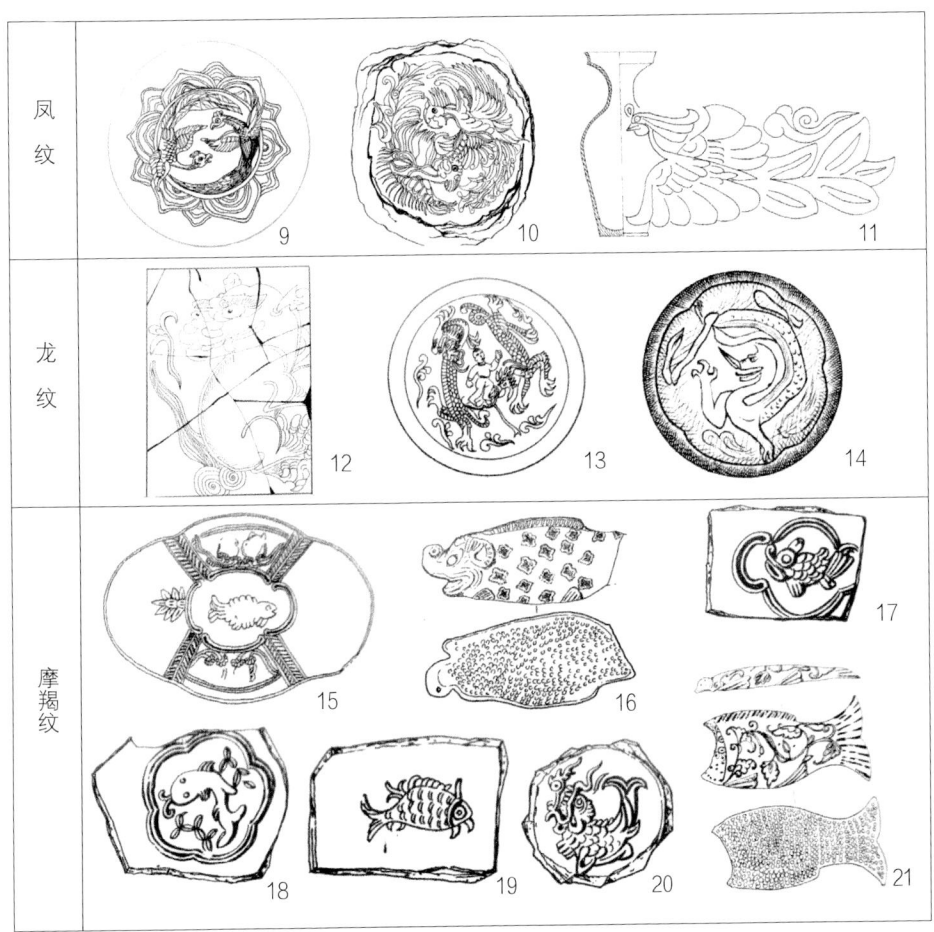

图3-42 唐至宋 邛窑刻花、印花神异纹样汇总（2）
9. 五代-宋初 双凤纹印模a 10. 五代-宋初 双凤纹印模b 11. 五代 乳白釉绿彩刻飞凤祥云纹瓶 12. 宋 龙纹刻绘大盆残件 13. 五代-宋初 双龙童子纹粉盒盖模 14. 五代-宋初 盘龙水波纹粉盒盖模 15. 五代-宋初 四曲花型摩羯纹印花碗 16. 唐 摩羯鱼型臼磨器残片a 17. 五代-宋初 摩羯纹印花碗a 18. 五代-宋初 摩羯纹印花碗b 19. 五代-宋初 摩羯印花碗c 20. 五代-宋初 摩羯印花碗d 21. 唐 摩羯鱼型臼磨器残片b

高足杯中心印团花纹中的摩羯，张口吐须，展翅扬尾、四肢曲蹲，形象生动；或模印于小圆盒盖表面，如唐代青釉粉盒；也有直接以摩羯的形象来造型，制成白磨器等。

龙纹：在晚唐至五代的小圆盒器盖上有模印蛟龙，云朵为边饰，衬托其在云间腾跃，昂首吐舌、卷身曲尾。龙身披鳞，躯体粗壮，龙首有角无须，上颚突出，三趾鹰爪，和前蜀王建的玉大带、玉册、棺台上的龙纹极为相似。

凤纹：五代邛窑凤纹多为双凤对出，首尾相连展翅环绕成团花状。常模印于圆形或五曲葵瓣形盖面。五代刻画花流壶或盘口瓶上有刻画的单只凤纹，凤鸟展翅于云间，尾翼轻盈飘舞，线条流畅，且在凤身线条外围饰以绿彩，突出了纹饰的精美，充分展示了凤鸟体态灵动优美的神韵。

云朵纹：出现在邛窑印花纹样中的云朵纹，特征是向内卷曲的线条上有火焰状的装饰，通常作为龙凤等形象的边饰，线条细腻，刻画生动。（图3-42）

（4）人物纹

大量的人物纹样出现于模印纹中，有胡人、儿童、妇女及各类造型各异的人物俑，刻花纹样中有儿童戏鱼的图像，但极为少见。

2. 邛窑胎装饰纹样的艺术特征

邛窑的胎装饰几乎贯穿了邛窑烧制的整个历史时期。自南朝始，邛窑工匠就开始使用刻花、划花的装饰技法，在青瓷器物上刻划出精美的莲瓣纹和凹弦纹。隋代有刻画的莲花纹、花朵纹、花瓣纹、卷草纹、龙爪纹等，印花的纹样有花朵纹、草叶纹、花瓣纹等。初唐至中唐，由于彩绘瓷的兴盛，邛窑的刻花和印花受到冷落，不是主流的装饰方式，印花纹有初唐时青羊宫窑的莲花纹、花朵纹、莲花捧"王"字纹，以及饰于盘、炉、砚之足上的兽面纹。晚唐至五代时期，随着彩装饰的衰落，胎装饰技法开始盛行，纹样较为丰富。动物纹有龙、凤、鸟、鹦鹉、人物、飞天、蝴蝶、蜻蜓；植物纹有莲花、芙蓉、梅花、牡丹、海棠、卷草等。宋代刻花纹更为精美，构图与刻画工细，较为拘谨；印花纹中的花卉纹样枝干清晰，花叶密繁，多以双株或二株对称排列构图（图3-43至图3-45）。

唐 蝴蝶印模　　宋 青瓷蝴蝶片饰

图3-43 唐至宋 邛窑刻印花蝴蝶纹饰物

分析邛窑胎装饰纹样，具有以下特点：

首先，相比彩装饰，邛窑胎装饰纹样的题材更为广泛。究其原因，一方面是由于技法的影响。邛窑的彩装饰尽管创造了中国彩绘瓷的第一个高峰，但是从历时性的角度看，其处于彩绘瓷的早期阶段，纹样简单质朴，绘制时无底稿，对工匠的要求较高，因此不宜采用多杂的纹样。胎装饰在瓷器装饰中出现较早，技法发展较为成熟。除邛窑外，有许多窑场都同时在使用这些装饰方法，因此工艺上可以相互借鉴和交流，尤其是印模的使用使得表现繁复的纹样成为可能。

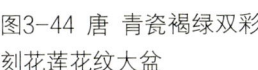

图3-44 唐 青瓷褐绿双彩刻花莲花纹大盆　图3-45 晚唐至五代 青瓷绿彩刻划花执壶

其次，邛窑胎装饰贯穿于邛窑生产的历史，但其兴盛期却是晚唐、五代、宋。这与邛窑在发展过程中对不同装饰方式的侧重有密切关系。东晋至南朝时期，邛窑以青瓷生产为主，装饰方式为釉装饰；隋代开始兴起了彩装饰，并将这一新创装饰方式大力发展，初唐至中唐达到顶峰。晚唐至五代，彩装饰渐渐衰落，釉装饰重新成为主流，印花、刻花、划花等胎装饰方式也获得了新的生机，并在宋代发展到高峰，呈现了邛窑装饰设计审美文化的最后辉煌。以印花为例，邛崃十方堂窑的出土"印花装饰的瓷器大量出现在该窑址的第二、三层，第四层少见，第五层绝迹。"[1]非常清楚地显示了上述发展特征。

其三，印花、刻花、划花的装饰图像以线条为美，堆塑、贴花追求立体块面的和谐。因此，印花、刻花、画花、贴花的纹样都更为精致、细腻、繁复，无不精心构图，写实技巧高超。而堆塑有造型的功能，尤其是手捏堆塑对工匠的技术水准和艺术水准都有较高要求，因而以这种技法呈现的动物和人物纹样都较为写意，不求细节、追求神韵、生动而富有生活气息。

其四，邛窑各个时期的胎装饰纹样都具有典型的时代风格，体现了各种文化的影响。如南北朝时期常见的莲花纹、花朵纹、弦纹等，唐代的牡丹纹、卷草纹、梅花纹等，都是同时代瓷器装饰上常用的纹饰。另如莲花、佛像、飞天、忍冬、摩羯等纹样，显示了佛教的影响；龙、凤等纹样与同时代对龙凤

---

[1] 陈显双，尚崇伟. 邛窑古陶瓷简论——考古发掘简报[A]. 邛窑古陶瓷研究[C]. 合肥：中国科学技术大学出版社，2002：231（根据考古发掘情况，邛窑十方堂的地层分期为：第一层：表土层；第二层，宋代文化层；第三层：晚唐至宋代文化层；第四层：唐代文化层；第五层：隋至初唐文化层——笔者注）

的崇拜一致；鱼纹的大量出现，显示了民间文化的影响；人物纹中有胡人等形象，也反映了当时的中外文明相互交流的情况。同时，五代至宋，邛窑胎装饰纹样越发精美，与当时巴蜀地区的西蜀画派绘画风格的影响也有密切联系。

其五，邛窑的胎装饰纹样明显地表现出与其他手工艺产品相互借鉴的特征，如铜镜、漆器、金银器、蜀锦等。"飞天用来装饰小圆盒的盖子，形象极为自由生动。这在唐代的铜镜上或者佛教寺庙中是最常见的一种图案母题。"[1]邛窑印花纹中流行的云龙纹、双凤纹等，也是金银器、玉雕和铜镜等的主要图像。如邛窑的凤凰印花纹样，与前蜀王建墓出土的金银胎漆盘的纹样几乎一模一样（图3-46、图3-47）。龙纹与前蜀王建墓的石棺浮雕也非常相似（图3-48、图3-49）。邛窑的许多印花纹与蜀锦纹样也有极高的相似度。五代印花纹中的折枝花、三瓣花朵，多以小圆珍珠纹作地，亦和前蜀王建墓出土的银铅胎漆碟纹样一样。不难看出邛窑印花纹受到各方面的影响，能博取众长，融会贯通，所以能自成一体。

其六，邛窑印花装饰在晚唐、五代的兴盛，与上层贵族趣味有非常密切的关系。前已述及，作为当时巴蜀地区最大的瓷窑系，邛窑不仅承担普通平民用器的生产，还向王室贵族提供精美印花的瓷器。据史记载，中唐以后，曾有两位皇帝先后入蜀避难。唐玄宗因"安史之乱"于公元756年农历七月底到成都，随行官员和卫队1300人，宫女24人，次年十月离开成都返回长安。唐僖宗因"黄巢起义"而于公元881年农历七月抵达成都，随行有皇后、太子、侍从近百人，及从长安溃散的神策军队伍。四年后（公元885年）离开成都回长安。两次唐皇入川必然带来对高档瓷器的需求，也影响了瓷器的审美风格，在造型和装饰上对贵重金银器有明显的模仿和借鉴（图3-50）。

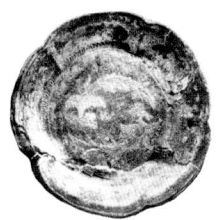
图3-46 五代前蜀金银胎漆碟

图3-47 五代至宋双凤纹印模

图3-48 五代前蜀玉大带盘龙纹

图3-49 五代至宋龙纹盒盖印模

---

[1] 郑德坤. 成恩元译. 邛崃、琉璃厂窑遗址［A］. 四川考古研究［C］. 1957

图3-50 晚唐至五代 邛三彩印花碗残片

总之,由于胎装饰纹样的呈现技法可以使细腻的刻画成为可能,因而胎装饰纹样总体上表现为一种精雕细琢的风格。

(四)彩装饰:经验图式的视觉转译

邛窑的彩装饰,即彩绘,在邛窑器物设计审美文化中最具代表性。邛窑高温彩绘瓷是邛窑最负盛名的瓷器产品,滥觞于南朝,发展于隋,兴盛于唐中期,晚唐至宋逐渐衰落。邛窑彩绘瓷在色彩和纹饰两方面都独具特色,在长期的发展过程中形成了成熟的装饰技法和装饰风格,并成为同时代的同类器物装饰技法的开创者和引领者。它不仅打破了邛窑早期单色青釉的装饰传统,也成为唐代"南青北白"的瓷器发展总体面貌中的一道独特风景。

邛窑彩装饰的基本语言是色彩和纹样。

彩绘的色彩称为瓷彩。现有的考古证据显示,邛窑的瓷彩经历了从单一褐色到褐、绿双色,褐、绿、黑三色(或褐、黄、绿三色)再到黄、绿、褐、蓝、红以及罕见的暗浅蓝紫彩等数种色彩的发展历程。早期的彩绘在纹饰和色彩方面都很单一,从烧造年代为南北朝至唐初的邛崃固驿瓦窑山遗址出土器物中可以发现,大部分"装饰少而简单,只在少数瓷片上发现有凹、凸弦纹,釉下彩绘和模印朵花纹装饰,绝大多数瓷片皆素面无纹"。[1]南朝彩绘以褐色为主,隋代开始出现二色、三色组合,唐代"彩瓷的数量和品种都非常丰富"[2]。邛窑瓷彩的色料主要为铁和铜着色,因不同的温度和气氛而呈现出深浅不同的色系,"其彩有翠绿、草绿、嫩绿、土红、浅黄褐、褐彩、绿褐、黄彩、红彩

---

[1] 陈显双,尚崇伟. 邛窑古陶瓷简论——考古发掘简报[A]. 邛窑古陶瓷研究[C]. 合肥:中国科学技术大学出版社,2002:254

[2] 陈显双,尚崇伟. 邛窑古陶瓷简论——考古发掘简报[A]. 邛窑古陶瓷研究[C]. 合肥:中国科学技术大学出版社,2002:232

等"[1]，因而色彩组合极为丰富。邛窑瓷彩大多施于用化妆土装饰后的米色或白色坯胎上，施彩时用笔蘸彩料进行绘制，多种色彩复合施用的技法对工匠的审美能力有较高要求，这在当时全国的青瓷窑口中都是具有领先水平的。

过去研究者大多直接将邛窑瓷彩称为釉下彩。釉下彩是"用色料在成型的坯胎上进行绘饰后，施以白色透明釉或青釉，入窑经高温一次烧成。"[2]釉下彩的烧成温度一般在1200-1250摄氏度左右。但经过中国科学院上海硅酸盐研究所张福康对邛窑彩绘瓷片进行科学检测后发现，邛窑的瓷彩是一种"不典型"的釉下彩。[3]表现为：一是彩料的部分配方与典型的釉下彩配方有所不同；二是彩料层上的透明釉极为稀薄，有的几近不见，这也导致彩料层无法得到更好的保护，大多出土器物都有侵蚀和剥釉现象。由于邛窑的瓷彩既有釉上彩，也有这种"不典型"的釉下彩，因此，专家亦建议统称为"彩绘瓷"，这个名称更加具有科学性和准确性。

邛窑彩绘瓷以丰富的色彩组合为传统单色釉青瓷注入了无限活力，使邛窑的色彩由静态之美走向动态之美。邛窑彩绘瓷在晚唐以后渐渐衰落，而此时湖南长沙窑开始兴起，并将瓷器彩绘装饰发展到一个新的高度。可以说，邛窑彩绘瓷对后世兴盛的青花、釉里红、斗彩等瓷彩装饰都产生了重要的影响。

1. 邛窑彩绘纹样类型

作为早期彩绘瓷，邛窑的彩绘纹样比较简单，主要有兰草纹、卷草纹、云气纹、宝相花、花朵纹、联珠纹、摇钱树纹等如下十六种。

（1）兰草纹

兰草纹是最早出现在邛窑彩绘中的纹样之一，也是邛窑最常见的纹样。有黑色或褐色单色绘制，也有绿、褐、黄三色彩绘。多出现于杯、罐、壶等器身或鼓腹处。小型器（如无耳杯、高足杯等）上多只画叶不画花，稍大的器物（如洗、罐、壶等）上则更多绘制花叶俱齐的整株兰草。兰叶有三片或五片、六片

---

[1] 成都市博物馆，四川大学博物馆. 成都指挥街唐宋遗址发掘报告[A]. 南方民族考古（第二辑）[C]. 成都：四川科学技术出版社，1989：273

[2] 冯先铭. 中国古陶瓷图典[M]. 北京：文物出版社，2002：212

[3] 张福康. 邛崃窑和长沙窑的烧造工艺[A]. 邛窑古陶瓷研究[C]. 合肥：中国科学技术大学出版社，2002：59

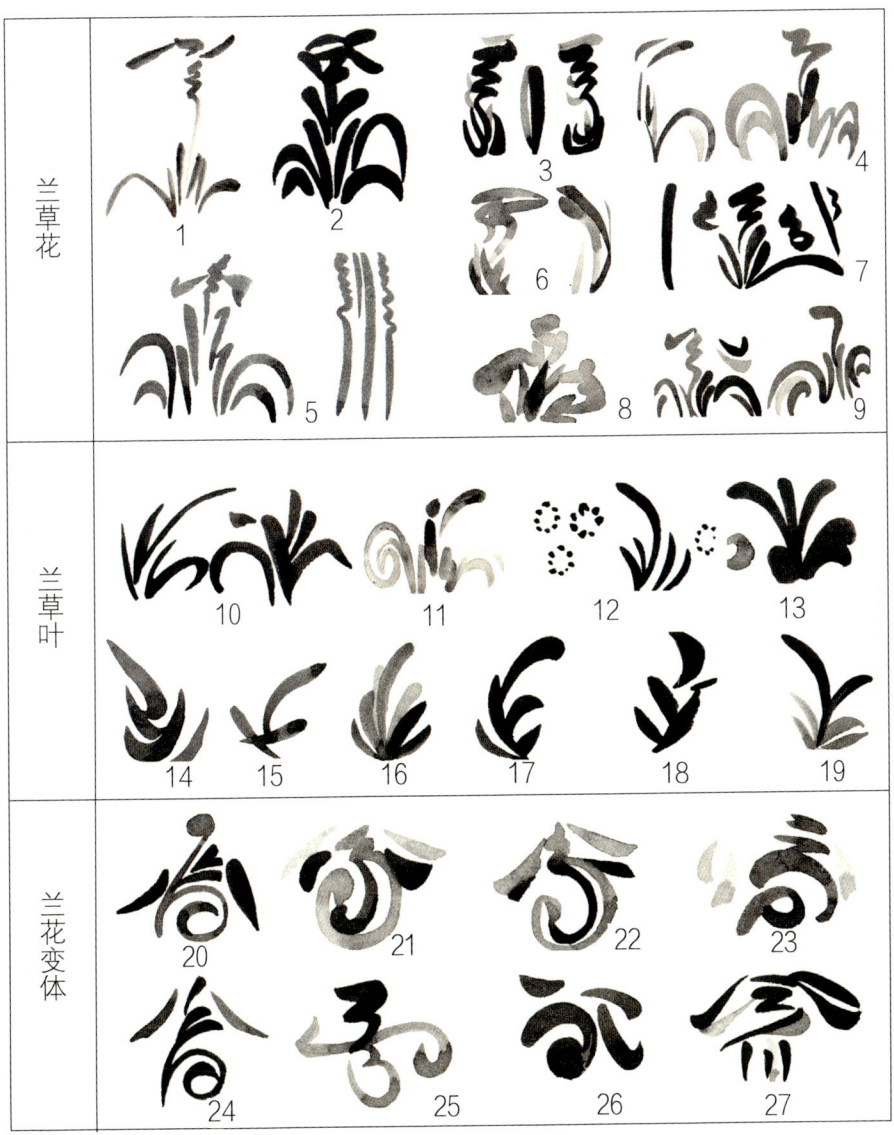

图3-51 隋至唐 邛窑彩绘兰草纹样汇总

1. 褐彩兰草纹双耳执壶a 2. 褐绿双彩兰草纹四系罐a 3. 褐绿双彩兰草纹四系罐b 4. 褐彩兰草纹双耳执壶b 5. 褐彩兰草纹钵a 6. 褐绿双彩兰草纹钵a 7. 褐彩兰草纹钵b 8. 褐绿双彩兰草纹四系罐c 9. 褐绿双彩兰草纹四系罐d 10. 褐绿双彩兰草纹四系罐e 11. 褐彩兰草纹双耳执壶c 12. 褐彩兰草纹联珠纹四系罐 13. 褐彩兰草纹钵c 14. 褐彩兰草纹杯a 15. 褐彩兰草纹杯b 16. 褐绿双彩兰草纹带柄杯 17. 绿彩兰草纹四系罐 18. 褐彩兰草纹钵d 19. 绿彩兰草纹环柄杯 20. 褐彩兰草纹四系罐a 21. 褐绿双彩兰草纹钵b 22. 褐绿双彩兰草纹钵c 23. 褐彩兰草纹盘口长颈瓶 24. 褐彩兰草纹四系罐b 25. 褐彩兰草纹钵残件a 26. 褐绿双彩大盆兰草纹边饰 27. 褐彩兰草纹钵残件b

不等，均舒展伸曲俯仰自然，叶中伸出一枝花茎，顶上三五弯曲张开的花瓣，近似"了"字。用笔轻盈流利一气呵成，笔简意赅地勾画出兰花的神韵。"邛窑的花纹装饰……尤以草叶纹为著。……这种草叶纹一般施于罐、杯之上，虽然寥寥几笔，却很形象生动"[1]。还有一种独特的芝草纹，与宋代的灵芝纹类似，叶片舒展，花形似灵芝，绘制于罐身鼓腹处，与上述兰草纹有所不同，较为少见。

在一些酒罐上，出现一种独特的纹样，有研究者认为这是汉字的"春"字，并举出了"春"字和酒的关系来进行推论[2]。但通过纹样的类型比较可以发现，这种纹样实际上是截取兰草纹中带花朵类型的上半部分，经过适当的变体而形成的。这种纹样的简化形式在邛窑的其他器物上也经常出现。如彩绘牡丹大盆的边饰，就采用了这个纹样。（图3-51）

（2）牡丹纹

图3-52 唐 邛窑彩绘牡丹纹1　　图3-53 唐 邛窑彩绘牡丹纹2

邛窑彩绘中的牡丹纹样出现在大约晚唐至五代时期的一些尺寸较大的器物上，如口径30~50厘米的大盆，高40厘米的贯耳瓶等。这些图像无论花形、构图和彩绘技法都极为相似。主体均为一朵呈扇形打开的黄色大花，花瓣单层舒

---

[1] 丁祖春. 四川邛崃十方堂窑[A]. 四川古陶瓷研究（一）[C]. 成都：四川省社会科学出版社，1984：124

[2] 张天琚. 四川的酒文化历史与邛窑酒具[J]. 收藏界，2006，(9)

展，中心以褐色画数根花蕊，枝叶繁茂，绿色的叶子有明显的浓淡表现。有的牡丹图像除主花外，还有一两朵花蕾，构图均疏密有致，清秀繁丽。它们均出现于较大器物之上，有几个原因。首先，这些牡丹图像均是折枝花的形式，花朵大而饱满，衬托有茂盛的枝叶，整个图像的花、枝、叶、蕾都比较完整，只有在大型的器物上才有足够的绘画空间进行绘制，从而使绘画的整体效果得到保证。其次，由于大器不易烧造，这类产品本身就价值不凡，因此以形象富丽的牡丹纹绘制其上，更显现出器物的贵重。（图3-52、图3-53）

（3）宝相花纹

宝相花是一种有宗教色彩的吉祥纹样，具有模式化的抽象形式。其原型之一为佛教的圣花——莲花，在逐步演变的过程中，又有以抽象的石榴花或牡丹花构成的向外发散的十字形或团花形的造型。唐代的宝相花尤其花瓣饱满，云曲叠晕。唐代邛崃十方堂邛窑的彩绘宝相花有以小圆点连缀而成的宝相花，也有以绿、褐、黄三种色彩绘制，显得典雅富丽。也有在圆形器盖上以盖钮为中心绘制四瓣对称的花型，设计奇巧，与盖钮融合得天衣无缝。（图3-54）

图3-54 唐 邛窑彩绘宝相花纹汇总
1. 褐色绿彩宝相花纹罐盖 2. 黄褐绿双彩宝相花纹罐残件 3. 褐绿双彩宝相花纹鱼形研磨器

（4）卷草纹

邛窑卷草纹有作为主饰，也有作为边饰使用。彩绘的卷草纹大多带有海石榴的花头，如唐代彩绘卷草纹洗，以褐绿二色的二方连续的卷草纹样绘制于白釉底上，草叶纤柔缱绻，疏密有致；有用褐色或褐、绿、红等色绘制的于器物鼓腹处的卷草纹，以单独纹样的形式出现，波浪型的叶片云气舒展，花头蜷曲饱满，云尾飘逸充满律动的姿态，画法上一气呵成、自由写意，不拘一格。（图3-55）

（5）摇钱树纹

摇钱树纹是邛窑工匠对汉时流行于西南地区的摇钱树形象进行了抽象化处理后创新的纹样。摇钱树纹只发现于唐代的洗、罐等器物表面的彩绘中，有单一褐色绘制，也有褐、黄、绿三色复合而成，显示工匠具有较高的艺术抽象能力。（图3-56）

图3-55 唐 邛窑彩绘卷草纹汇总
1. 褐绿双彩摇钱树纹六系大罐 2. 褐绿双彩摇钱树纹罐残片 3. 褐彩摇钱树纹罐残片 4. 褐绿双彩绘卷草纹钵

图3-56 唐 邛窑彩绘摇钱树纹汇总
1. 褐绿双彩摇钱树纹六系大罐 2. 褐绿双彩摇钱树纹罐残片 3. 褐彩摇钱树纹罐残片

（6）雁鸟纹

雁鸟纹很少单独使用，常与草叶、莲花等纹样结合在一起构成团花形装饰于器盖或碗、盏的内壁。笔简意赅，神韵全出。（图3-57）

（7）花朵纹

邛窑花朵纹多为四瓣，满器分布。如唐代的彩绘器盖，以小圆点连缀成的花朵纹，或彩绘于瓶壁、鱼形研磨器的外壁、碗底等。（图3-58）

图3-57 唐 邛窑彩绘雁鸟纹汇总
1. 褐彩大雁纹盖罐 2. 褐绿双彩飞雁纹罐残片

图3-58 唐 邛窑彩绘花朵纹汇总
1. 褐绘花朵纹摩羯形臼磨器 2. 褐绿双彩花朵纹瓶 3. 褐绿双彩花朵纹瓶 4. 褐绿双彩花朵纹盘

（8）人物纹

邛窑彩绘瓷中罕有人物形象出现，目前仅见中国历史博物馆收藏的一只邛窑彩绘瓷碗的内壁,绘一挥舞长剑行于云端的人物,旁边绘纹样复杂的百兽,踏云疾行,内容奇特,色彩光润,碗心有釉下青釉色彩书竖行年款"天宝七载午时造"七字。

(9)联珠纹

在邛窑的装饰纹样中,联珠纹最早出现。从隋代开始,凹、凸弦纹和褐色点彩已见于器物之上,凹弦纹常装饰于口沿或内底,褐色点彩装饰于器物的口沿、肩和器盖表面,有的还以彩点组成带状、圆形或花朵形图案,简洁明快。在一些动物造型的器物表面,还有褐、绿彩点饰于器表,形似羽毛或鱼鳞。隋代还有以线圈和联珠纹相套组成的二方连续纹饰,或以釉下褐彩、绿彩形成的联珠圆圈纹、花朵纹装饰。有的环绕器周,有的对称排列饰于器内中心部位或外壁显眼位置。邛窑系的大多数窑口都生产这种联珠纹饰的产品,如"画圆斑点纹(或称联珠纹)的装饰方法,在省内青羊宫窑有,郫县大坟包窑特别多"[1],又如灌县金马遛马槽窑址:"有的在口沿绘一至三圈线圈联珠纹,然后再以珠圈纹、线圈纹相隔,以及双圈相套,或交叉变换,构成不同形式的图案。"[2]。(图3-59)

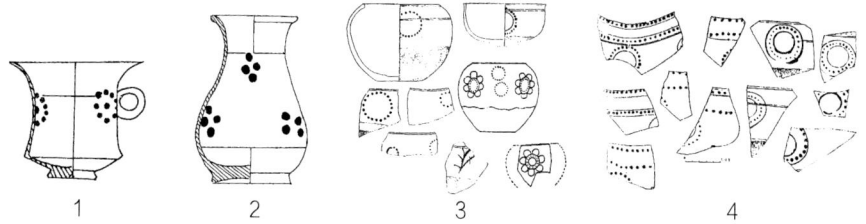

图3-59 隋至唐 邛窑彩绘联珠纹汇总
1. 隋 青釉联珠纹杯 2. 唐 绿釉绘圆点纹瓶 3. 隋 褐黑彩联珠纹钵 4. 隋 褐黑及褐黑绿连珠纹器物残片

---

[1] 丁祖春. 四川邛崃十方堂窑[A]. 四川古陶瓷研究(一)[C]. 成都:四川省社会科学出版社,1984:264

[2] 陈丽琼. 灌县、郫县南朝至唐古窑群调查[A]. 四川古陶瓷研究(一)[C]. 成都:四川省社会科学出版社,1984:124

（10）色斑、色条纹

邛窑工匠还善于用色斑和条形色带装饰器物。色斑通常装饰于钵、洗、罐等器物鼓腹处，有褐色、铜绿色、铜红色等，褐、绿色的色带或色条通常从肩部开始贯穿到足底，多见于全釉器物。（图3-60）

青瓷褐绿双彩斑纹双系注子　　青瓷褐绿双彩条纹提梁小罐

图3-60 唐 邛窑色斑、条带纹装饰

（11）卷曲纹

邛窑彩绘中多见以各种M形卷曲纹样和花瓣形、纵向曲线条等自由组合而成的各种抽象纹样，由于难以命名，故而统称为卷曲纹。这类纹样形式自由，无一定程式。其中比较有规律的一种为卷曲圆涡形线条呈S型首尾相接续成一组波浪纹，这种纹样作为边饰出现于五代琉璃厂彩绘大盆中，有时和云纹间隔均匀分布于盆内壁，有时绘制于刻画鱼纹盆的盆底，波纹的装饰使盆底游动的鱼群更为生动。（图3-61）

图3-61 隋至唐 邛窑彩绘卷曲纹汇总
1. 褐绿双彩牡丹纹大盆底部卷曲纹边饰
2. 刻绘双鱼纹大盆底部卷曲纹边饰 3. 褐彩卷曲纹盘口执壶 4. 刻绘多鱼纹大盆底部卷曲纹边饰 5. 褐绿双彩卷曲纹碗 6. 赭黄彩卷曲条带纹碗 7. 褐彩条带卷勾纹器盖 8. 赭绿双彩卷曲纹器盖 9. 黑褐彩卷曲草叶纹器盖

（12）天象纹

中国历史博物馆藏一邛窑彩绘瓷碗，用赭褐色绘水波、星相、日月星辰、水火土木等纹样。碗有铭文"开成元年十月造用"。笔法简单，画风拙朴，略带神秘气氛。（图3-62）

图3-62 唐 "开成元年"铭赭彩碗

（13）云气纹

邛窑的彩绘云气纹有几类。一类是基本型，即用一笔画成的单独一朵，云头为半圆涡形，云尾较短，向云头后上方飘飞，且云尾粗于云头，整个纹样看上去稚拙饱满、简洁却又不失飘逸。这种云纹通常作为装饰主体对称绘制于双系、四系罐（壶）的系下肩部处。多以一朵作为一个装饰单元，也有三朵呈倒三角形共同组成一

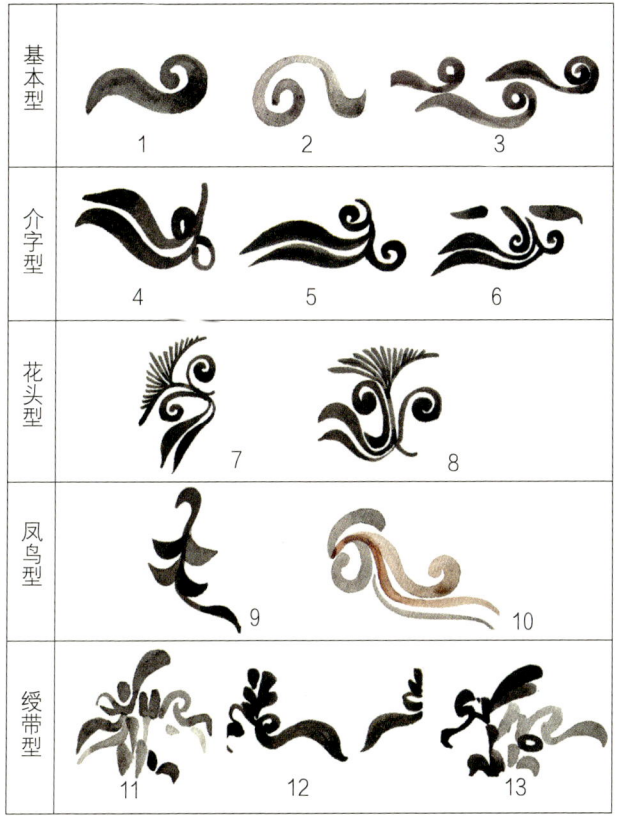

图3-63 唐至宋 邛窑彩绘云气纹汇总
1. 五代 褐彩云气纹四系罐a
2. 唐 褐彩云气纹穿带背壶
3. 唐 褐彩云气纹四系罐b
4. 宋 褐绿双彩刻绘双鱼纹大盆介字型云气纹边饰a
5. 宋 褐绿双彩刻绘双鱼纹大盆介字型云气纹边饰b
6. 唐 绿彩花草大盆介字型云气纹边饰a 7. 唐 绿彩花草大盆花头型云气纹边饰b
8. 唐 绿彩花草大盆中心花头型云气纹 9. 五代 褐彩凤鸟型云气纹四系罐c 10. 唐 褐彩凤鸟型云气纹无柄壶 11. 唐 褐绿双彩绶带型云气纹双耳壶 12. 唐 褐绿双彩绶带型云气纹钵 13. 唐 褐绿双彩绶带型云气纹无柄壶

个装饰单元,但此类较为少见。

以这种云纹为基础,还出现了一些风格相似的变体。

"介"字型变体:其基本形为"介"字形,上部两条线呈八字外撇并各自向外卷曲,下部两条线同向向左或向右飘飞,仿如飞天的飘带。彩绘大盆上的芝草纹也有在"介"字之上再加上八字两撇,装饰于盆沿。

花头型变体:下部的飘带形式不变,将上部的八字形倒过来,向两边展开向外卷曲,中间插入一扇形展开的花蕊状线束,这种纹样常作为主饰绘于盆底,也有作为边饰绘于盆壁。

凤鸟型变体:将横向飘动的姿态拉长成为竖向飞升,在"介"字纹样顶部增加一条"飘带"式短线,形成简括的凤的形象,抽象而生动。

绶带型变体:增加了云气纹的繁复程度,看上去类似飘飞的绶带。(图3-63)

（14）云朵纹

与云气纹不同，云朵纹是用线条来勾出云朵的轮廓。有彩绘的云朵纹，云头为如意形，附以飘动的云尾，以写意的曲线勾出一个一个云朵的形象，在器体表自由排列，类似线描风格，但又以写意画法绘制，因而显得更为自由舒展。（图3-64）

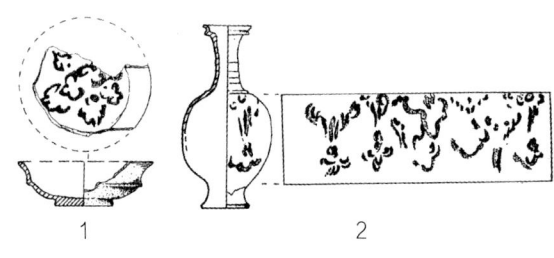

图3-64 唐 邛窑彩绘云朵纹汇总
1. 赭绿双彩云朵纹碗 2. 褐绿黄彩卷云纹瓶

（15）其他植物纹

邛窑的植物纹样极为多见，除上述兰草、牡丹、卷草纹样之外，还有各种植物草叶的纹样。这些植物纹在风格上相似，又富于变化。（图3-65）

图3-65 隋至唐 邛窑彩绘草叶纹汇总
1. 褐绿双彩植物纹碗 2. 褐彩草叶纹双耳葫芦瓶 3. 褐绿双彩草叶纹带柄杯 4. 白瓷褐绿双彩草叶纹四系带流罐 5. 青瓷褐彩草叶纹双系注子 6. 褐彩草叶纹六系大罐 7. 褐彩草叶纹碗残件 8. 褐绿双彩草叶纹双耳执壶 9. 绿釉褐彩草叶纹匜

（16）文字

在邛窑的彩绘图像中，有极少部分是以汉字的形象出现的。如邛崃十方堂窑址唐代地层出土一对无耳杯，一只"褐胎，青中泛黄釉，外腹用深褐色彩书'临'字"，另一杯"腹部用深褐色彩书一'邛'字。"两杯相合刚好组成"临邛"，书法飘逸，既作为装饰，又起到标明产地的作用。此外还有"蜀"字纹样，均有类似于今天商标的功能。（图3-66、图3-67）

图3-66 唐 青瓷褐彩"临""邛"字杯

图3-67 唐 青瓷褐彩"蜀"字罐

2. 邛窑彩绘纹样的艺术特征

对于邛窑彩绘的研究，离不开图像的文化识读。图像作为历史文献的特性，早在18世纪中后期就被历史学家所接受，20世纪人文科学工作者们对于"历史中的艺术"与"艺术中的历史"越来越重视，尤其在文字没有被广泛应用的时期，艺术图像对于探索人类社会生活的实际过程，以及理解其种种真相，亦有着重要作用[1]。在中国陶瓷史上，邛窑的彩绘纹样呈现出独特的图像。这种独特性，不仅由于其作为多色彩绘瓷开创者而前无借鉴，更由于特定的地域风格而使其后无来者。因此，邛窑彩绘的图像是一种完全新鲜的创造，它来源于造物者本土经验和时代风格的影响，更体现了造物者高超的图像设计能力。

邛窑彩绘纹样设计具有鲜明的时代性。"纹样如果是有意义的符号那必定是那个时代所能共识的符号，有如今天我们的一些著名标志一样是为这一时代的人所共识的。"[2]在纹样的发展史中我们发现，每个时代都有属于自己特定纹样特征。如春秋战国时期流行攻战纹、渔猎纹、宴乐纹；秦汉时期流行云气纹、四神纹、茱萸纹、车马纹、铺首纹、规矩纹；六朝时期流行莲花纹、忍冬纹、神佛纹；隋唐时代流行联珠纹、宝相花、卷草纹、海兽葡萄纹、鸟衔绶带纹；宋代流行一年景、天下乐、航海纹、婴戏纹、花中有花、小品纹、生色花等。不同时代的流行纹样，反映了不同时代审美风尚的变迁。

从图像的历史演变的共时性上来看，邛窑彩绘纹样也反映了时代流行纹样

---

[1] 曹意强. 艺术与历史 [M]. 杭州：中国美术学院出版社，2001
[2] 海军. 视觉的诗学——平面设计的符号学向度 [M]. 重庆：重庆大学出版社，2007：42

的影响。"隋代因处于承前启后的历史阶段，故其纹样既有汉魏六朝以来的四神、忍冬纹，也有流行于唐代早期的联珠纹"[1]，联珠纹，是由许多小圆相联结组成的一个大圆形，隋唐时期广泛应用于织锦、印染、金银器、铜器、漆器、砖瓦等工艺美术装饰上，邛窑在隋末唐初的装饰纹样中，对联珠纹的使用极为普遍，除了用联珠纹联成圆形，还将多个圆形联成花朵形，具有简练、概括、抽象的美感。

花鸟纹是唐代纹饰的主流，尤其是植物纹样占据了唐代装饰纹样的中心地位。唐代流行的杂花纹中有一种小朵花，广泛见于纺织品，通常花型为四瓣或五瓣（四瓣较为多见），散点分布于织物上，或作为金银器的主纹的边饰。[2] 邛窑彩绘中也使用了这种纹样，满器彩绘于瓶壁、鱼形研磨器的外壁、碗底等。唐代流行的卷草纹也是邛窑彩绘纹样中反复出现的图像，邛窑的彩绘中既有将卷草满布全器的画法，也有选取卷草的花头部分作主饰的艺术性处理。宝相花纹样基本成型于唐初，是具有佛教色彩的吉祥花卉，应用广泛，在唐代莫高窟壁画、织物、金银器、建筑等都可以看到。邛窑彩绘宝相花具有富丽典雅之感，绘制于器物鼓腹处或用于装饰器盖，圆融饱满，色彩馥丽。牡丹以其国色天香、富贵娇艳的形象而赢得唐人热崇，推为"国花"。刘禹锡《赏牡丹》"唯有牡丹真国色，花开时节动京城。"因此牡丹也是唐代出现频率较高的花卉纹样。

邛窑装饰纹样还反映了同时代宗教和民间神异崇拜的影响。唐代四川地区的宗教主要有佛教和道教，与之相对的宗教形象也出现于彩绘纹样中，如宝相花、忍冬、卷草纹、摇钱树等，同时民间文化中的神异崇拜思想也反映在彩绘中，比如中国历史博物馆藏邛窑彩绘"开成元年十月造用"瓷碗和"天宝七载午时造"人物纹瓷碗，都反映了时代宗教文化对于邛窑彩绘纹样设计的影响。

除了具有明显时代性特征的纹样外，邛窑彩绘中还出现了其他窑口少见甚至独一无二的纹样，如邛窑彩绘纹样的典型代表兰草纹、摇钱树纹等。这些纹样很明显是来自于邛窑创作者的生活经验，与巴蜀地区的自然物像与生活习俗、崇拜方式都有密切联系。但是，无论这些图像源自何处，邛窑工匠将这些图像绘制于瓷器表面的时候，并未拘泥于经验图式的原生状态，而是进行了

---

1 田自秉. 中国纹样史［M］. 北京：高等教育出版社，2003：220
2 张晓霞. 天赐荣华——中国古代植物装饰纹样发展史［M］. 上海：上海文化出版社，2010：163

艺术的创新加工，使其表现形式带上了强烈的个性特征。这种创新体现在两方面，一方面是在继承传统纹样的基础上进行创新，如邛窑的彩绘云气纹，它继承了汉代以来的云气纹的意蕴，又进行了富于创造力的改造。卷曲的云头和逸动的云尾均一笔写成，飘带式的宽阔尾部及锋利的收笔呈现了书法般的美感，看上去既有动感又不显轻浮，集敦厚、庄重、流动、飘逸于一身。同时，邛窑的工匠具有很强的抽象能力，以云纹为基础，变幻出多种纹样，使装饰图案既有程式化的特征，又在程式中寻求突破（图3-68）。在陶瓷装饰史上这样的纹样是独一无二的。唐代流行的卷草纹，通常作为边饰使用，呈二方连续或四方连续分布。但邛窑选取了卷草纹中的花头部分作为单独的主纹，并结合了云纹的形象，形成飘逸飞动的云尾，流畅生动富于气韵。唐代邛窑的云朵纹，与同时期其他器物上的程式化的云朵纹相比，具有更为自由灵活和变化多姿的形式，特有的写意画法显示出云卷云舒的意境。

图3-68 唐 褐绿双彩绘卷草纹钵

另一方面是新创独特的纹样，如兰草纹和摇钱树纹等。不仅如此，邛窑工匠还从兰草纹中提取出局部纹样，经过变体之后，又形成一种可以作为独立纹样的新的纹样（图3-69）。所有这些都说明，邛窑的工匠有很强的审美概括、抽象变形能力和不拘一格的创新精神，从云纹的变体，到卷草的变体、兰草的变体，再到摇钱树的抽象化，都能看到类似于现代设计的思路，即实体的抽象简化——变形设计。这在当时，是有突破性和创新性的。

图3-69 唐 褐彩兰草纹双耳执壶

三、邛窑器物设计的特殊美感

（一）邛窑瓷塑：世俗百态的生动再现

邛窑从唐代到宋代一直都有瓷塑的生产。邛窑瓷塑主要是用于民间娱乐的赏玩用器，由于其使用了捏制或模制塑型的方法，因此也属于广义的雕塑的范畴，具有造型艺术的形式美感和审美意蕴。"形态一般指事物在一定条件下的表现形式，是事物自身的物质性质、化学性质、生物性质的内在联系与外在因素相互作用的结果，是某种内容的形式，具有空间和时间的概念和特征。"[1]作为造型艺术的瓷塑，其"形"与"态"是既有差异又密不可分的两个维度，共同构成物体的整体特征。"形"是指物体在一定视觉角度、时间、环境条件中体现出的轮廓尺度和外貌特征，是物体客观、具体和理性、静态的物质存在。"态"是物体不同层次、角度的"形"的总和，是物体存在的现实状态，是对物体整体、动态的感知和主观意识把握，具有较强的时间感和非稳定性。

邛窑瓷塑从"形"上看，有几大类。一是人物。邛窑瓷塑的人物形象丰富，有男俑、女俑、儿童俑、胡人俑，以及宗教中的形象，如佛、菩萨、力士、观音、天王等。二是动物。邛窑瓷塑的动物形象大多是民间常见的普通禽鸟走兽，如狗、龟、猴、鸡、鸟、鼠、鸭、鱼、狮、虎、象等，造型生动活泼，富有民间情趣。三是植物水果。如桃、荔枝、核桃、莲蓬等。邛窑瓷塑绝大部分均体型小巧，（长或高）尺寸在10厘米以内（5厘米左右最为多见）。造型方式为手捏或模制，从而形成了两类风格。一类是手捏而成的人物或动物，由于形制小巧，因而大都不求细部刻画，而以外部轮廓的相似性来呈现具体形象。其形式语言简括凝练，删繁就简，追求内在的神韵和外在的生动。另一类是模制的瓷塑，有人头、佛像、植物水果等，由于印模制作可以达到精确再现细节的程度，因此这类瓷塑往往有面部五官的刻画、动物皮毛质感的呈现，尤其是邛三彩中的水果植物瓷塑，胎质细腻、釉色莹润、造型逼真，具有极高的仿真度，开后世"象生瓷"的先河（图3-70）。

邛窑瓷塑的"态"也具有多样性。由于瓷塑比实用器物更强调装饰性，因而其造型具有更完整、更生动、更具活力的形态特征，根据被模拟对象所呈现的不同姿态，可分为动态和静态两类。人物俑中，动作表现异常丰富，有抱物、侧卧、倒立、交手、捧手、匍匐、骑兽、玩球、跳水等姿势；此外表情也可以呈现

图3-70 晚唐至五代 邛三彩水果象生瓷

---

[1] 于帆，陈嬿. 仿生造型设计[M]. 上海：华中科技大学出版社，2005：40

动态，如微笑的女俑头、怒目圆睁的天王等；动物俑中，有奔跑、爬行、跳跃，有的蓄势待发，有的昂首张嘴、有的展翅欲飞等。这些具有动态的瓷塑通过对生命体行动态势的捕捉，呈现了充满动感的瞬间，带有强烈的生命活力和艺术张力。除了动态，邛窑瓷塑也表现静态美感。如慵懒的睡猫，釉色鲜亮的水果等，都表现为一种相对静止、停止运动的状态，这类瓷塑带给人们视觉上、心理上的是不同于动态瓷塑那样充满动感、富有韵律的美，它所呈现的是一种安静、稳定的美。总之，不论是动态仿生的神气，还是静态仿生的安定，都是自然生命力在瓷塑上的体现，充满了蓬勃新鲜的气息，也是工匠情感的外化和呈现（图3-71、图3-72）。

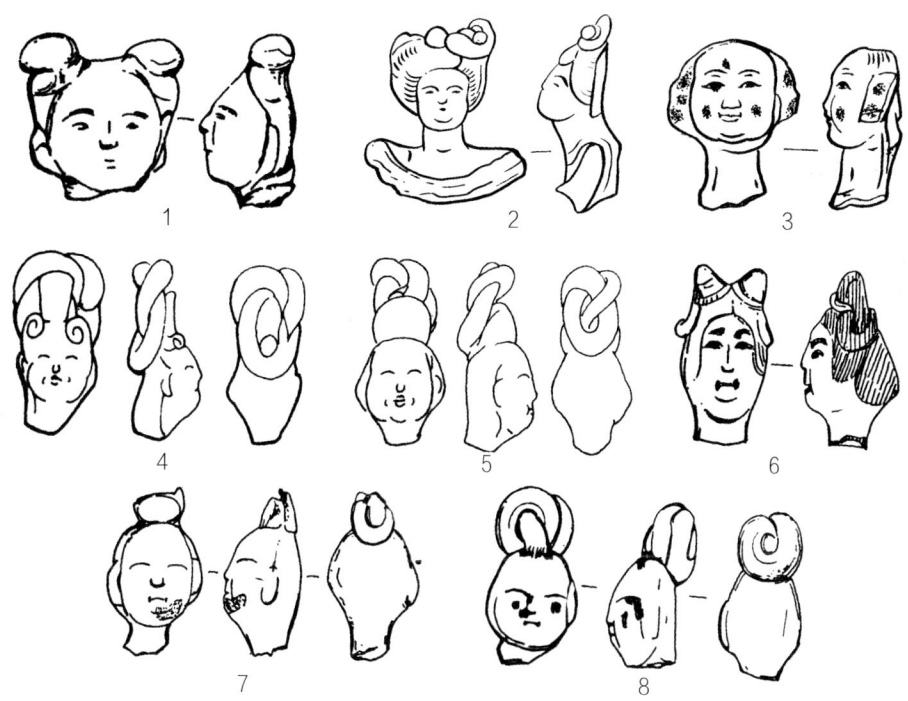

图3-71 唐至宋 邛崃十方堂窑出土女俑头瓷塑汇总
1. 宋 额前双髻女俑头 2. 唐 倭堕髻女俑头 3. 唐 齐耳双分发女俑头 4. 唐 单辫卷盘髻女俑头 5. 五代-宋初 单辫盘发包巾女俑头 6. 唐 包巾裹髻（双髻）女俑头 7. 唐 单辫盘髻女俑头 8. 唐 单辫绕盘女俑头

图3-72 唐至宋 邛崃十方堂窑出土动物瓷塑汇总
1-3. 狗 4-5. 龟 6-7. 虎 8. 猴 9-10. 鸡 11-13. 鸟 14-15. 鸭 16-17. 鼠 18-20. 狮 21. 象 22-23. 鱼

邛窑瓷塑出自民间匠人之手,与同时期其他窑口的瓷塑相比,邛窑的瓷塑显得更为粗犷质朴。长沙窑也有此类产品生产,粗略看去与邛窑瓷塑极为相似,题材类同,尺寸相似,但仔细比较,两窑瓷塑有着明显不同的艺术风格。邛窑瓷塑中除了少部分精美的模制三彩水果外,大部分手捏瓷塑"在造型上,不太讲究对称与比例,抓住表现对象之主要特征和形态,合理变形,适度夸张,神采为上,形质次之。手法上自由宽松,不经意之间,一件活脱脱的佳作妙趣天成。"[1]总体来说,在寓巧于拙、删繁就简、简练朴素间充满了写意的洒脱流畅之感。而长沙窑的瓷塑造型更为圆润,更加追求细节的刻画,动物、人物的表情、姿态都比邛窑瓷塑表达得更为精确,表现手法更为含蓄和收敛(图3-73)。

图3-73 唐 长沙窑瓷塑

邛窑瓷塑的这种艺术风格具有非常典型的本土特征,它与古四川地区的民间文化和造型艺术传统有着一脉相承的关系。四川地区气候温和湿润,物产丰富,远离中原,形成了独立封闭的盆地文化,其自然环境、宗教信仰、风俗习惯与中原差别很大。这种差别也体现在陶瓷文化上。如四川的古陶器极少有青铜礼器的仿制,而大量为人物俑、动物俑和实用器。早在商代的四川广汉三星堆遗址中,就出土了形态生动、造型简朴的手捏陶猪、陶狗、陶羊、陶蟾蜍和陶猫头鹰等陶制动物像,艺术风格与邛窑瓷塑极为相似,其形不求细节而能抓住对象的主要特征和神韵,具有强烈的生活气息,显现出一种自然天真之趣。汉代巴蜀地区远离战火,富足悠闲,民风闲散,产生了独绝一时的汉代造型艺术。"我们今天所能看见到的汉代艺术,最主要的就是中外闻名的汉代画像石与画像砖。巴蜀地区的画像石,是我国汉代画像石的三大中心之一。汉代的

---

[1] 陈炽昌. 邛窑手捏器物艺术品位初探[A]. 邛窑古陶瓷研究[C]. 合肥:中国科学技术大学出版社,2002:121

画像砖，则基本上都是出自巴蜀地区，又特别以成都地区为多。……巴蜀地区画像石上的雕刻多是浅浮雕，也有少数的深浮雕和线刻，手法多变而细腻精美，具有很高的艺术水平，在中国美术史上占有很重要的地位。……画像砖的表现手法，少数是线条，多数是浅浮雕。浮雕的技艺很高，构图和谐，形象逼真，轮廓分明，线条流畅，有很高的艺术造诣，不仅在我国，就是在世界艺术史上，也占着很重要的地位。"[1]巴蜀地区造型艺术的典型代表还有东汉晚期巴蜀大量烧制的陶俑。无不造型夸张，表情幽默满足，有"无笑不成俑"之说（图3-74）。"这些陶俑姿态动作变化多端，面部刻画真切传神，无论是舞蹈、弹琴、说唱等，都力求表现出各具特征和微妙动人的瞬间。"[2]反映了汉代丰富多彩的社会生活和闲适享乐的民风。这种独特的造型艺术的生成，与巴蜀地区由来已久的丰饶富庶而形成的世风有着直接的关系。"偏安的地理位置，远离政治文化中心的地理条件，使中原浓郁的儒学气息翻山越岭、风尘仆仆浸入巴蜀以后，已经很大程度地减弱和消解了。因此，巴蜀当时对政府立为正统的儒学，受影响的程度远不如山东、河南等地深厚，反映在画像石（砖）表现题材上，则宣扬儒学教义的历史故事、孝子贤妇成为点缀；而高扬世俗享乐主义气息、对歌舞骑猎、休闲玩乐的生活追求，才是主流的世风所向。可以想见，只有在现实生活中丰衣足食的人们，才会如此强烈地渴求这种生活方式得到永恒，才会如此强烈地表现出这样的生活画面。"[3]四川人自然乐天的民风，也在杜甫所作《五盘》"喜见淳朴俗，坦然心神舒"等诗句中展现出来。这种民风造就了巴蜀地区的造型艺术的风格，即用夸张、概括的手法生动体现巴蜀人民和善幽默、喜乐无忧的个性特征。汉代陶俑删繁就简的朴素的表现手法、以瞬间凝固动态的高超造型能力，与邛窑瓷塑的艺术风格如出一辙。因此，产生于这种特有的地方文化语境中的邛窑瓷塑，在潜移默化中传承了巴蜀地区的民间造型艺术的艺术风格，以高度概括和简约

图3-74 东汉 击鼓说唱俑

---

1 袁庭栋. 巴蜀文化 [M]. 沈阳：辽宁教育出版社，1991：163-165
2 薄松年. 中国美术史教程 [M]. 西安：陕西人民美术出版社，2002：62
3 林木，李颖. 巴蜀艺术地理 [M]. 济南：山东美术出版社，2005：20

的表现手法、自由洒脱、流畅传神的造型和天真稚拙生动传神的内在意蕴，造就了这极富生命张力又雅俗共赏的艺术作品。

（二）邛窑彩绘：气韵生动的技法与图像

通过前面对邛窑图像的分析我们可以看到，邛窑彩绘的图像具有洒脱飘逸、简洁流畅、气韵生动之感。这种独特的审美意蕴是邛窑彩绘与其他窑口的重要区别之一。那么这种审美风格是如何形成的呢？首先必须从邛窑彩绘的技法层面加以剖析。

一直以来，对瓷器彩绘是否属于绘画存在诸多争议。辞海中"绘画"一词的释义为："以色彩和线条在平面上描绘形象的美术种类。运用笔、刷、刀、手指等工具，将颜料、墨汁、油墨等有色物质，用挥洒、涂抹、拓印、腐蚀等各种手段转移描绘在纸张、纺织物、木板、皮革、墙壁或岩石等平面上，以线条、块面、色彩、明暗等造型因素，通过构图形成视觉形象的画面、图像。"从这个解释来看，绘画的平面性也即二维性被加以强调，但在研究领域，绘画的边界却模糊不清。比如，除了将上述提到的平面性载体上的图像归入绘画外，大多数美术史和绘画史还将史前彩陶、玉、商周青铜纹饰等都归属于绘画，但却又没有将瓷器上的图像纳入绘画体系来讨论，而是归入"工艺美术"的范畴。[1]由此可见，当绘画作为一个艺术门类独立于其他造型艺术之前，这些手工艺品上的纹饰和图像与绘画是同一的。"工艺美术（设计艺术）的起源与人类文化的起源、艺术的起源都在同一个原点上。"[2]但是，当完全意义上的绘画出现以后，平面上呈现的、且具有精神性内涵的那些图像与工艺品上的纹饰就出现了分野。

著有《中国陶瓷绘画艺术史》的孔六庆提出了"陶瓷绘画"的概念："'陶瓷绘画'，专指以绘画工具使用陶瓷材料或在陶瓷立体器皿表面，或在瓷板平面上的绘画表现"[3]。而杨永善认为："陶瓷绘画则是指在两度空间的平面瓷板上进行的纯绘画创作表现，是作为一幅画独立存在，而不是器物上的装饰纹样，

---

[1] 薄松年. 中国美术史教程［M］. 西安：陕西人民美术出版社，2002

[2] 李砚祖. 时代的攀援与文化的顿悟［J］. 装饰，1988，（1）

[3] 孔六庆. 中国陶瓷绘画艺术史［M］. 南京：东南大学出版社，2003：2

与一般的中国画本质是相同的，不用考虑对器物造型的适应，表现形式没有太大的区别，只是材料和表现技巧有一定的变化，在瓷质的表面上，寻求符合工艺特点的处理手法，最终还是作为一幅画供人们欣赏。"因此，杨永善认为陶瓷器物上的绘画，属于"陶瓷绘画性装饰"，"它不同于单独存在的绘画形式，对器物造型有一定的从属性，是在三度空间的立体造型上加以描绘的，不同于在平面的瓷板上画画；还要考虑适应造型的起伏变化，选择最佳的装饰部位，设想在立体造型上多视角的艺术表现效果。所以，陶瓷装饰中的中国画构图，不同于册页和卷轴，要根据造型的形态来处理。"[1]以上争议，在于绘画的平面性和非功利性。

要厘清这个问题，必须从装饰的本质说起。装饰从它诞生那天起，就是功能性与审美性的统一，而且，在工艺美术设计中，审美性总是服从于功能性。从这个角度来说，瓷器彩绘是一种纯粹的装饰，它的构图、色彩、纹样均从属于器物的功能，虽然它同绘画一样，以毛笔蘸颜料绘制而成，但绘画呈现的是趣味和意境，强调的是个性、气质以及作者的精神品质，其中的"美"只能由作者及对作品产生情感共鸣的少数人独自体会。而瓷器彩绘的功利性决定了它和绘画之间本质的区别。"陶瓷绘画多遵循图案式的形象表现，要求对所描绘的对象进行概括、提炼、变形，在形象组合上讲究对称、均衡以及韵律。但无论怎样试图模仿那些非装饰性绘画，陶瓷绘画的构图始终还是以适合器形为首要条件的。在各类造型的瓷器上，陶瓷绘画的构图总是随器形的变化而变化：若是鼓腹细颈的，则构图的主体集中于腹部；若广口而收腹，则构图的主体必集中于口部，这一点与传统绘画的构图法则是不同的。"[2]故而，瓷器彩绘并不是一个单独的画种，它隶属于工艺美术领域，指用绘画的方式呈现出来的瓷器装饰图像，区别于胎装饰中以刻花、印花、划花、堆塑、贴花等方式呈现的图像，也区别于釉装饰中用釉施于器体表面而形成的各种釉色和开片纹样。瓷器彩绘呈现的图像并不能称为绘画，笔者认为将其定义为一种"绘画性纹饰"更为恰当。而只有那些在二维空间的平面瓷板上进行的纯绘画性创作表现，才能被称为真正的瓷器绘画，即瓷画。

但是，如果除去"绘画性纹饰"的装饰功能，这种纹饰与绘画在表现同类

---

1 孔六庆. 中国陶瓷绘画艺术史［M］. 南京：东南大学出版社，2003：7
2 孔铮桢. 陶瓷绘画的"饰性"研究［J］. 装饰，2011，（8）

题材时依然具有形式上的共通性。既然是以绘画的方式呈现的装饰性图像，那么工匠的绘画技法、审美能力、把握材料的能力以及烧制技术等就显得至关重要。即使是对同一纹样的表现，不同的绘画风格下呈现在瓷器表面的图像形式会有很大不同。比如，邛窑的彩绘与其后的长沙窑的彩绘风格就完全不同。就两窑彩绘图像中为数最多的花鸟而言，长沙窑彩绘中的花鸟纹样，有谋篇布局，铁线勾勒，劲健明快；棉线描绘，浑厚鲜妍，有工笔画的精细之美；邛窑的彩绘花草，画风生动粗犷，气韵流动，色彩经营颇具匠心，具有写意之蕴。因此，由于表现技法的不同，瓷器彩绘也可以形成类似于绘画作品的各种意蕴，这种意蕴与器物的造型、功能结合在一起，共同形成瓷器的审美价值。因此，正是在这个前提下，我们可以来讨论邛窑彩绘的绘画技法和绘画风格了。

邛窑最具特色的兰草纹在南朝时就已经出现，它一开始就是以写意画的技法呈现的。黑褐色的四片兰叶信笔挥就，寥寥几笔却神形皆备，这是目前能看到的中国最早的写意兰草图像。这也奠定了邛窑彩绘的写意基调。经过隋代的酝酿发展，初唐至盛唐时期，各种写意风格的彩色图像绘制于器物上，云气飞动，自由洒脱。邛窑的画工已经具备娴熟的绘画技巧，用笔毫无生涩之感，所有图像几乎都是信笔挥就，一气呵成，具有流畅连贯的气势。线条极具变化性，盘旋、往复、曲折、顿挫，形成疏荡、绵密、聚散、交错等效果，在构图上，纹样的排列基本是器表环绕对称分布的方式，在主饰纹样之间通常以留白的方式间隔，不再添加其他装饰纹样，有的在器口沿或器盖处用小花朵纹或联珠纹进行修饰，使器物的图像看上去疏密有致，变化中又具有平衡性。因画工直接蘸料用笔绘画，不上底稿，因此每个单独纹样都大体相似而又富于变化，几乎难以找出两个完全相同的图像。无论兰草、卷草、云纹还是曲线、彩点，均充满动势和张力，甚至有盛唐时张旭、怀素的草书之韵。正如李泽厚先生所言，"盛唐的诗歌和书法的审美实质和艺术核心是一种音乐性的美。"[1]邛窑的彩绘同样体现了这种音乐性的内在的律动和节奏（图3-75至图3-77）。

图3-75 唐 青瓷褐彩草叶纹四系小罐

---

[1] 李泽厚. 美学三书［M］. 天津：天津社会科学出版社，2011：124

图3-76 唐 青瓷褐彩草叶纹双系注子　　图3-77 唐 褐绿双彩绶带型云气纹双耳壶

  工笔与写意是中国绘画的两种笔墨技法，与工笔画相比，写意画法多用简练的笔法描绘景物，要求用粗放、洒脱的笔墨，画出对象的形神，来表达作者的意境，因而更能体现所绘对象的神韵，也更能直接地抒发作者的感情。据传唐玄宗令画家李思训和吴道子一起在大同殿描绘嘉陵江山水。李思训擅长工笔重彩，用了几个月的工夫完成这幅壁画，吴道子则在一天之内就画成三万余里的嘉陵山水，如果用工笔重彩的技法来画显然是无法实现的，可以推测其画风一定比工笔画更为粗放简练。这说明那时的绘画已经有了工笔、写意的区别。到了宋代，苏轼提出"士人画"，主张画画"不求形似"，而应写情寄意，以表达作者主观的思想感情，他留下《枯木怪石图》开绘画写意之境。元代以后，笔法简练、造型生动、酣畅淋漓、讲究意趣的写意画大盛。于是长期以来，写意画就同遵守传统、恪守法则的工笔画形成了风格迥异的两大派，在画坛上争相辉映代代相传。写意画常画于生宣之上，因水墨易于晕染故能达到纵笔挥洒，墨彩飞扬的效果。而这种画法用于瓷器彩绘，从形式上则更多的体现为一种笔势运动所形成的笔意与笔韵。前已述及，邛窑彩绘纹样大都比较简单，形象抽象简括，写意画注重神韵不讲求形似，这种画法使内容与形式能够得到很好的统一，增加了画面的和谐性。同时，画工为了避免纹样的单调，巧妙地利用色彩的深浅变化绘制重复的线条来增加画面层次，使简单的纹样变得立体和丰富。

  晚唐至五代时期，邛窑的生产重心转为邛三彩，装饰上更多地采用印花、刻花等技法，邛窑彩绘开始减少，这种写意风格的彩绘也逐渐消失，邛窑的彩绘风格开始向精致妍丽转变，在琉璃厂窑出现了一种没骨画法绘制的牡丹纹样。这种彩绘牡丹通常绘制在口径为30~50厘米的大盆内底，或者尺寸较大的

　　　　a　　　　　　　　　　b　　　　　　　　　　c

图3-78 唐 邛窑褐绿双彩写意牡丹大盆

贯耳瓶上（图3-78）。邛窑早期的研究者对这类器物多有记载，如：

"文管会派人调查琉璃厂时曾征集到几件黄绿两种色绘双鱼、牡丹的大盆，都可以说明这个琉璃厂窑的年代，就是从晚唐、五代以至……南宋时期了"[1]。

"盆：收藏品中有几个大盆和不少碎片。器身厚，内外都上了黄釉。盆内饰以绿、棕色花卉图纹，有时绘以鱼纹，还有大型彩色牡丹和荷花。盆的厚度为6~14毫米。直径为245~332毫米。C/14977号盆的口部直径达462毫米。底部外直径为332毫米。高110毫米。"

"1956年文物工作者在华阳琉璃厂窑调研时，向群众征集到琉璃厂窑包出土器物：'盆五件，大的高14厘米，口径47厘米；小的高12厘米，口径47厘米，红色胎，涂半截姜黄釉及黄釉，有的盆内画有绿色的双鱼花纹或牡丹。'"[2]

"琉璃厂窑所产大盆装饰比较繁缛，装饰纹样有两种，一种是盆中心画花，周围装饰图案，另一种是盆心画双鱼，周围装饰水草。器物一般都较大，直径有二尺以上者。"[3]

除了这些民间流散的彩绘牡丹大盆以外，在1983年成都附近的大邑县城唐宋遗址的唐末宋初的地层中，也出土了同类产品："褐胎黄绿釉瓷盆。口径36厘米、底径19厘米、高8.8厘米。平底，斜壁，内折沿，圆唇。外壁施浅黄及

---

[1] 冯先铭，陈万里. 四川省古窑址[A]. 四川古陶瓷研究（一）[C]. 成都：四川省社会科学出版社，1984：52

[2] 林雪坤. 四川华阳县琉璃厂调查记[A]. 四川古陶瓷研究（一）[C]. 成都：四川省社会科学出版社，1984：170

[3] 丁祖春. 四川邛崃十方堂窑[A]. 四川古陶瓷研究（一）[C]. 成都：四川省社会科学出版社，1984：174

深褐色亮釉，施半釉。内壁满施浅黄及浅绿色亮釉。壁上刻忍冬纹，线条较深。盆底用褐绿二色绘牡丹花、叶纹。正烧，底部有不规则圆形支烧痕迹。"[1]

这些器物上的牡丹图像都极为相似。米黄色的盆底中央绘一折枝黄色牡丹，花叶均用色彩直接渲染造型，花瓣和叶片上有明显的浓淡变化，纤细的勾线隐没入色彩间，盆内沿周边绘制边饰，风格为写意与没骨结合，画面清雅韵味无穷。贯耳瓶身绘制的牡丹彩绘与前者构图大体相似，中间一朵褐色大花，环以折枝繁叶，但在细节处又各自不同。从技法上看，画工已经具备很成熟的没骨花技法。在花鸟画中，没骨法属于工笔画的一种技法，是花鸟画在技法形式上的一大变革，即不用墨线勾勒，直接用色彩着染形成花叶形象，整个画面色彩清柔、风格清秀、雅致、飘逸，有兼工带写的意境。"没骨"技法为南朝梁张僧繇所创。唐朝杨升用"没骨法"画山水，称为"没骨山水"。而没骨画花卉，则始于北宋徐崇嗣。他是南唐画家徐熙之孙，折衷徐黄而另创纯以色彩点染，不施勾勒的没骨画法，史称"没骨花"的创始人。《图画见闻志》说："（徐崇嗣）其画皆无笔墨，惟用五彩布成。"《图绘宝鉴》认为徐崇嗣"画花鸟，绰有祖风，又出新意，不用描写，止以丹粉点染而成，号没骨图，以其无笔墨骨气而名之，始于崇嗣也。"北宋宣和御府中所藏徐崇嗣画，"率皆富贵图绘，谓如牡丹、海棠、桃竹、蝉蝶、繁杏、芍药之类为多"，与野逸画风已有所不同。徐崇嗣的作品未有传世，现在能见到的较早的没骨花鸟画是传为模仿徐崇嗣没骨法的北宋花鸟画家赵昌的《杏花图》（图3-79）。而邛窑彩绘在早于徐崇嗣创立"没骨花"之前就已达到了较高的水平，对于颜料的运用相当成熟，已有对明暗的表现和理解。相比较而言，邛窑彩绘中这种类似于绘画中折枝花的彩绘牡丹图像可算是现存最早的没骨画花鸟作品了。

在评价工艺美术与绘画的关系的时候，大多数研究者倾向于认为绘画对于彩绘装饰的影响是单向的，如邓白曾经写道："瓷器的彩绘装饰，自从吸收了绘画的技法以来，使

图3-79 北宋 赵昌《杏花图》

---

[1] 赵殿增，胡亮. 大邑县城唐宋遗址出土的瓷器［A］. 四川古陶瓷研究（二）［C］. 成都：四川省社会科学院出版社，1984：165

它得到了惊人的发展,不论青花、五彩等彩瓷,出现了绘画风的装饰之后,便发生了崭新的面貌。"[1]但从以上分析不难看出,邛窑彩绘的绘画技法明显表现出一种相对卷轴绘画而言的超前性。无论是从南朝就开始出现在邛窑彩绘上的写意图像,还是晚唐五代就已经出现的没骨彩绘牡丹,其技法都先于同类绘画技法在卷轴绘画中的出现,且邛窑工匠已经早就能将其娴熟应用于瓷器装饰中,并达到较高水平了。这不仅说明了,绘画与工艺品装饰之间的影响是双向的,而且,两者不仅是相互借鉴和相互交融的关系,从根源上说,工艺美术是艺术发展的源流和母体,且往往是推动艺术风格创新的重要影响因素。

中国绘画的写意风格的产生可以远追到史前彩陶,这已经是一个不争的事实。2005年甘肃临洮出土了一件绘有"狼形纹"图案的彩陶壶(图3-80)。经考证,该陶壶距今2800年左右,属于辛店文化类型。专家指出,该陶壶上所绘的"狼形纹"图案线条简洁,流畅随意,栩栩如生,这是后世绘画中典型的写意手法。该发现证实了彩陶图案是中国写意画起源的说法[2]。当卷轴绘画没有出现之前,绘画和装饰两者是不分的,"原始工艺品上的花纹装饰开创了以线描勾绘形象的先河。用笔粗犷流利,定位准确,显示出一定的造型能力。研磨色彩的研盘也屡有发现,此时大约也能制造类似毛笔的绘画工具。在长期不断实践中,原始先民的绘画技巧得以逐步发展和提高。"[3]绘画正是从原始时期的彩陶,到夏商周时期的青铜、漆器、玉器、陶瓷、丝织品,以及秦汉的画像石、画像砖、墓室装饰等工艺美术的发展中逐渐脱胎而独立出来的。它继承了工艺美术的艺术表现技法,并传承了"以线造型、平涂设色、平面构图"等中国传统装饰艺术风格,同时又将工艺美术的功能性去除,使绘画成为了一种纯粹精神性的表达。而当绘画独立出来之后,工艺美术装饰技法的发展并没有停止,而是按照一种形式自律的方式不断地向前演进。邛窑的写意

图3-80 新石器时代"狼形纹"图案彩陶壶

---

1 邓白. 邓白美术文集[M]. 杭州:浙江美术学院出版社,1992:69
2 甘肃发现"狼形纹"彩陶壶[N]. 光明日报. 2005.1.9
3 薄松年. 中国美术史教程[M]. 西安:陕西人民美术出版社,2002:9

画、没骨画等技法同样也是这种形式自律的反映。当然，由于技法上的同源性，瓷器彩绘与绘画之间的交流和影响是必然存在的，这种情况在中国艺术的发展史上并不少见。比如山水画起源于魏晋，顾恺之的《洛神赋》图被公认为山水画的雏形。但早在汉代的四川画像砖上，已经有典型的"人大于山，水不容泛"的早期山水画的特征。如《荷塘猎鱼》的图像，二人泛舟河上，河中鱼儿游乐，岸上水鸟停驻，岸边有几座起伏的山，山势起伏。整体构图上，山是作为背景呈现的，不仅人大于山，甚至鱼也大于山，但其起伏的山势却刻画得极为明显。"虽然这些不能说明山水画是起源于汉代，更不能说山水画是由画像砖艺术发展而来，但至少画像砖的绘制，为后世的山水画奠定了一定的基础。"[1]

不仅如此，在各门类艺术中，这种相互借鉴和影响的事例也大量存在。"各门艺术传统之间是相互影响、相互包含的，各门艺术在美感特殊性方面、在审美观方面，往往可以找到相同之处或是相通之处。中国的语言和艺术形式从不同侧面，以不同的角度反映了中国人特有的审美心理"[2]。通过展示它们，可以使我们看到审美文化的多元性和丰富性。

有意思的是，在邛窑的彩绘技法的来源问题上，尽管唐宋时期巴蜀地区绘画兴盛，但是就关系上来说，恰恰是因为邛窑作为民间瓷窑的性质，器物上的图像绘制均由来自民间工匠完成、远离了宫廷趣味和正统绘画的影响，从而形成了这种与"院体"风格不同的写意画和没骨画技法。我们可以就当时巴蜀地区的绘画情况来进一步说明。

唐代中期以前，巴蜀画家的成就不显。但唐代经济的繁荣，特别是与全国经济文化的交流为绘画发展奠定了坚实的基础。由于巴蜀地区经济发达、社会安定，安史之乱以来，不少文人纷纷避乱入蜀。唐玄宗和唐僖宗两次入蜀，又各自带来了一批为宫廷服务的名家巧匠。因而巴蜀在中唐以后就聚集了一大批高水平的画家，较著名的有孙位、赵公祐、范琼、卢楞伽、张南本、常粲、滕昌祐、刁光胤等。宋人郭若虚在《图画见闻志》中列有唐代末期的知名画家27人，其中集中于成都的画家就达到19人。因此晚唐时成都成为了全国的绘画中

---

[1] 阮荣春，罗二虎. 古代巴蜀文化探秘[M]. 沈阳：辽宁美术出版社，2009：161
[2] 梁一儒，户晓辉，宫承波. 中国人审美心理研究[M]. 济南：山东人民出版社，2003：354

心。前蜀、后蜀的君主都雅好文艺、尊重画家，设立了历史上最早的官方画院（前蜀叫内廷图画府，后蜀称翰林图画院）。由于大量画家的聚集和官方的鼓励，成都地区形成了著名的西蜀画派，在宗教画和非宗教画两方面都成就斐然。这些画家不仅在成都的各大寺庙均留下了壁画作品，同时还在花鸟画方面取得了巨大成就。在五代最重要的花鸟画家行列中，西蜀的黄筌、黄居寀父子有突出的地位。黄筌是成都人，五代时西蜀画院的宫廷画家，历仕前蜀、后蜀，官至检校户部尚书兼御史大夫，入宋后任太子左赞善大夫。黄筌擅花鸟，兼工人物、山水、墨竹。所画禽鸟造型准确，骨肉兼备，形象丰满，赋色浓丽，勾勒精细，几乎不见笔迹，似轻色染成，谓之"写生"（图3-81）。黄筌多画宫中异卉珍禽，江南徐熙多写汀花水鸟，故有"黄家富贵，徐熙野逸"之称，与徐熙并称"黄徐"，形成五代、宋初花鸟画两大主要流派。对后世花鸟画影响极大。黄筌及其子黄居宝、黄居寀所作之画均格调富丽，其风格成为北宋初翰林图画院优劣取舍标准，被称为"院体"。这种崇尚工丽的"富贵"画风不仅在宋代居于主导地位，元代依然如此，直到明代才有所变化。北宋时期，除了"院体"花鸟之外，巴蜀地区还有文同和苏轼的文人画。文同擅画竹，以画抒情。苏轼画竹即学于文同，追求意境、抒发胸中块垒，这种绘画意旨得到不少北宋士人画家的响应，于是文人画的画风和理论渐渐形成，对后世绘画的发展产生了巨大的影响。

纵观这段巴蜀绘画史，可以得知，邛窑的写意彩绘发生和兴盛的时期，巴蜀的画风还未形成，文人写意画更远未出现。唐末至宋时，邛窑的没骨花画技法已经相当成熟，而当时绘画的主流是精细的工笔画法，且主要的画家均聚集于宫廷画院，无论从风格还是技法上来说，都与邛窑彩绘完全不同。同时，由于民间与宫廷的隔离，也使得技术上的交流难以实现。工匠未经过严格的绘画训练，无法达到当时工笔绘画的高超水平，于是逸笔草草、不求精致的写意画法和兼工带写的没骨画法，才成为工匠的最佳创造。另一方面，也正是因为远离正统、远离宫廷的绘画传统，才能形成如此自由、随

图3-81 五代 黄筌《写生珍禽图》

意、流畅的写意风格，与当时花鸟画的精细画风尤为不同。

同时，决定这种技法产生还有一个重要的原因，那就是生产的经济性。由于邛窑在唐五代时期生产规模大，市场需求众多，为了快速地提高产量而创造了这两种独特的技法。无论写意画法，还是没骨画法，都比同时期的精细工笔技法要更快速、更适于大批量生产。邛窑的彩绘图像都比较简单，而且大多形成了的程式化的笔法，相比精细工笔画而言，对工匠的绘画技巧要求要低得多。这种程式化的图像也使工匠在生产中易于模仿，并能快速地熟练，提高生产效率。所以，产于邛窑各个窑口的彩绘瓷器，才能具有如此统一的画风和如此相近的图像。

因此，我们可以得出结论，邛窑彩绘技法的形成，一方面反映了瓷器装饰上的一种自律性发展，是邛窑工匠在审美实践过程中的一种主动创新；另一方面又是经济性节俭原则下的一种被动选择。这两个看似矛盾的条件在写意和没骨两种技法上统一起来，最终形成了邛窑彩绘的独特风格（图3-82至图3-85）。

同时，与纸或绢等媒介相比，在瓷器上作画，其效果的呈现还有赖于对烧制工艺的精准把握。因此，无论从艺术水平还是技术水平来说，邛窑彩绘瓷在当时乃是全国窑口中的佼佼者。在邛窑彩绘渐渐衰微的晚唐时期，长沙窑开始兴起并将瓷器彩绘发展到另一个高峰。由于时代不同、技术发展水平不同、所处地域环境不同，相比而言，后者工艺更精、产品影响更广，在艺术表现上却采用了与邛窑极为不同

图3-82 唐 褐绿黄红彩绘盖罐

图3-83 唐 青瓷褐彩卷草云纹四耳罐

图3-84 唐 青瓷褐彩云纹罐

图3-85 唐 青瓷褐彩卷草纹钵

的另一种技法。而这种技法的不同,也没有高下之分,只有意趣之别。

邛窑的彩绘图像之所以具有一种流动的韵律感,除了技法层面的原因外,还来自于邛窑彩绘的创作者对纹样的形式感的把握。在分析邛窑的彩绘图像时,我们能够惊讶地感受到其形式表现与现代平面设计的某些理念不谋而合。邛窑工匠擅长用曲线和波状线来构成图像,并尽可能使线条呈现一种舒卷飘动的运动感,使人的视觉感受始终处于一种变化之中,这种富于节奏的音乐之美,我们很难从其他彩绘瓷器上感受到。现代艺术大师们对于线条对装饰的意义有诸多深入的研究,英国画家和美学家威廉·荷加斯对各种线条的特征进行了系统比较分析,认为"应当指出,一切直线只是在长度上有所不同,因而最少具有装饰性。曲线,由于相互之间在曲度和长度上都不同,因而具有装饰性。直线与曲线的结合形成复杂的线条,比单纯的曲线更多样,因此也更有装饰性。波状线作为美的线条,变化更多,它由两种对立的曲线组成,因此更美,更舒服……最后,蛇形线,灵活生动,同时朝着不同的方向旋绕,能使眼睛得到满足,引导眼睛追逐其无限的多样性。"[1]邛窑的彩绘图像,正是由于这样大量曲线、波状线的使用,使得简单的纹样变得多态多姿,重复中有变化,变化中又有秩序,生发出无穷无尽的意味。而这种有意识的形式感的应用却远远在现代主义设计产生之前就已经出现了。这些"图形本身不仅对日常生活进行了意义审美上的装饰,同时也形成了自己格律的符号节奏,勾画出充满气韵流动的和谐宇宙。"[2]

---

[1]（英）威廉·荷加斯. 杨成寅译. 美的分析［M］. 广西：广西师范大学出版社,2005
[2] 海军. 视觉的诗学——平面设计的符号学向度［M］. 重庆：重庆大学出版社,2007：92

第四章

邛窑器物设计审美文化的生成与发展

根据历史唯物主义的观点，一个时代的"美学思想"和"审美物态"之间所以有着内在的联系，盖因他们共同受制于那个时代的社会生产。然而，在生产力这个最基本、最活跃的"决定因素"和意识形态这一"更高地浮在空中的思想领域"之间，尚有着层层的曲折渠道和中介环节；倘若我们不对这些曲折渠道和中介环节的作用加以足够的重视，便会陷入经济决定论和庸俗社会学的误区。从这一意义上讲，"审美文化"必然受到该民族特定时代的"生产方式""生活方式""信仰方式""思维方式""审美方式"等多重因素的渗透和影响。邛窑的设计审美观念也正是在这些因素的影响下而逐渐形成和发展的。

一、邛窑器物设计审美文化的生成基础

邛窑器物设计的审美文化是伴随邛窑的创烧而生成的。邛窑初创于东晋至南朝，主要是青瓷产品。早期的邛窑器物已经有简单的纹样、轻薄的釉面作为装饰，造型拙实，在工艺和审美两方面与同时期的瓷器生产同步。邛窑器物设计审美文化的生成基础主要有三方面：一是由于社会的器用方式与器用诉求的转变，使得邛窑产品获得了需求空间；二是邛窑产地的自然环境，为器物的生产奠定了物质基础；三是巴蜀地区的社会生产水平和生产组织方式，为邛窑长期的发展提供了技术保障。

（一）器用方式与器用诉求的转变

器用即器皿用具。作为社会文化的组成部分，器用始终是社会变迁的最活跃的表现因素之一，器用的发展能直观地反映出各个时代的政治、经济、文化、社会等领域的变化。根据考古资料来看，原始瓷器大约出现于商代中期至春秋战国时期[1]。西周至汉早期，王公贵族大多使用精细的金银器或青铜制品，而一般民众则多用竹木器或陶器，这一时期制瓷业并无飞跃发展。两汉时期，实用漆器逐渐取代青铜器，成为上层社会生活器用中的重要角色。普通民众依然大量使用陶器。随着制作技术的进步，原始青瓷经历了向成熟青瓷的过渡，

---

[1] 中国硅酸盐学会. 中国陶瓷史［M］. 北京：文物出版社，1982：78

开始进入社会日常生活。汉代瓷业的发展，与国家统一、政治稳定、社会繁荣、手工业发达等社会背景密切相关。汉时东南一带已有大量窑场，制瓷技术不断提高。陶车拉坯成型法替代了泥条盘筑法，使瓷胎更加精细，与改进后的釉料结合更加紧密，釉层明显加厚，光泽强，玻化好。汉代的瓷器品种有青瓷和黑瓷两大类，多数瓷窑生产青瓷，部分瓷窑也兼烧一部分黑瓷。考古材料证实，东汉后期，在浙江省绍兴、上虞一带，已经出现了成熟的青瓷器。器形主要是广口、扁圆腹、短颈、溜肩、鼓腹、平底的四系罐，胎质灰白细腻，胎釉结合致密，釉呈淡青色，质地和火候等都符合瓷器的标准。类似的四系罐在安徽省亳县东汉末年的曹氏墓中亦有大量的发现。除四系罐外，汉代青瓷的器型还有碗、盏、钵、耳杯、酒樽、罐、壶、罍、熏炉等，涉及生活诸多方面的用途。在烧制工艺上，汉代窑场多用龙窑煅烧瓷器，使瓷器生产效率大大提高、产量迅速增加。这些说明当时社会对瓷器的使用需求也开始增多，瓷器逐渐代替陶器成为一种更实用的新型产品。"由原始瓷器发展为真正的瓷器，使中国古代的实用品主角发生了转换，在艺术设计史上是一件重大的事件。"[1]

从三国、两晋、南北朝开始，日用产品全面进入了瓷器时代。在这长达4个世纪的时期中，虽然政治上处于分裂、动乱局面，北方地区遭受战乱破坏比较严重，但江南广大地区却由于战乱较少、社会相对安定，加上这一时期的手工业者已经被允许可以在一定范围内独自经营、自由地进行生产技术的改造，所以制瓷业等手工业得到了很大的发展。至两晋时，原始瓷已基本被淘汰。这时期成熟的瓷器品种仍以青瓷为主，南方青瓷的主要产地是浙江、江苏和江西等地。其中浙江青瓷最著名，以越窑、瓯窑、婺州窑和德清窑为主要代表，其他如长江中、上游的四川、湖南、湖北等地区，约从晋代起也开始设窑烧制青瓷。北魏晚期，北方青瓷生产也开始发展起来。除青瓷外，东晋时开始的浙江德清窑系统和北齐时出现的北方黑瓷以及北朝后期在北方出现的白瓷，也是这一时期制瓷工艺的新成就。青瓷在这个时期的广泛流行，与工艺技术和社会审美风尚密切相关。一方面，早期瓷器烧制过程中，除铁的工艺尚未完善，含铁的制瓷原料经还原焰烧成时为青色，因此当时的大量瓷制品烧成后都会呈现青釉色泽；另一方面，三国两晋南北朝时期，玄学的兴起使得青瓷的富于冷静、

---

[1] 高丰. 中国设计史［M］. 南宁：广西美术出版社，2004：130

玄幽淡雅的色泽能获得人们的喜爱。因而，青瓷在这一时期迅速普及，并成为了实用器具中的新主角。

邛窑在东晋就拥有了成熟的青瓷生产技术，开始烧制青瓷，并在南朝时获得了极大发展，这与同时期南方青瓷的发展是同步的。因而，正是由于社会器用方式和器用诉求的转变，邛窑瓷器同样获得了广阔的发展空间，邛窑器物设计审美文化也随之获得了生存的土壤。

（二）水土宜陶的自然地理环境

任何艺术的存在和发展都离不开一定的环境，都必须建立在特定的环境基础上。人类所处的环境是各不相同的，不同的环境对包括艺术在内的人类的生存与发展会带来不同程度的影响。就陶瓷艺术的生存与发展来说，自然环境的影响是非常明显的。邛窑主要窑场分布于长江上游支流的岷江、沱江、涪江流域支系的沿岸，包括了以成都平原为中心的四川西部与南部地区，窑场周边所蕴藏的丰富制瓷原料、燃料以及这里良好的气候与水运便利的河流等自然条件，构成了一个陶瓷生产和发展所需的天然系统。邛窑器物设计审美文化正是在这样一个自然地理环境下生长、发展起来的。

成都平原属于巴蜀盆地，海拔450米至720米，是由岷江、沱江及其支流冲积而成的冲积扇平原。由于河网密布，土地肥沃，成为中国最重要的粮食产区之一。平原上也零星分布着一些浅丘，比如成都近郊的凤凰山、磨盘山。邛崃山脉是横段山脉最东缘的山系，以东北—西南走向穿过成都市西部的都江堰市、大邑县、崇州市和邛崃市，许多山峰海拔在4000米以上。该地区海拔落差巨大，地貌丰富，拥有丰富的自然景观。以邛窑的代表性窑场所在地邛崃为例，其地势西高东低，气候温和，雨量充沛，四季分明。境内有南河、斜江河、浦江河、玉溪河等穿流而过，拥有金、铜、菱铁、煤等矿产资源，天然气和石油储量尤为丰富。窑场周边草木繁盛，河流纵横，黏土随处可取，运输亦极为便利，这就为邛窑的兴起、发展和最终扩大为一个庞大的窑系奠定了坚实的物质基础。

邛窑产地的胎土含铁量较高、杂质较多，因而邛窑的大部分产品瓷胎都比较粗糙，呈色较深。这也成为邛窑器物设计审美文化中尤其强调装饰性的一个重要原因。此外当地还出产一种被称为"白鳝泥"的黏土，白色软糯，颗粒细腻，烧成后的器物不易变形。这种泥又称"观音土"，其实就是高岭土，十方堂周边并不多见，但附近的临济、卧龙、夹关、孔明、临邛等乡镇多有分布，古时并未大规模开采和使用，直到最近几年才有部分地区将其作为矿产资源进行保护性开采。因此，在当时这种珍贵的白色胎泥仅用于烧制高档的邛三彩、白瓷等产品。

（三）社会生产水平和生产组织方式

邛窑所在的成都平原及其周边地区，秦汉时期便是巴蜀文化的核心区域。秦入主巴蜀后，先后吞并蜀国（首府成都）巴国。公元前106年，汉武帝在全国设13州刺史部，在成都置益州刺史部，分管巴、蜀、广汉、犍为四部。随着秦对西南边地的开拓，巴蜀内地"开始孕育以成都为核心、巴蜀盆地为内圈，辐射整个西南地区的巴蜀经济区。"[1]汉初公孙帝称帝，定成都为"成家"。东汉末年，刘焉做"益州牧"，从原广汉郡雒县移治于成都，用成都作为州、郡、县治地。在西汉中期，成都发展为全国六大都市之一，临邛、广汉为当时全国著名的工业城市，手工业十分发达，到西汉晚期已形成"天府之国"的框架。是时成都的织锦业已十分发达，以蜀锦最出名，长期作为贡品进贡朝廷，行销全国各地。官府设有"锦官"，故成都有"锦官城"即"锦城"之称。其他手工业如巢丝、织绸、煮盐、冶铁、兵器、金银器、漆器手工业也很发达。西汉政府在蜀、广汉等郡设有工官，专门制造供王室、贵族使用的漆器。成都漆器远销全国各地甚至朝鲜，其制造工序繁多，技术复杂，反映了当时漆器制造工艺的最高水平。东汉时期，成都正式建成世所公认的天府之国。

除了手工业的发达，秦汉时期巴蜀地区的商业也发展起来。秦时成都即已成为全国大都市，西汉时成都人口达到7.6万户，近40万人，"少城"为成都商业最发达的城区，商品堆积如山，商店货摊栉比。作为巴蜀地区的经济中心，成都与其他发达城市有着广泛的经济的交流，甚至将商品远销海外。西汉时期的长安、邯郸、临淄、陶（今山东定陶）、睢阳（今河南商丘县南）、江陵（今湖北江陵）、吴（今江苏苏州）、寿春（今安徽寿县）、番禺（今广东广州）、

---

[1] 贾大泉. 四川通史（卷二）[M]. 成都：四川人民出版社，2010：245

宛（今河南南阳）、洛阳、成都等地均是所在地区的经济中心，这些城市之间有陆地和水上商道相连。商品交流的同时，也带来了技术的交流和促进，南方的制瓷技术也对巴蜀地区的青瓷生产产生了影响。这为邛窑的发展也打下了基础。在此影响下，邛窑青瓷在东晋开始出现并接近了同期南方青瓷水平。

秦汉至三国两晋时期，巴蜀地区发达的手工业和商业为邛窑器物设计审美文化的生成和长期发展奠定了坚实的技术基础。这一阶段，巴蜀地区的手工业生产，虽在少数时期曾以官营为主，但总体上仍以私营、分散为其生产的基本特征，这种分散经营为工匠的自由生产和技术提高起到了一定推动作用。在这一背景下，巴蜀的陶瓷手工业也有了较大发展。四川地区至迟在东汉晚期已经普遍使用青瓷器。1973年大邑五龙一座"建安元年六月造作"砖铭的墓中，发现两件青瓷罐[1]；1980年在涪陵三堆子发掘的东汉晚期墓中，发现双系青瓷罐和青瓷碗数件[2]。这些青瓷经过标本分析，均达到了成熟青瓷的要求。由于它们与南方青瓷肖似，且巴蜀地区尚未发现秦汉时期的瓷窑，因而这些瓷器的产地很难判断。但可以推定的是，由于瓷器不便运输，外地瓷器很难通过长途跋涉而大量输送入蜀，民众的需求必然推动本土的生产。因而在经济发达的成都平原腹地，邛窑作为当时西南地区最大的窑场，至迟于东晋时期开始了大量的瓷器生产，以满足日益增长的器用需求，这也是当时社会生产水平和生产组织方式共同作用的结果。（图4-1）

图4-1 隋至唐初 刻划堆贴花青瓷盘口四系瓶

二、邛窑器物设计审美文化的发展动因

（一）思维方式：巴蜀地区开放多元的地域文化与邛窑器物设计审美意识的产生

审美意识，即广义的美感，是审美活动中人对审美对象的能动反映。包括

---

[1] 丁祖春. 四川大邑县出土两件东汉青瓷罐［J］. 文物，1984，(11)
[2] 胡常钰，黄家祥. 四川涪陵东汉崖墓清理简报［J］. 考古，1984，(12)

审美的感知、感受、趣味、理想、标准等各个方面，是审美心理活动进入思维阶段后的意识活动。审美意识是主体对客观感性形象的美学属性的能动反映。

"审美意识作为人类意识形态的一部分，虽然它主要侧重于精神的层面；然而就其具象形态而言，它在很大程度上都要通过一定的物质载体表现出来。而人类物质文明的创造，一开始就融汇和贯注了人类的意识、精神和情感，在具体的物质创造中，包含着人类心智的活动轨迹。"[1]瓷器是实用与审美相结合的手工业品，是物质和精神的共同产物。它呈现为具体物质外观，但其中却灌注着造物者个人和集体的趣味与情感。这种审美意识的产生又是多种因素交织的结果，是地域环境、经济水平、社会结构、以及社会多元文化的集中投射。只有全面地理解邛窑器物设计审美意识发生的源流，才能真正明白邛窑器物何以呈现为这种独具一格的形式，也才能真正厘清邛窑器物设计审美文化的内涵及其成因。

邛窑产生于中国西南地区的成都平原，巴蜀文化是其诞生的母体和存在的土壤。所谓巴蜀文化，有广义和狭义之分。"四川古称巴蜀，所以四川文化的研究一般都称为巴蜀文化的研究。巴蜀文化有两种含义，狭义的是指秦统一巴蜀之前还称为巴蜀时期的文化，广义的是指整个四川古代及近代的文化。我们是按广义的巴蜀文化来进行论述的。"[2]本书中所称的巴蜀文化，就是指的上述广义的巴蜀文化，即"指以巴蜀地区为依托，北及天水、汉中区域，南涉滇东、黔西，生存和发展于长江上游流域，具有从古及今的历史延续性和连续表现形式的区域性文化"[3]，它是"四川省地域内，以历史悠久的巴文化和蜀文化为主体，包括省内各少数民族文化在内的、由古至今的地区文化的总汇。"[4]历朝以来巴蜀地区的地理、经济、民族、人口、科技、学术、艺术、宗教、民俗及对外交流等内容，构成了巴蜀文化的内涵。邛窑是古代四川地区烧造时间最长、产品最丰的最大的民窑体系，邛窑器物设计的审美文化既构成了巴蜀文化的一个部分，同时，巴蜀文化的多元性和独特性又深深地影响了邛窑器物设计

---

[1] 吴中杰. 中国古代审美文化论（第一卷）[M]. 上海：上海古籍出版社，2003：10
[2] 袁庭栋. 巴蜀文化志[M]. 成都：四川出版集团巴蜀书社，2009：1
[3] 刘茂才，谭继和. 巴蜀文化的历史特征与四川特色文化的构建[J]. 西南民族学院学报·哲学社会科学版，2003，(1)
[4] 谭洛非. 关于开展巴蜀文化研究的建议[J]. 社会科学研究，1991，(5)

审美意识的形成。

巴蜀文化孕育于四川盆地的巴山蜀水之间。巴蜀地区典型盆地多山的地理特点，对巴蜀文化总体特征的形成而言，既是劣势，又是优势。它一方面造就了一种自然的封闭性，另一方面，也因封闭性而导致了一种向外延伸的张力，从而形成了巴蜀文化的另一重要特征，即开放性或包容性。对巴蜀地区所处的地理位置，童恩正有一段精辟的阐述："就南北方向而言，它恰好位于黄河与长江两大巨流之间，亦即中国古代两大文明发展的地区之间，既是我国西部南北交通的通道，又成为我国南北文明的汇聚之区。就东西方向而言，它正当青藏高原至长江中下游平原的过渡地带，又是西部畜牧民族和东部农业民族交往融合的地方。"[1]由于这些通路而带来的文化交融，使巴蜀文化形成了这种地理上的封闭性和文化上的开放性这两个既矛盾又统一的文化特征，因而"巴蜀文化发展的历史，在一定程度上可以视为巴蜀本地的先民以开放的姿态不断打破地理上的封闭，不断迎接与融合外来的人群与文化，并在兼容与辐射并存的发展中取得成就的历史。"[2]

一方面，古代巴蜀地区总体而言"其地四塞，山川重阻"，内外交通不便，"蜀道之难难于上青天"是巴蜀地区最明显的地理特点。历朝以来，巴蜀先民努力突破这种地理的封闭性，打通了多条通道与外界进行交流与互补，但是"由于对外交流的诸多不便，由于巨大的盆地内腹有广阔的回旋余地，由于封闭地形内部文化结构相对稳定，能够自成系统，故而在盆地内孕育与发展的巴蜀文化虽然也曾广受外来文化因素的影响，可在经过消化吸收之后，就在盆地之中得到较稳定的发展，任何时期都能显示出强烈的地方色彩。"[3]这种强烈的地方色彩，在巴蜀地区的历代艺术中体现得尤为明显。如三星堆文明和金沙文明中出土的青铜、玉石制品，汉代巴蜀画像砖和陶俑以及邛窑独创的彩绘瓷、省油灯、提梁壶等，都是这种地理封闭性所带来的独立发展的结果。

但是，巴蜀文化绝不是固步自封、自我循环、沉闷落后的文化。一直以来，巴蜀先民为了扩大生存与发展的空间而开拓了多条通道，使巴蜀能西北接北方丝绸之路、西南接南方丝绸之路、东南接海上丝绸之路，由此向外延伸，

---

[1] 童恩正. 古代的巴蜀[M]. 成都：四川人民出版社，1979：3
[2] 袁庭栋. 巴蜀文化志[M]. 成都：四川出版集团巴蜀书社，2009：256
[3] 袁庭栋. 巴蜀文化志[M]. 成都：四川出版集团巴蜀书社，2009：22

古代四川还是华夏文明与中南半岛文明、南亚文明交接的地区。因此，巴蜀先民始终与外界进行着广泛的交流，不断吸收外来的先进文化，再加以发展创新。几千年来，巴蜀地区有过多次、大量的移民入川潮，不仅带来了生活观念和习俗的交融，也带来了经济的交流和发展，更带来了文学艺术的多样性和丰富性。兼收并蓄的移民文化成为巴蜀文化一个重要组成部分。因此，巴蜀文化又显示出一种强大的开放性。这种开放性呈现为广览博收、汇纳百川的包容姿态，当外来文化进入巴蜀地区以后，经过各种碰撞和生成，使巴蜀文化显示出南北文化交汇集结的多层次、多维度的复合性特征。邛窑器物在各个时期所呈现的时代性与本土性，都非常明显地显示出邛窑与南方和北方各窑场之间、与其他手工工艺、各种外来文化之间有着不断的交流，但邛窑又在这种交流的基础上进行了吸纳和创新，形成了自己独特的美学风格。不仅如此，邛窑的工艺还通过巴蜀对外交往的通道传播出去，对其他瓷窑的技术和风格造成了影响。冯先铭在他的《两次调查长沙铜官窑所得的几点收获》中，将邛窑与长沙窑相比较时说："邛窑与铜官窑，两窑所烧瓷器，基本上差不多。青釉褐斑、绿斑的风格一样，轮旋方法也相同，这些特点绝不是偶然的巧合，说明它们之间的关系是比较密切的"[1]。邛窑的绿釉、紫蓝色、玫瑰色等窑变釉在唐代就已经出现，且在宋代依然多有烧制，有专家认为钧窑的工艺也受到了邛窑的影响。邛窑开创的彩绘瓷被耿宝昌评价为："其工艺传播于江南诸名窑，而又(以)湖南长沙'铜官窑'受其影响最深，因之两窑产品颇为相似，成为姐妹艺术，堪与周边各窑相媲美。"[2]这些都说明了巴蜀文化的开放性、包容性特质，在邛窑器物设计中的重要影响。"凡是'传播'与'交流'或是'影响'，首要一点必须明确，这种传播、交流、影响（包括政治、经济、文化、技术）都无一例外是双向的，而绝不是，也不可能是单向的，所以，关于邛窑的兴起和传播也必然是受双重影响、双向传播的。"[3]多条通道不仅带来了外来的文化和技术，也将邛窑的技艺传播出去，从而形成了双向交流、各自发展的局面。

巴蜀的对外交流，首先表现在打通山川的阻隔，使盆地四周的崇山峻岭中出现了几条重要的蜀道，实现了与周边地区的交流。目前的考古资料可以证

---

1 冯先铭. 两次调查长沙铜官窑所得的几点收获[J]. 文物，1960，(3)

2 耿宝昌. 序[A]. 邛窑古陶瓷研究[C]. 合肥：中国科学技术大学出版社，2002：1

3 胡立嘉. 南方丝绸之路与"邛窑"的传播[J]. 中华文化论坛，2008，(2)

实，古代巴蜀人"最晚在殷代就已经与中原地区、云南地区有了交往"[1]。西汉初年，巴蜀地区就已经是"栈道千里，无所不通"[2]，盆地四周都有栈道分布。同时，善于治水的巴蜀先民还善于航行，战国时候已经具有高超的造船技术，这使得巴蜀与外界的交流成为必然。从巴蜀地区的瓷器使用和生产情况来看，1973年在大邑汉献帝刘协"建安元年（公元196年）"年号字砖的墓中出土了两件青瓷罐，成都羊子山、双流和四川三台一带地区，也曾出土东晋的青瓷[3]，这些器物的造型、釉质等与同时期南方青瓷极为相似。邛窑系的青羊宫窑在晋代也开始了青瓷的生产，器物以生活实用器为主，碗、盘、盘口壶、鸡首壶、桥系罐等较为多见。这些瓷器的器物造型、装饰方法和烧装工艺都与同时期越窑等南方瓷窑相似，具有明显的时代特征。这些物证可以表明，"邛窑"青瓷的兴起过程中与其他窑口之间的交流和影响，而且，这种交流一直存在于其后的发展过程中。具有时代特征的造型、纹样、装饰手法、烧制工艺，都能在邛窑器物上明显地反映出来，也正是这种交流所带来的审美意识的不断流变，使邛窑产品能够长时期地保持着较高的市场接受度，因而能够连续不断地持续900多年的生产。

巴蜀的对外交流，还有一条重要的通道，即"南方丝绸之路"，现有研究表明，这条通道大约要比"北方（西北）丝绸之路"早五六个世纪，古时又称"蜀——身毒道"。"身毒"即"印度"的古代记音、译音。这是一条中国西南地区最为古老的"国际贸易通道"。《史记·西南夷传》云："张骞使大夏来，言居大夏时，见蜀布、邛竹杖。使问所从来，曰：'从东南身毒国。可数千里，得蜀贾人市。'或闻邛西可二千里，有身毒国。骞因盛言：'大夏在汉西南，慕中国。患匈奴隔其道。诚通蜀——身毒国，道便近，有利无害。'于是天子乃令王然于、柏始昌、吕越人等，使间出西夷西，指求身毒国。"可见张骞通西域之前中印已有交通，跟阿富汗等地有转口贸易，四川的蜀布、邛竹杖正是通过"蜀——身毒道"而传播出去的。

这条通路主要分为东西两条线路：

"第一条路古人称之为西夷道、零关道、旄牛道，即从成都——临邛（邛

---

[1] 袁庭栋. 巴蜀文化［M］. 沈阳：辽宁教育出版社，1991：259
[2] 司马迁（汉）. 史记（卷一二九. 货殖列传）［M］. 北京：中华书局，2011
[3] 四川省文物管理局. 四川文物志［M］. 成都：巴蜀书社，2005：514-515

州)——青衣(名山)——徙阳(天全)——严道(荥经)——旄牛(汉源)——阑县(越西)——笮秦(冕宁)——邛都(西昌)——会无(会理)——青蛉(大姚)——叶榆(大理)——永昌(保山)——密支那(或八莫)。

第二条路古人称之为南夷道、五尺道、石门道,即从僰道(宜宾)——南广(高县)——朱提(昭通)——味县(曲靖)——谷昌(昆明)。以后,一途入越南,一途由大理入缅甸。"[1]

由于南方丝绸之路贯穿西南多民族地区和东南亚诸国,穿越了多种文化和文明区域,因此它不仅是"丝绸"的专用商道,还是一条多元、多功能的"民族通道"和"贸易通道",更成为沟通中国西南地区与东南亚、南亚、西亚地区的文化走廊。交流中的文化碰撞和文化融合,为邛窑的器物设计首先带来了审美意识上的影响,反映在器物和纹饰上,就产生了诸多外来因素与本土因素结合后的形式,如:隋代邛窑器物上出现的褐彩、绿彩联珠纹,在唐代成都所产蜀锦上也较为多见。联珠纹是波斯萨珊王朝银饰上常见的纹饰,那些彩绘几何纹、竖条带纹等均带有阿拉伯、西亚风格。番莲纹和摩羯鱼的纹饰则来源于印度。另外,邛窑器物中大量的仿金银器的杯、碗、壶、盘、盒等,其器形原型都来自域外的金银器造型,如多曲长杯、海棠式杯、高脚杯、单耳小柄杯、鸭式杯等。不仅造型上模仿金银器,这些器物的纹饰和工艺也都吸收了西亚金银器的影响,具有强烈的异域风格。

唐代的胡化之风也通过巴蜀与外界的通道一同传来,在邛窑器物上体现得极为明显。这种"胡风"以西北民族风格为主,因唐高祖李渊的生母及唐太宗李世民的皇后都是鲜卑人,在皇室的影响下,名门贵族和平民百姓都有异族通婚的现象,长安城内"胡风"日盛。"开元,天宝之际,天下升平,而玄宗以声色犬马为羁縻诸王之策,重以蕃将大盛,异族人居长安者多,于是长安胡化盛极一时,此种胡化大率为西域之风好尚:服饰、饮食、宫室、乐舞、绘画、竞事纷泊;其及社会各方面,隐约皆有所化,好之者盖不仅帝王及一二贵戚达官已也。"[2]这种汉胡并存、民族间频繁交流是隋唐时期多元文化现象存在的基础。"胡风"的盛行也为邛窑器物设计带来了新的题材和风格。比如邛窑瓷塑中多见胡人俑(或俑头),服饰、发型、神态各异,造型生动。这些胡人均高

---

[1] 袁庭栋. 巴蜀文化[M]. 沈阳:辽宁教育出版社,1991:274
[2] 向达. 唐代长安与西域文明[M]. 北京:三联书店,1957:41

鼻、深目、络腮胡，装束中的帽子有尖瓣帽、平顶帽、折边帽等，着长袍或短衣，束腰带，脚穿尖头靴，有的手执缰绳，有的手抱犀角杯，形象生动。邛窑瓷壶造型中的净瓶源于印度，随佛教而入，绳纹类高执壶则取类于西域的银瓶，因而也被称为"胡瓶"。这些瓷器都是受到外来因素的影响而逐步形成的（图4-2至图4-5）。

褐绿双彩络腮胡包巾胡人头像　褐绿双彩络腮胡琵琶结包巾胡人头像　青绿釉圆窝帽胡人头像　褐绿双彩点鹰头翘尾帽胡人头像　褐绿双彩斑缨盔胡人头像　褐绿双彩点风帽胡人头像

图4-2 唐 邛窑胡人头像瓷塑

图4-3 唐 青瓷褐绿双彩斑胡人坠　图4-4 五代 低温绿釉骑狮小俑　图4-5 唐 青瓷胡人俑

由于巴蜀盆地内多条通往外界的走廊被打通，使得邛窑对外传播成为可能，因此有部分学者认为邛窑在唐宋时期也有瓷器外销的情况。20世纪30年代，时任华西大学博物馆长的美国学者葛维汉在他在文章最后的附记中提出："为了写《邛崃陶器》这篇文章，我获得权利去访问了欧、美一系列的博物馆，在大英博物馆中，藏有底格里斯河（Tigris）附近沙马拉（Samarna）和勃罗明纳巴德（Braminabad）遗址'原位'出土的中国陶器。这些属于公元800-900年的瓷片与邛窑出土遗物极为相似。"[1] 关于邛窑外销瓷的可能，四川学者余祖

---

1 (美) 葛维汉. 邛崃陶器 [A]. 四川古陶瓷研究 (一) [C]. 成都：四川省社会科学出版社，1984: 108

信、陈丽琼都曾进行了论证，虽然在目前来看，其确切结论还需要更多实物证据的支撑，但是随着研究的展开，这些问题将会更加清晰。

总之，正如黄晓枫说到的那样："邛窑器物的器型、装饰方法的形成，乃至烧造技术在邛窑的采用并不是结果，而在交流的背景下形成了邛窑的本土文化特征才是最终的结果。因此，邛窑器物设计的审美意识是产生于不同时期的外来文化因素与邛窑本身文化特征的融合之上的。"[1]正是这种既具封闭性、又具开放性的巴蜀文化，使巴蜀人形成了吸纳和包容、创新的思维方式，成为邛窑器物设计文化审美意识生成的基本土壤。

（二）生产方式：巴蜀地区发达的生产力水平与邛窑烧制工艺的发展

巴蜀地区自然地理条件的优越。良好的气候条件加上由河流冲积物冲击而成的肥沃土壤，为农业生产创造了有利的条件。"若以四川盆地与黄土之黄河平原比则无亢旱之虞，与冲击之江浙平原比则无卑湿之苦，与三熟之广东平原比则无水潦之患，与肥沃之松辽平原比则无霜雪之灾。"[2]因此，巴蜀自古以来就农业发达，手工业繁荣，经济上保持了从秦到宋的长期繁盛。秦汉时期，这里就是"水旱从人，不知饥馑""汉家食货，以为称首"的天府之国[3]。历经魏晋南北朝到唐，巴蜀的经济地位在全国名列前茅，最明显的反映是人口数量的增加。玄宗天宝元年（公元742年），"人口最多时不会低于1000万人"[4]，当时"剑南道的人口数，也占全国人口总数的8.05%"。[5]由于巴蜀经济的繁荣，唐后期又获"扬一益二"的称号，当时"扬州与成都号为天下繁侈，故称扬、益"[6]。成都成为全国最著名的商业都会。这一时期，巴蜀手工业中的纺织、盐业、茶业、造纸、雕印、造船、制糖，以及商业和交通都得到快速发展。唐时史料记

---

[1] 黄晓枫. 从考古发现看邛窑的文化特征[J]. 成都文物，2007，（2）

[2] 任乃强. 乡土史地讲义[C]. 任氏自印本，1929：27-28

[3] 常璩（晋）. 任乃强校注. 华阳国志校补图注[M]. 上海：上海古籍出版社，1987

[4] 袁庭栋. 巴蜀文化志[M]. 成都：四川出版集团巴蜀书社，2009：41

[5] 袁庭栋. 巴蜀文化志[M]. 成都：四川出版集团巴蜀书社，2009：46

[6] 李吉甫（唐）. 元和郡县志阙卷逸文（卷2）[M]. 上海：上海书店出版社，1994

录中也侧面反映了当时巴蜀地区发达的瓷业，据唐赵元一辑《奉天录》中记载："蜀主都门附近，窑门甚多，太史奏曰：'窑门出天子'。又诏：去城七里内诸窑，尽废之。"又据后蜀光远撰《鉴城录判木夹》卷二所载，晚唐时"李福尚书镇西川……，南蛮直犯梓潼，役陶匠二十万烧砖，欲塞剑门。"可见唐代巴蜀的窑场的规模之大，生产之发达。此外，唐代众多的文人画家的入蜀，也促进了巴蜀文化的繁荣，形成了良好的文化氛围。所有这些都成为邛窑创烧、发展的重要影响力。邛窑始烧于东晋，根据已经发掘的邛窑十方堂窑、固驿瓦窑山窑、成都青羊宫窑等窑址可以发现，这些窑场从南朝到隋代都处于摸索和发展阶段，器形单调，装饰简少，产量不高。而到了唐代则迅速达到了高峰。不仅造型样式繁多，装饰上也开始全面成熟。其时邛窑窑场规模之大，窑具之丰，出土器物的数量规模之众，都显示这是邛窑历史上最繁荣的时期。这与唐代巴蜀地区的经济发展状况是密不可分的。

在唐末的全国性战乱中，各地混战频仍，经济凋敝，巴蜀地区却较少受到影响。在前、后蜀政权的统治下，社会安定，社会发展基本上未受到影响，保持了"人物秀丽，土产繁华"的兴盛。《蜀梼杌》记载当时经济的发展时说："是时，蜀中久安，赋役俱省，斗米三钱。城中之人，子弟不识稻麦之苗，以笋芋俱生于林木之上，盖未尝出至郊外也"[1]。这种丰足富实的景象，恰与同时期的中原一带经常出现的两河大水，平民流亡者的悲惨情况形成鲜明对照。五代时期，巴蜀府库充溢，金银珠玉、文锦绫罗极为丰盛。宋王朝灭后蜀时，巴蜀基本上没有遭到大的破坏，经济仍然繁荣。五代和北宋时期的成都，是"列肆云罗，珠贝莹煌于三市；居人栉比，酋豪繁盛于五陵。俗尚嬉游，家多宴乐。既富且庶，役寡赋轻，古为奥区，今尤壮观"[2]。经济的发展与商品经济的繁荣，促进了技术的进步。农业、纺织业得到快速发展，茶叶产量跃居全国第一，茶马贸易长盛不衰，盐业生产自给有余，造纸、印刷驰名全国。由于商业的高度繁荣，成都产生了世界上最早的纸币——益州交子。在经济繁荣的基础上，巴蜀文化事业也得到空前发展，产生了以苏轼为首的"三苏父子"等驰名文坛的文学家，张栻、魏了翁等理学大师，范祖禹、李焘、李心传、王称、张

---

1 张唐英（宋）. 蜀梼杌（卷下）[A]. 丛书集成初编第3855册[C]. 北京：中华书局，1991
2 刘锡（宋）. 至道圣德颂[A]. 杨慎（明）辑全蜀艺文志（卷45）[C]. 民国影印本

唐英等一大批史学家。晚唐至五代时期,是邛窑生产的又一高峰。瓷器生产工艺在全国窑场中也一直保持着同期的较高水平,这与巴蜀地区长期繁荣的经济基础是密不可分的。综上所述,巴蜀地区发达的生产力水平,为邛窑器物设计工艺的进步与发展提供了物质保证。(图4-6至图4-8)

在经济繁荣、物质丰富的基础上,邛窑的生产工艺得到了长足的发展。生产力水平决定了生产的技术、能力、规模,更为邛窑器物设计审美意识的形成提供了物质基础。只有在不断提高生产技术的同时,才能使器物的质地、外观呈现得更加完美。"人的察觉节奏和欣赏节奏的能力,是原始社会的生产者在自己劳动的过程中乐意服从一定的拍子,并且在生产性的身体运动上伴以均匀的唱的声音和挂在身上的各种东西发出的有节奏的响声。但是,原始社会的生产者所服从的拍子又是什么决定的呢?为什么在他的生产性的身体运动中恰好遵照着这种而非另一种的节奏呢?这决定于一定生产过程的技术操作性质,

图4-6 邛崃十方堂窑龙窑外观

图4-7 邛崃十方堂窑龙窑内部

图4-8 邛崃十方堂窑匣钵堆积

决定于一定生产的技术。"[1]邛窑的审美创新，无不是在技术创新的基础上才能完成。如十方堂较早地采用了匣钵烧制法，"匣钵可起到盛装和支架的双重作用，同时还能使装烧物受热均匀，避免燃烧气体和灰粉侵蚀污损坯面，使产品器形端正，器壁减薄，釉面光润，有效地提高了产品质量。"[2]晚唐时期邛窑首创的小巧精致的三齿芝麻钉，齿尖仅有针尖般大小，烧出的器物上留下的支钉痕也十分细小。这种支钉用于烧制邛三彩这类内外满釉的产品，能够获得优美的外观，满足实用者的审美需求。不仅如此，邛窑的窑具种类繁多，时代特征明显，"历代瓷器的装烧工艺都有鲜明的特点，其工艺水平基本能跟全国陶瓷发展的水平同步，有些工艺甚至处于领先水平。从东晋南朝到两宋九百多年的岁月里，邛窑陶瓷经历了从用瓷石间隔叠烧到支钉的广泛应用，从无匣钵的明火叠烧到用匣钵装烧，从一匣多件发展到一匣一器，以及三角形三齿支钉、三角形圆孔垫板和火标的使用等一系列的重大技术革新。纵观邛窑陶瓷的东晋南朝至两宋时期窑具及装烧工艺的发展演变，自始至终都贯穿着既要不断提高瓷器的质量，又要不断降低成本，提高产量，扩大生产的目的。邛窑陶瓷窑具及装烧工艺的不断革新，使得邛窑瓷器产量不断增加，产品品质不断得到提高，制瓷业得到迅猛发展，成为我国隋唐两宋时期著名的民间窑厂。"[3]（图4-9、图4-10）

图4-9 唐至宋 邛窑匣钵器物叠烧标本

图4-10 五代至宋初 邛窑三齿支钉

---

1 (俄) 普列汉诺夫. 曹葆华译. 论艺术（没有地址的信）[M]. 生活·读书·新知三联书店, 1973: 35

2 伍秋鹏. 邛窑陶瓷窑具与装烧工艺初探 [J]. 四川文物, 2005, (1)

3 伍秋鹏. 邛窑陶瓷窑具与装烧工艺初探 [J]. 四川文物, 2005, (1)

（三）生活方式：巴蜀世俗文化与邛窑器物设计中的强烈生活气息

世俗文化主要指民间、民俗文化。"世俗文化具有文化内容的广泛性和多样性、文化传承的恒久性和民族性，是中华民族传统文化产生、发展的源泉，富含民间的习俗、信仰、礼仪、……反映了下层民众的喜怒哀乐、志趣爱好、人生理想、信仰和风俗。"[1]人们生活习俗的流变对器物的造型和装饰设计产生了较大影响。

巴蜀地区的世俗文化，与同时期中原和南方的世俗文化有着许多相同之处。比如六朝时期，魏晋名士崇尚玄学清谈，讲究言行举止的体态和风度，重视仪表和服饰，整个社会都追求一种带有女性特征的阴柔之美。颜之推的《勉学篇》记载："梁朝全盛之时，贵游子弟，多无学术，至于谚云'上车不落则著作，体中何如则秘书'。无不熏衣剃面，傅粉施朱，驾长檐车，跟高齿屐，坐棋子方褥，凭斑丝隐囊，列器玩于左右，从容出入，望若神仙。"[2]在此社会风尚的影响之下，香熏之风日盛，又由于六朝人士"口吐玄言，挥麈击壶"的生活习俗，对唾壶的需求日增。蔡邕《表》曰："诏赐薰炉、唾壶，朝廷之恩，前后重叠，父母于子，无以加此。"[3]青瓷香熏和唾壶在各大瓷窑大量烧制，邛窑也受此社会习俗的影响，此两类器物多有产出（图4-11、图4-12）。

图4-11 唐 乳浊绿釉唾壶

饮食文化是民俗文化中很重要的一部分。川菜一直以来是巴蜀文化中的一个重要代表。饮食习惯第一是讲滋味。《华阳国志·蜀志》中总结蜀人的特点为："多斑采文章""尚滋味""好辛香""君子精敏，小人鬼黠""多悍勇"，其中与饮食有关就占了两点，足以说明巴蜀地区讲究滋味的习性由来已久。秦汉时期的画像砖和画像石中常出现反映庖厨、宴饮、酿酒的画面，左思在其《蜀都赋》中有这样的描述："吉日良辰，置酒高堂，以御嘉宾。金罍中

图4-12 宋 乳浊绿釉五足印香炉盘

---

1 孙长初. 中国古代设计艺术思想论纲[M]. 重庆：重庆大学出版社，2010：65
2 吴功正. 六朝美学史[M]. 南京：江苏美术出版社，1994：98
3 李昉（宋）. 太平御览[M]. 石家庄：河北教育出版社，2000：513

坐,肴槅四陈,觞以清醇,鲜以紫鳞,羽爵竞执,丝竹乃发"。这里面提到的精美食品以及罍、槅、觞、爵等食器,从一个侧面反映了巴蜀地区对饮食的讲究。巴蜀地区社会经济的发达,这种尚食尚味的生活习俗在民间相当普遍。制作精细的食品必然要求与之相配的食器。因此,当瓷质食器开始出现以后,在邛窑的产品构成中,数量最大、种类最多、器形最富的,就是生活器皿中的食器。各种造型、各种尺寸的碗、盘、碟、盏、杯、瓶、钵、豆、盆等大量出现,且随着时代发展而不断地变换器形的设计和器表的装饰,极尽创新之能事。如在邛窑十方堂出土的器物中,碗有4型35式,盘有6型22式,盆有3型14式,钵有5型17式,豆有2型8式,杯有4型22式等,无论口、腹、底足的形制还是修饰器表的釉色、纹样等,都不断地翻新变化,这些无不是为满足民间饮食文化的需求而迎合市场的生产行为(图4-13)。

在巴蜀的饮食文化中,酒的酿造是十分重要的一个方面。巴蜀自古多美酒,在3000年前至3500年前的三星堆文化遗址中就发现了大量陶制和青铜酒器,如盉、杯、盏、瓶、觚、壶、勺、缸、罍、尊、方彝等,从酿造、贮藏到饮用的酒器亦应有尽有,说明在当时的巴蜀地区就有了相当高的酿酒水平。1976年,绵竹出土了战国中期的铜、提梁壶等11件,证明在中国名酒剑南春的发源地,至少在2400年前已开始酿酒。1964年在成都百花潭中学战国墓出土的宴乐铜壶,便全面呈现了当时人们举杯豪饮的场面。由南北朝到盛唐,巴蜀地区名酒辈出,"剑南烧春"已经成为宫廷的贡酒,民间饮酒风气更甚。以后历朝巴蜀酒业的发展一直都处于全国的领先地位,直至今日依旧如此。尚酒的习俗,逐渐发展成为一种文化现象,社会民众对酒器的需求也日益增长。为适酿酒、饮酒之用,早期的酒器有陶、青铜酒器和漆酒器和金、银等贵重金属制品,瓷器出现之后,就代替了其他材质而成为民间使用的主要酒器。作为在古代巴蜀历史上最大的瓷窑系,邛窑生产的酒器类型丰富,造型各异。用于注酒的壶有瓜棱壶、执壶、双耳弓柄壶、双耳无柄壶;手执的把柄有弓形柄、曲柄;流有短流、长流、双流等;储酒的瓶,有梅瓶、葫芦瓶、双耳瓶、瓜棱瓶;罐有四系罐、瓜棱形罐、敛口罐、双耳罐、四耳罐等。在一些器身上还有"醴""酒"等文字,表明其酒器的用途。饮酒的器具主要有碗、

青瓷绿草叶纹高足盏 白瓷褐绿双彩高足盏
图4-13 唐 邛窑高足盏

盏、杯等。杯的造型之丰富，为同时期窑口所罕见，如无耳杯，有敞口、侈口、圆唇、尖唇、弧腹、斜直腹等样式；单耳杯，有七曲花瓣口、侈口、敞口、敛口等造型；高足杯也分弧腹和斜直腹几种，还有独特的提梁杯、三联杯，这两种形制的杯更具有审美装饰的意义。值得注意的是，邛窑的绝大部分酒器注重器表的装饰，彩绘纹样丰富，器身造型规整，还有模仿金银器造型的单耳小柄杯等，说明在当时酒器已经被赋予了文化的内涵，不再仅仅是一种实用器皿了（图4-14）。

唐 青瓷褐绿双彩条纹带杯　　唐 青瓷褐彩"蜀"字罐　　五代 低温黄釉执壶

图4-14 唐至五代 邛窑酒具

"道源在蜀"是巴蜀文化的重要内涵之一，而另一内涵"仙源在蜀"对巴蜀的影响则更为长久。从3000年前的三星堆人面鸟身像、人身鸟足像，到金沙的太阳神鸟图像，就已经能看到巴蜀先民追求"羽化飞仙"的仙道思想，这种思想在古代巴蜀地区流行了3000年后，最终这种仙道思想成为道教的三大来源之一[1]。因而道家思想在形成和发展过程中始终和神仙思想密切相联，表现为东汉画像石、画像砖里那些追求入道成仙、羽化升天、避邪驱鬼、礼敬天地、祈吉富贵、魂魄不死等理想化的生产、生活场景。至汉代，追求长生不老和修炼升仙成为巴蜀社会主流思潮，这种思潮与巴蜀传统的"树崇拜"习俗相结合，产生了西南地区广为流传的明器——摇钱树。摇钱树造型为陶瓷树座和青铜树身两部分构成，其上铸造和雕刻有西王母、朱雀、龙虎、辟邪、蟾蜍、骑羊、鬼、熊、仙山、音乐歌舞和杂技表演、神佛、羽人、铜钱等形象，充分反映了汉代民间求神求富贵的思想。摇钱树仅仅在东汉初期至蜀汉晚期流行，晋之后就难见踪迹。在历代的装饰、绘画中都难以看到摇钱树的形象，但却在唐

---

[1] 袁庭栋. 巴蜀文化志［M］. 成都：四川出版集团巴蜀书社，2009：195

代邛窑的彩绘中保留下来，成为瓷器纹样的装饰题材。邛窑工匠创造性地将这种具有明显地域特征的器物形象进行抽象后，作为一种彩绘纹样移植到了瓷器表面。这种图像的模仿技巧极为高超，工匠们删繁就简地去除了那些繁杂的动物、人物形象，将摇钱树的整体树身、枝干、树座的轮廓保留下来，用卷曲的树梢代替了摇钱树树枝上的钱币和神异纹样，使图像变得简洁、生动又富有神韵。通过简化削弱了摇钱树所代表的羽化飞升的神秘意义，而将其变成一个更具装饰性的纹样。这种将民间信仰因素艺术化地吸收为装饰题材的创作方式，在邛窑的器物设计中也是比较多见的，恰恰也显示了邛窑作为民间瓷窑的世俗性特征。

在中国民间文化中，茶文化堪比酒文化，二者缺一不可。茶文化包括了以茶为中心的一切文化现象，包括茶的种植、研制、开发，茶具的生产、加工，特殊茶风俗的形成，以及与其他文化相融而形成的各种艺术形态等。巴蜀是茶的起源地，茶文化更是源远流长。常璩在《华阳国志·巴志》中记述到："周武王伐纣，实得巴蜀之师，著于尚书……丹、漆、茶、蜜……皆纳贡之"。即是说在三千多年前的巴蜀一带就已经用茶作为贡品了。目前可知姓名的最早的种茶人是西汉宣帝年间在名山县蒙山种茶的吴理真。蒙顶山所产蒙顶石花是唐代名茶之一。唐人李肇《唐国史补》卷下载："风俗贵茶，茶之名品益众，剑南有蒙顶石花，或小方，或散牙，号为第一。"李白也曾诗曰："扬子江中水，蒙顶山上茶。"由于巴蜀地区长期以来的饮茶习俗，形成了对于瓷制茶具的需求；同时，不同时代的饮茶习惯有所不同，也使得茶具的造型设计不断推陈出新。唐代的茶被制成"团"或"饼"状，饮用前需要烤炙碾细后再用风炉烹煮，因此常用的制茶器具有茶铫、茶铛、茶鼎、茶碾、镭钵、茶炉等，饮茶器具有壶、盏、杯、碗、茶托等邛窑的茶具器形多样，仅茶研就有多类，最为精美的是鱼形茶研，鱼形器身的外壁多以彩绘装饰，内壁布满细小的突起；另有一种常见的圆形研钵，钵体较浅，钵内布满突点；还有青釉褐彩的茶擂和擂棒，也是用来碾细茶饼之用。邛窑出产的茶托以花朵造型为最精。这种茶托最初是为防止茶杯烫手而出现的。据唐李济翁《资暇集》载："茶托子，始建中（780—783），蜀相崔宁之女以茶杯无衬，病其烫指，取碟子承之。即啜而杯倾，乃以蜡环碟子之央，其杯遂定。即命匠以漆环代蜡，进于蜀相，蜀相奇之，为制名而话于宾亲，人人为便，用于代。是后，传者更环其底，愈新其制，以至百状焉。"对实用功能的需求，催生了新的造型，在生产和使用过程中逐渐又产生了新的审美需求。因此，邛窑生产的茶托，非常注重造型的功能性和审美性的结合，那就是将原本简朴的托上承杯的造型，变为莲花、葵花等造型，增加了茶文化的审美内涵（图4-15）。

青瓷釉下双彩　　青瓷荷花形茶托　　青瓷绿彩点擂棒　褐釉窑变茶研　　　青瓷熟盂
带盖鍑形罐

图4-15 唐 邛窑茶器

由于饮茶习俗在全国的风行，文人墨客对茶器日渐讲究。唐代陆羽在《茶经》中对当时各大瓷窑所产茶器有过这样的品评："越州上，鼎州次，婺州次，岳州次，寿州、洪州次。或者以邢州处越州上，殊为不然。若邢瓷类银，越瓷类玉，邢不如越一也；若邢瓷类雪，则越瓷类冰，邢不如越二也；邢瓷白而茶色丹，越瓷青而茶色绿，邢不如越三也。"在唐代，越窑的青瓷和邢窑的白瓷分别代表了南北方制瓷业的最高成就，二者交相辉映，形成"南青北白"的发展状况。陆羽的《茶经》之中并没有提到邛窑之名，究其原因，也许还是因邛窑瓷土的先天不足，虽然有部分胎细、釉精的产品，但大多数青瓷产品的质地、釉色始终无法达到南方瓷器的精美程度。同时，一直以来，邛窑的白瓷极少，并非产品的主流。因此邛窑的茶具很难与当时各大名窑相抗衡。到了宋代，饮茶习俗由煎茶法变为点茶法，不再研磨煎煮，而是将茶叶末放入茶碗，注入少量沸水调成糊状，然后再注入沸水；或者直接向茶碗中注入沸水，同时用茶筅搅动，使茶末上浮，形成粥面。宋人喜好聚众评茶，而形成"斗茶"的风气。"斗茶先斗色"，为更好呈现白色茶汤的美感，黑瓷茶盏受到热崇。宋朝任福建漕司（监制贡茶事）的蔡襄在奉旨修撰的《茶录》一书中说："茶色白，宜黑盏，建安所造者绀黑，纹如兔毫，其坯微厚，最为要用。出他处者，火薄或色紫，皆不及也。其青白盏，斗试家之不用。"由于斗茶喜用白茶，黑白对比分明，故以黑瓷茶盏最为要用。邛窑历代均不出产黑釉瓷器，此时广元窑生产的黑瓷产品开始受到市场欢迎，因此邛窑茶具在宋时也较少生产了（图4-16）。

| 酱褐釉鍑形罐 | 酱釉黄斑彩煎茶瓶 | 乳浊绿釉铫子 | 乳浊蓝绿釉茶盏 |

图4-16 宋 邛窑茶器

（四）信仰方式：巴蜀地区宗教文化与邛窑器物设计审美观念

"我国的宗教与传统文化有着广泛而密切的联系，是我国传统文化不可分割的一部分。巴蜀地区各种宗教的发展在我国宗教史上占有十分重要的地位，既是道教的发源地，又曾是南方佛教的中心地区。直到今天，鹤鸣山仍是道教的祖庭所在，峨眉山仍是佛教名山，在我国的宗教生活中有着重要的作用。"[1]

道教是我国土生土长的宗教，对中国文化的影响甚巨。鲁迅在谈到道教的影响时曾表示："前曾言中国根柢全在道教，此说近颇广行。以此读史，有多种问题可以迎刃而解。"[2]道教的创教之地就在巴蜀。其创始人张陵（公元34—156年）是沛国丰（今江苏丰县）人，据葛洪《神仙传》及《道藏》中所收获的《汉天师世家》所载，他7岁开始读《老子》，通晓天文、地理、图谶之学。年轻时曾入蜀山，受到巴蜀"仙道"、"鬼巫"一类宗教习俗的深刻影响。永平二年（公元59年）任巴郡江州（今重庆）令，后来，弃官入洛，又辗转入蜀，在西蜀鹤鸣山（今大邑县境内）学道，于汉安元年（公元142年）在这里创立了"天师正一盟威"道，即天师道，这也就是后来传遍全国的道教。此后天师道的发展衍变不绝如缕，三国时代，张陵之孙张鲁凭天师道"雄踞巴汉三十余载"。成汉时，李雄的国师范长生以青城山作根据地，率千余家传道，被尊为天地太师。由于受到皇室的扶持，唐代道教发展到最为兴盛的时期，青城山由此也确立了道教的统治地位。成都城内最著名的宫观青羊宫原名青羊肆，相传

---

[1] 袁庭栋. 巴蜀文化 [M]. 沈阳：辽宁教育出版社，1991：193

[2] 鲁迅. 致许寿裳 [A]. 鲁迅全集（第十一卷）[C]. 北京：人民文学出版社，1981：353

是老子出关见关尹之处，唐僖宗中和三年（公元883年）改为青羊宫。宫内现存两尊铜羊（俗称青羊）以及八角亭、吕纯阳石刻等著名建筑，至今仍是巴蜀地区重要的道教场所。五代前蜀时，道教著名领袖杜光庭定居青城山白云溪清都观，即今祖师殿，主持青城山及全蜀教务，他的《道德真经广圣义》等著作为道教理论建设作出了巨大贡献。明代，传说张三丰曾住成都二仙庵，张三丰为武当山道教南派，因此巴蜀地区武当派颇盛，真武宫观也很普遍。

历朝以来，道教传统对巴蜀地区的影响深入民间，对艺术也产生了重要影响，整个盆地内有多处道教遗存，其中以大足石刻中的道教造像最为系统和完整，在中国美术史上占有重要地位。在邛窑的主产地邛崃地区道教极为昌盛，至今存留的道教名胜不少，同时也对邛窑的器物设计产生了影响。现藏中国历史博物馆的两个书有年款的唐代彩绘瓷碗中保留了极为珍贵的道教图像：

"（一）天宝七载（748）邛窑瓷碗，高4.3厘米，口径14厘米，足径5厘米。圆唇，口微敛，坦底，璧形足。内外施灰青色釉，外壁釉不到底，底足无釉，露灰褐色胎。胎质疏松，碗内有气泡。碗心有釉下青褐釉色彩书竖行年款'天宝七载午时造'七字。在文字右侧绘一人立于云端，右手指向碗心，左手挥长剑上举。左侧画足踏彩云的人面怪兽。此系绘道家驱邪除怪作法之内容。

（二）开成元年（836）邛窑碗，高6.1厘米，口径17.2厘米，足径8.6厘米。碗内外施青釉，外壁釉不到底。底无釉，露紫红色胎和螺旋状削痕。碗中心有赭褐色釉下彩绘横形水波纹三条，水波两侧各斜出一长柄的星体，水波之下，有一'水'字，字下两端各有一枚星体的横线，横线下有'火'字，'字'下为火焰状纹样。在一长串由星、水、火等重叠起来的图像之右侧，有褐彩竖书'开成元年'、'十月造用'款。左侧书'日月星辰'和'土木'两竖行文字。绘此亦系到家祀皇天、星辰、祛病、疗病法事的内容。"[1]。

可见，道教的观念和行为成为了邛窑器物装饰的一种意识来源和创作主题。四川原道文化博物馆收藏的宋代琉璃厂窑生产的道教符碗，也反映了盛行民间的道教文化。这批符碗共12个，碗内有泥土痕迹。碗为唇口，斜腹壁、浅圈足，碗高5厘米，口径16.5厘米，足径6.5cm；内外壁为青褐色釉，外壁釉没有包底而碗底呈砖红色；在每个碗的内壁中心绘有层次分明、道教风格明显象

---

[1] 四川省文物管理局. 四川文物志［M］. 成都：巴蜀书社，2005：523

征天地神灵的'符',碗内壁沿可以清楚地看到'东方神符'字样。"[1]尽管这批瓷器造型简单,胎质粗糙,但这些"符"却极为真实地再现了在道教影响下的民间社会生活习俗。在医疗条件贫乏的古代,"符"画于碗内一般是为病人喝符水而用,以此祛病,在道教中被称为"服符"。因此,这批瓷碗上的"符"形图像,是具有非装饰性的特殊含义的图像。这在邛窑的器物中非常少见。此外,邛窑还生产有道士头像、背葫芦的道士像等瓷塑作品,这些均是道教文化在器物设计中的反映(图4-17)。

图4-17 宋 青釉褐红彩道教符碗

佛教是我国古代最重要的宗教之一。传统的观念认为,佛教传入中国的时间为汉明帝时期,朝廷专门派人到西方学习佛法并迎来天竺僧人迦叶摩腾,在洛阳建立了我国第一座佛寺白马寺。[2]但根据近年的研究和考古发现,佛教传入我国的途径是多源的。"巴蜀的佛教应是大致与从西域入中原的时间相仿或甚至更早,由早已开通的南方丝绸之路从印度由缅甸入云南再到巴蜀的。"[3]印度、中亚和西亚同我国古代的联系主要通过西域入南海,和滇缅五尺道、旄牛道三条路线。古巴蜀位于这三条路线的交会点,佛教文化上也体现出南传与北传佛教相交融的特征,并与巴蜀本土文化紧密结合在一起。巴蜀地区已发现不少东汉晚期的佛教造像,据罗二虎统计:截止到2001年即在西南地区的12处确切出土地点共发现早期佛像32尊以上[4]。这些佛像大都出现于东汉崖墓中出土的摇钱树的树干或树座上,摇钱树上常见莲花、羽人与西王母相伴,这是佛教传入初期仙佛相混的特征,具有很强烈的地域特征。"其初传入,挟带一整套的地狱观念,佛陀作为地狱救赎者的形象被组合在昆仑信仰系统中。之后,随着人们认识的逐渐加深,佛教作为一种独特的信仰体系方才逐渐从昆仑信仰

---

[1] 吴加进. 邛窑"道教符碗"浅论[A]. 全国第九届民间收藏文化高层(成都)论坛文集·四川古代陶瓷文化研讨[C]. 2009: 210
[2] 任继愈. 中国佛教史[M]. 北京: 中国社会科学出版社, 1981
[3] 袁庭栋. 巴蜀文化志[M]. 成都: 四川出版集团巴蜀书社, 2009: 193
[4] 段玉明. 从出土文物看巴蜀早期佛教[J]. 四川文物, 2008, (3)

体系中独立出来，而其表现则是佛陀取代西王母堂而皇之地坐上了摇钱树顶端。"[1] "虽然这些东汉至蜀墓中出土的文物大抵均无确切年代，但以丰都摇钱树座明确纪年为"延光四年"（公元125年）推测，佛教传入巴蜀应不晚于东汉中期。"[2] 由于同一时期中原地区还未见东汉佛像遗物和佛塔痕迹，但巴蜀地区却已有佛像和佛塔的图像大量涌现于摇钱树和画像石、画像砖上，有学者推断，这必是佛教已传入有了较长时间，才有可能反映在艺术形象上，因此认为巴蜀佛教有可能不是经过西域——中原的途径输入，而是从南方传入的，而这些佛教图像则可看作我们目前已知的佛教南传入中国的最早的实物证据。

佛教传入巴蜀以后，不断向全境发展。历经魏晋南北朝时期的广泛传播，唐宋时达到高峰。这一时期北传禅宗与南传密宗的影响也到达巴蜀。佛教的兴盛使巴蜀成为我国佛教石刻造像最多的省份，其分布之广，造像之多，题材之富，风格之异，技术之精，为全国所仅见。同时，佛教对巴蜀社会的世俗生活也产生了重大影响，成为邛窑器物设计的装饰题材和创作来源。从装饰上看，从南北朝时代的青瓷以刻划的莲瓣作为器表装饰开始，莲花纹样就一直存在于邛窑的烧制历史中，邛窑工匠运用刻划、印花、贴花、瓷塑等各种装饰手法，将莲花形象移植于瓷器的造型和装饰之中。以莲花为主题的装饰题材，展示了佛教对工艺美术的深刻影响。刻花纹和印花纹中较多出现的飞天形象，也是佛教文化的产物。摩羯纹也与佛教文化有关。"摩羯"，亦作"摩伽罗"，梵语makara的译音。摩羯本是佛教文化中一种长鼻、利齿、鱼身的动物，东汉随佛教传入我国后，与中国的"鱼化龙"纹结合，其纹样逐渐中国化。邛窑多以摩羯纹印制于碗底、盘底，或作为臼磨器的造型瓷塑中的佛教题材多见于佛像，还有菩萨像、天王、力士等。邛窑的佛像尤其制作精细，大多高仅9~11厘米，艺术创作上借鉴了佛教雕塑的技法，线条刻划细腻，有曹衣出水之风。且一般都施精美的三彩绿釉，显示了佛像的尊崇地位。在器型方面，唐宋时期邛窑生产的净瓶，梵语称军持，是僧人云游时随身携带的贮水器，佛教僧侣"十八物"之一。陆游《入蜀记》曾提到："远公之侧又有一人执军持侍立，谓之辟蛇童子。"瓷质净瓶流行于唐、宋、辽时期，邛窑生产的军持有绿釉、酱

---

[1] 段玉明. 从出土文物看巴蜀早期佛教［J］. 四川文物，2008，(3)
[2] 段玉明. 从出土文物看巴蜀早期佛教［J］. 四川文物，2008，(3)

釉、青釉、高温三彩釉等装饰，造型与同期流行样式一致。邛窑出产较多的香炉也与敬佛礼仪相关，除了基本的三足炉、五足炉，还出产一种独特的五佛脚炉，其炉盘和炉座之间用五个模制的佛像粘接支撑，这五个佛像集装饰性、功能性、精神性为一体，显示了高超的制作工艺和独特的设计思想。邛窑的莲花造型香炉也具有极高的审美价值。在装饰纹样中，部分具有佛教意义的概念也与民俗吉祥寓意结合，其中典型的有"莲生贵子"。在邛窑琉璃厂生产的的刻绘大盘中就出现了儿童戏莲图像，乃是宗教世俗化的一种体现。佛教文化在邛窑的器物设计中成为一种延续不断的审美源流（图4-18至图4-20）。

唐 青瓷小佛像　　唐 青瓷釉下双彩骑象坐俑　　唐 邛三彩绿釉净瓶　　五代 低温黄绿釉堆贴莲瓣高足薰炉

图4-18 唐至五代 邛窑佛教器物

褐釉五足香炉　　　　乳浊绿釉立耳鼎式香炉　　　　乳浊绿釉行炉

图4-19 宋 邛窑香炉

图4-20 唐 褐绿双彩宝相花纹摩羯形臼磨器

三、唐宋美学嬗变与邛窑器物设计审美文化的历史命运

从邛窑每个时期装饰上的色彩、纹样来看，其总体历史发展脉络明显地呈现出一种不断变化的趋势，尤其在唐宋时期的变化更为强烈。这种变化与各时代的装饰技术和经济发展水平息息相关，但如果重点考察唐宋时期的美学思想和审美观念就会发现，在本质上，邛窑装饰的嬗变是美学流变的一种直观反映。这种直观反映首先表现在，邛窑以装饰为重的意识正是在唐代美学风尚的影响下而逐步确立的。

（一）邛窑原料劣势与唐代美学的矛盾：邛窑器物设计创新的原动力

在瓷器装饰中，釉和胎是基础。瓷器的质、色、意、韵均是在胎和釉的完美结合的基础上形成。其中，瓷胎的成分和质地对器物烧成后的审美外观起到非常重要的作用。细腻、致密、洁净的瓷胎是烧制优质瓷器的重要前提。从这个角度上来说，邛窑瓷器是先天不足的。由于缺少优质瓷土，邛窑采用了含铁量较高的黏土制胎[1]，导致烧成后胎色多呈灰白、灰黄、灰黑、褐红或紫红等色，这也使得大部分产品稍显粗糙而精细不足。但邛窑的材料劣势并没有影响到后天的发展。相反，入唐以后，邛窑的烧制规模极大扩张，产品形式丰富多样，装饰面貌突然之间焕然一新。在邛窑的两处代表性窑址中均发现，隋代器物仅有少量彩点、彩斑装饰，而唐代文化层中则出现大量品种丰富的釉下彩瓷器[2]。这些彩绘瓷开创了多色彩绘瓷的第一个历史高峰，也对晚唐长沙窑的出现产生了重要影响。

那么，邛窑在隋代开始出现的装饰探索，到唐代为何突然爆发为一种内在的本质的追求？在唐代名窑林立，"南青北白"的瓷器局面下，原料先天不足的邛窑为何却获得了空前的发展？要厘清这些问题，必须从时代美学的流变与

---

[1] 根据科学测试手段测试的结果，邛窑的胎中有粗颗粒胎料和大块富铁矿物质存在，见张福康. 邛崃窑和长沙窑的烧造工艺 [A]. 邛窑古陶瓷研究 [C]. 合肥：中国科学技术大学出版社，2002：56
[2] 陈显双，尚崇伟. 邛窑古陶瓷简论——考古发掘简报 [A]. 邛窑古陶瓷研究 [C]. 合肥：中国科学技术大学出版社，2002；四川省文物管理委员会，四川省文物考古研究所 四川省邛崃县文物管理所. 四川邛崃县固驿瓦窑山古瓷窑遗址发掘简报 [A]. 南方民族考古（第三辑）[C]. 成都：四川科学技术出版社，1990

瓷器审美的关系中去寻求答案。

秦汉原始瓷时期,人们尚处于解决烧制技术问题的阶段,在造型和装饰上多仿造青铜器,独立的瓷器审美体系尚未形成。东汉晚期至六朝,瓷器生产进入成熟阶段,瓷器已经代替了漆、竹、木、陶、金属等手工业制品,作为普通民众生活的主要器用,受到时代美学影响的瓷器审美开始渐渐形成。魏晋南北朝时期的"士人美学"追求"从竹林之狂到兰亭之情到山水之乐"[1],艺术上崇尚"秀骨清像"之美。这一时期青瓷的勃兴折射出时代美学的影响。青瓷的美感来源于釉色与质地的和谐统一,其审美意蕴与六朝时期"气韵生动""以形写神""澄怀味像"等审美风尚具有内在的同质性。因而在青瓷装饰上以单色青釉为主。以越窑为代表的南方青瓷达到了极高的水准,釉色淡雅莹润,光泽透明。在这一时期,邛窑青瓷的装饰风格与南方青瓷相似。但邛窑工匠已明确地意识到了原料劣势的问题,从南朝起开始使用"化妆土"技术来美化胎体,创烧不透明的高温乳浊铜绿釉以更好地掩饰胎质粗糙、胎色不匀的弱点。隋代,全国青瓷窑口增多,南方除越窑以外,安徽淮南窑、湖南湘阴窑及北方的河南安阳窑、巩县窑,河北磁县贾壁村窑等都烧制青瓷,且烧造技术较高。而隋代邛窑在发展青瓷的同时,逐渐出现少量乳白釉、窑变釉,并开始发展彩绘,这预示着邛窑对新的装饰方式的探索的开始。但总体而言,这种意识依然是不明确的,在这一时期,邛窑的主要造型和装饰均呈现出与同时期其他窑口的相似性。

唐代初期,由于国力强盛和生活富足,唐代文化呈现繁荣富丽的景象,瓷器与民众日常生活的关系的紧密程度远远超过了前代。瓷器开始代替金银用器,体现出极高的使用价值。唐代的技术进步与唐代美学风尚相互推动,使瓷器发展到高峰。以南方越窑为代表的青瓷和以北方邢窑为代表的白瓷形成了"南青北白"的对峙局面。"越瓷类玉,邢瓷类银,越瓷类冰,邢瓷类雪"是唐代瓷器美学的主流趣味。越窑青瓷光洁玉润的釉质、色调清冷、雅而不浮的釉色,与唐代文人对佛禅境界、水墨意境的追求不谋而合;白瓷烧制工艺技术也达到了相当水准,甚至与南方青瓷相媲美,饮茶文化的蓬勃发展也促成了民众对白瓷的追捧。因此,在青瓷、白瓷名窑林立的唐代,邛窑必须克服原料先天

---

[1] 张法. 中国美学史[M]. 成都: 四川人民出版社, 2006: 88

不足的弱点，获取与众不同的外观以赢得产品使用者的喜爱。在长期的摸索中，邛窑最终开辟了一条不以胎质釉质取胜，而以极其丰富的色彩、与众不同的纹饰来装饰产品的道路。于是，始于南朝、发展于隋代的彩绘瓷成为唐代邛窑突破困境的首要选择。邛窑彩绘以红、褐、黄、绿等色彩、气韵生动简括抽象的纹样、写意与没骨的技法，为素淡的青瓷带来了新的装饰风貌。这种完全异于青瓷、白瓷的新创瓷器品类，以图像和色彩形成独特的韵味，转移了观赏者对于胎釉质地的关注，从而为瓷器审美开辟了新的道路。这条道路也突破了青瓷审美的惯常方式，既是对时代审美的顺应，也是一种超越。因此，从根源上说，正是原材料先天不足的劣势与唐代美学、瓷器审美之间的矛盾产生了一种强大的张力，从而成为邛窑大胆发展彩绘装饰的意识源流。这种矛盾激发了邛窑持续不断地装饰创新，并在特定的时期内，这种创新最终将劣势转化为了一种优势，从而使邛窑发展成为古代巴蜀地区规模最大、产品最丰富、且在陶瓷史上留下了多项创造的青瓷窑系。

（二）唐代美学与邛窑装饰发展的突破与创新：邛窑彩绘瓷、邛三彩的兴盛

前已述及，从审美风格上来看，邛窑彩绘瓷与同时期的青瓷和白瓷迥异，但却在初唐至中唐时期盛极一时，进入了巴蜀地区的各阶层的日常生活。这似乎是与唐代主流的瓷器美学相悖的。但是，新兴的邛窑彩绘装饰能突破"南青北白"的主流审美，获得极大的发展，恰恰又是因为它迎合了唐代的审美文化的另外一种趣味。

张法在《中国美学史》中概括了与唐代美学相关的唐代文化的四大特点："一、容纳四海的开放胸怀；二、科举制与士人朝气；三、三教并重与思想自由；四、文化之盛与百代之中。"[1]总体上说，唐代文化具有包容万有的气魄和开朗豪迈的风貌。在审美趣味上，既崇尚佛道禅味的空无之境，又追求热烈、奔放、自由、浪漫之美。正是这种包容的美学特质使邛窑彩绘获得了发展空间。"唐代整个陶瓷的普及，使得这个时代陶瓷在艺术风格上既有雍容典雅的

---

[1] 张法. 中国美学史［M］. 成都：四川人民出版社，2006：123-125

大唐风范，器物造型饱满、外突、丰腴；同时，又有多种风格共存，如早期的秀美、工整、质朴，中期的富丽、丰满等。"[1]在这种审美风尚之下，不仅典雅的青瓷和白瓷能得到世人的喜爱，色彩丰富纹饰生动的邛窑彩绘瓷也成为巴蜀各阶层民众的日常生活用器，尤其在万象更新、气势恢宏的初唐至盛唐时期，邛窑彩绘瓷更以写意大气的风格、寓巧于拙的外观、明艳饱满的色彩而受到民众的喜爱。

但是，从公元618年到公元907年的近300年的时间里，唐代美学并不是从始至终亘古不变的。八年"安史之乱"不仅是唐代由盛转衰的转折，也对社会各个层面产生了极为重要的影响，由此也引发了审美风尚的转变。初、盛唐时，胡风的盛行影响了对壮硕、高大、丰腴的女性之美的趣味，繁华富丽、雍容饱满占据审美主流，在这种美学风尚下，邛窑彩绘瓷也得到繁荣发展。安史之乱后的中晚唐时期，由于北方的战乱和破坏，大批文人贵族被迫南迁，南方文人摒弃胡风，以清淡、细瘦、纤弱为美的审美趣味在中晚唐逐渐占据主流。这一时期唐代文化经历了重要的转型，禅宗思想的影响产生了以白居易为代表的中隐园林，儒学的复兴产生了韩愈为代表的古文运动，崇尚自然山水与禅道之境的风气日盛，这对美学产生了极其重要的影响。同时，由于茶文化的兴起，品茶论瓷、斗茶斗棋在社会中蔚然成风。陆羽著成的《茶经》是"中国审美文化史上的一件大事"[2]，将饮茶上升为一种审美活动，青瓷、白瓷茶具被推崇到极为重要的位置，这在一定程度上影响了邛窑彩绘瓷的发展。因此邛窑彩绘在中唐以后就渐渐减少了。

晚唐五代时期，在邛窑彩绘衰落之后，邛窑装饰的第二个高峰来临——邛三彩在邛窑异军突起。邛三彩是高温玻璃釉的多色釉瓷，胎质精细、造型精致、流光溢彩、艳丽夺目。因其釉质中不含铅，历经千年后依然光彩如新，是邛窑高端精细产品的典范。这种装饰技术在中国古代陶瓷中绝无仅有。邛三彩的出现，有着极为复杂的历史渊源和审美文化背景。

其一，邛三彩的装饰风格源于唐三彩的影响与北方贵族趣味的影响。唐三彩是低温釉陶，主要用作明器；邛三彩是高温釉瓷，用作日常生活器皿。二者

---

[1] 程金城. 中国陶瓷美学[M]. 兰州：甘肃人民美术出版社，2007：161
[2] 陈艳. 中国审美文化史（唐宋卷·元明清卷）[M]. 济南：山东画报出版社，2007：102

本质上属于不同的工艺品类，但装饰风格却极为相似，表现在工艺上，二者均使用了多色釉，形成多色交错、互相浸润、斑驳灿烂的色彩效果。那么，主要产于北方河南巩县的唐三彩与独产于邛窑的邛三彩之间，为何会有如此相似的外观？从二者的产生时间上来看，唐三彩"始见于唐高宗时，开元年间为极盛期"[1]，多

图4-21 唐 李昭道《明皇幸蜀图》

见于北方墓葬，与当时厚葬风气有关，但安史之乱后就衰落了。邛三彩产生和兴盛时间晚于唐三彩，为晚唐五代时期。更进一步分析唐代巴蜀与北方的关系就会发现，这种影响的可能性又是极为充分的。由于巴蜀地区自古以来就农业发达，社会安定，少有战乱，唐代曾有两位皇帝入蜀避难[2]，大批北方贵族、文人、工匠也纷纷逃难于蜀并长期生活。北方盛极一时的唐三彩成为没落的北方贵族在南方生活中的印象和眷恋，人口的迁徙使得来自北方的审美趣味对日常用器产生了较大影响，也使唐三彩和邛三彩在陶瓷工艺上的交流和装饰风格上的影响成为可能（图4-21）。

其二，邛三彩的兴盛反映了晚唐五代时期独特的巴蜀地域美学。如果说唐三彩的华贵饱满之美，与盛唐的审美文化是同质同趣的，其衰落也与安史之乱后社会转折、审美文化转型有关，那么同样风格华丽的邛三彩为何还能在晚唐五代时期形成生产高峰、并获得使用者欢迎呢？如果我们进一步分析邛窑所处的巴蜀地区的文化传统和审美风尚，就会发现，其长期的发展与兴盛，又正是与这一时代独特的巴蜀审美文化是一脉相承的。邛三彩与中晚唐时期的主流审美相异，事实上正反映了巴蜀地区审美文化的独特性。（图4-22至图4-25）

如前所述，巴蜀地区自古以来就具有地域上的封闭性和文化上的开放性两

---

[1] 冯先铭. 中国古陶瓷图典 [M]. 北京：文物出版社，2002：194

[2] 据史籍记载，唐玄宗因"安史之乱"避行于蜀，公元756年农历七月底携随行官员和卫队1300人、宫女24人抵达成都，次年十月离开成都返回长安。公元881年唐僖宗因"黄巢起义"而同样避难于成都，随行者众，且在蜀生活了四年。

图4-22 五代 邛三彩水盂　　图4-23 晚唐至五代邛三彩提梁小杯　　图4-24 五代 邛三彩净水碗　　图4-25 五代 邛三彩葫芦瓶

大特质。秦汉时期，这里就是"水旱从人，不知饥馑"的天府之国[1]。历经六朝到隋唐，巴蜀的经济地位在全国名列前茅。中、晚唐时期北方战乱频仍、经济衰退，而长期安定富庶的巴蜀地区依然经济繁荣，成都还获得"扬一益二"的称号。唐以后，在前、后蜀政权的统治下，巴蜀地区继续保持"人物秀丽，土产繁华"的兴盛。"唐宋诗人多入蜀"，中唐以后，大批文人画家相继入蜀避乱，进一步推动了巴蜀地区文化的发展，中国最早的画院即诞生于五代时的成都。邛三彩兴盛的晚唐五代时期，正是蜀中奢侈之风盛行的时代，这种风气弥漫于上自贵族下至平民的各个阶层中。后蜀主孟昶的溺器要用七宝装饰，城市平民盛行游乐，连乡村的"村落间巷之间，弦管歌声，合筵社会，昼夜相接"[2]。奢侈消费带来了对瓷器更高的审美需求。邛三彩所使用的胎泥与普通的邛窑青瓷、彩绘瓷有所不同，在制作工艺上也极为讲究。在吸收唐三彩多色釉的表现方式的同时，邛三彩独创了以明黄色作为最主要的釉色、大量采用黄、褐、绿多彩融合的施釉方法，将高温釉瓷从单色发展为多色，器形除了仿制金银器的造型和色泽的日常用器，还有制作精美的水果象生瓷等高档赏玩、摆设用品，这些都是当时巴蜀奢侈生活的表现。五代时邛窑还为当时的统治者烧制贡瓷，王室贵族的趣味同样体现在邛三彩中。因而，作为邛窑高端精细产品代表的邛三彩，无论从造型、装饰还是从制作工艺上看，均直观地反映了晚唐五代时期巴蜀社会奢靡之风和贵族阶层的审美需求对邛窑装饰风格的影响。

---

[1] 常璩（晋）. 任乃强校注. 华阳国志校补图注［M］. 上海：上海古籍出版社，1987
[2] 张唐英（宋）. 蜀梼杌（卷下）［A］. 丛书集成初编第3855册［C］. 北京：中华书局，1991

（三）宋代美学转型与邛窑装饰独创性的消失：趋同与模仿下的"邛窑绿"、印花、刻花的流行

入宋以后，邛窑彩绘瓷、邛三彩都几近绝迹，邛窑的装饰风格有了明显的转变，一是单色釉瓷的回归，以各种色调的绿色、青色釉为主的乳浊釉瓷器开始大量生产，形成了独具特色的"邛窑绿"。二是装饰方式上以刻花和印花为主，纹样精美雅致，题材丰富，堪称邛窑精品。这种装饰风格的变化，也是受到了宋代美学转型所带来的新的瓷器审美风尚的影响。

宋代经济结构的变化、市民文化的兴起和士人阶层的地位的提高，引发了宋代文化的转型，推动了宋代美学的转向。由于宋代社会经济稳定，手工业极其繁荣，瓷器生产也达到了历史上最高阶段，无论其规模、数量或工艺水平都堪称前所未有，著名的五大名窑——汝窑、官窑、哥窑、定窑、均窑代表了宋代的制瓷业的最高水平。受理学思想和禅宗思想的影响，宋代文人阶层崇尚典雅、含蓄、质朴、清淡、严谨的审美趣味，平易淡泊、以物观物、寓意于物的审美心态对瓷器审美带来了直接的影响。"宋瓷的美学风格，近于沉静雅素一路，钧瓷碎灿如晚霞，但也不属于唐三彩的热烈华丽。宋瓷所创造的新的美学境界，主要在于宋词不仅重视釉色之美，而且更追求釉的质地之美。"[1]为了达到这一审美境界，这一时期的瓷器在装饰方式上也有了变化："一改唐时普遍采用的刻花、划花、印花的方法，而以刻花为主，保持釉面的光洁；青花的大量烧制，使瓷器装饰素雅明快。这个时期，对器物的把玩、欣赏已经成为陶瓷的重要功用，……这种功用的变化，在根本上决定了陶瓷制作的追求方向。器物的造型更为丰富，同时器物的装饰也更加精细、繁缛、多样，其题材也更加世俗化。"[2]因此，宋瓷更加追求造型上的修长、规整、严谨和纹饰、色釉上的清淡、含蓄、温润、典雅。宋代五大名窑在器物总体上都体现了这种特征。

宋代邛窑的新的装饰风格，正体现了这种瓷器审美的变迁。邛窑的高温乳浊铜绿釉早在南朝时就创烧成功，是目前所知国内最早，但一直不是生产的主流。直至宋代，各种单色釉和高温乳浊铜绿釉获得了发展的空间，釉色以绿

---

[1] 中国硅酸盐学会. 中国陶瓷史［M］. 北京：文物出版社，1982：231
[2] 程金城. 中国陶瓷美学［M］. 兰州：甘肃人民美术出版社，2007：163

蓝色乳浊釉为主,其色清秀蕴润、淡雅恬静,尤其是"十方堂、玉堂窑、苏稽窑,均出现一种天青色的青白釉或粉青釉。但不如景德镇湖田窑系色白亮丽。"[1] 这应是顺应当时的瓷器审美风尚而仿烧的产品。"这些变化与宋瓷的美学风格是一致的,宋代瓷器不仅重视釉色之美,而且更追求釉的质地之美。当时的钧瓷、哥窑、龙泉窑均生产各类质感凝重的乳浊釉、结晶釉和石灰碱釉产品。"[2] 因此,"邛窑绿"的兴盛,代表着邛窑装饰对时代审美文化、社会审美需求的迎合(图4-26)。

五代至宋 乳浊绿釉葵口盘　　北宋 乳浊月白釉双系注子　　宋 乳浊绿釉盖盒

图4-26 五代至宋 邛窑乳浊釉瓷

　　与之相应,纹样精致的刻花、印花代替彩绘成为宋代邛窑的主要装饰技法,尤其是印花的种类之多、图像之丰富,为同期所罕见。通过比较可以发现,宋代邛窑的印花纹样较前期更为精美,其艺术风格上与两宋时期四川花鸟画和名冠天下的宋代蜀锦纹样都有内在关联,也与湖田窑、定窑、耀州窑纹样有相似之处。题材上与时代流行纹样也基本吻合,"有各种花鸟、盘龙、舞凤、飞天、龟兽、鱼虫、人物、联珠、卷草、流云及缠枝花卉等。构图细致,雕刻精湛,图案清晰,诗情画意皆融于其中,堪称邛窑产品的精华。"[3]印花器不再追求雍容富丽之美,仅在碗、盘底部印成具有浅浮雕状的纹饰,使其在光照下形成浅淡的投影,具有婉约清雅之美。邛窑对印花、刻花的大力发展,也与唐代所形成的以装饰为核心的审美意识是一脉相承的。在胎质不精、釉

---

[1] 陈丽琼. 邛窑古陶瓷发展概述[A]. 邛窑古陶瓷研究[C]. 合肥:中国科学技术大学出版社,2002:113

[2] 黄晓枫. 从考古发现看邛窑的文化特征[J]. 成都文物,2007,(2)

[3] 陈显双,尚崇伟. 邛窑古陶瓷简论——考古发掘简报[A]. 邛窑古陶瓷研究[C]. 合肥:中国科学技术大学出版社,2002:231

质和釉色均无法达到最高水准的情况下，采用刻花和印花呈现出精美的纹样来回避其弱点，使产品能够被使用者所接受。而所有这些装饰意识，都呈现出邛窑对宋代青瓷主流审美的一种趋同与模仿，这也显示了宋代审美文化的强大向心力（图4-27、图4-28）。

图4-27 宋 绿釉刻花洗

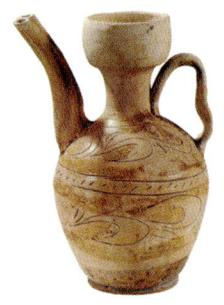

图4-28 五代至宋 青瓷釉下绿彩刻划花纹双流注壶

（四）邛窑器物设计审美文化的终结：审美风尚转变与社会变迁的共同影响

经历了900多年的发展后，曾经盛极一时的邛窑到宋末渐渐衰落。宋以后，邛窑的各大窑场基本停烧。邛窑的衰落有着极其复杂的原因，至今并无定论，但通过分析可以发现，在各种影响因素中，时代美学依然占据重要的位置。

宋代全国的瓷器贸易日益发达，以浙江越窑为代表的传统青瓷窑场逐渐被北方兴起的五大瓷窑取而代之，邛窑的产品同样也经受了这种外来瓷器的影响。与唐代多元文化交融共生的美学相比，宋代主流的瓷器审美更带有一种强势的同一性，那就是追求青瓷的质地釉色和内在的美感，以含蓄典雅、玉润天然为审美标准。而这种美轮美奂的外在美是以内在胎质为基础的，北方名窑正因为使用了油润精细的"香灰胎"而将宋瓷之美推向高峰。尽管邛窑为迎合宋代审美趣味而大量出产各种绿釉和仿湖田窑的青白釉瓷，但终因原材料天然不足导致胎质不精，难以满足市场对瓷器釉质温润如玉、釉色淡雅如冰的审美需求。

同时，在宋代审美文化的影响下，宋代瓷器品种发生了重大革命，除传统青瓷外，白釉瓷、黑釉瓷、钧瓷以及磁州窑的黑白绘瓷也成为世人新宠。在经济繁荣、技术进步和巨大的市场需求的条件之下，巴蜀地区众多新的窑口兴起，如生产黑釉瓷的广元窑、金凤窑、涂山窑、清溪窑和生产白釉瓷的磁峰窑等，这些产品更加符合时代审美对功能和形式美感的要求，它们的出现，也使以青瓷为主的邛窑产品在巴蜀地区逐渐失去了优势。

邛窑装饰的转变、兴衰与邛窑的命运是紧密相系的。唐代审美文化的包容特质，使邛窑掩盖自身弱点、另辟蹊径的彩绘装饰、邛三彩都获得了生命力，形成了邛窑的发展高峰。但宋代瓷器美学的转向恰恰使邛窑的弱点暴露无疑，在强大的美学观念影响下，邛窑更多以模仿来迎合宋代审美趣味，失去了创新的空间。由于邛窑始终以装饰作为创造形式美的重点，当自身的装饰再也无法使其形式符合审美需求，邛窑自身弱点与瓷器审美之间的矛盾呈现出越来越无法调和的趋势，终使自己让位于新兴的窑口，导致宋代邛窑的生产规模逐渐缩小。与此同时，"宋末元初，连续十多年的战乱，致使四川、邛州经济凋蔽，人口锐减（死亡、逃亡）"，大量窑工外逃，窑场倒闭。多种因素的共同作用下，最终"曾辉煌数百年的邛窑从衰败走向消亡"[1]。

装饰的发展受着自律和他律的共同约束，任何一种装饰形式的生成、突破和创新，都不是凭空而来，而是带着深刻的时代美学的印记。"推动中国古代设计艺术思想向前发展的动力源，不只是局限于造物技术的不断创新，更为强大的动力结构来自于人类社会的审美文化，"[2]邛窑的装饰流变，清晰地反映了唐宋审美文化对于器物装饰的深刻影响。邛窑装饰的兴衰和邛窑最终的历史命运，也正揭示了美学对于瓷器装饰发展的推动和制约两方面的重要作用。

---

[1] 胡立嘉，何吉明. 试论邛窑衰败之原由［J］. 成都文物，2008,（3）
[2] 孙长初. 中国古代设计艺术思想论纲［M］. 重庆：重庆大学出版社，2010：217

第五章

邛窑器物设计审美文化的内涵

瓷器是实用性与审美性相结合的手工艺品。瓷器的发展史就是一部文化史，它集中反映了经济发展水平、社会意识形态、社会组织结构、社会多元文化、民族审美心理、时代审美风尚等，并通过工匠对材料的处理、对器物进行造型、装饰等具体的实践活动，将抽象的文化呈现为具象的物质外观。因而，邛窑瓷器既是社会生产力发展的结果，也折射其所处时代的社会文化。它一方面作为中国瓷器大家族的一员，带有瓷器审美文化的共性；另一方面，作为巴蜀文化的一种物化形式，邛窑又不可避免地带有独特的地方特性。邛窑在其发展过程中，将民族风貌、地域特色、多元文化交融其中，其器物特征由早期的注重实用性、装饰单一性逐渐发展为造型多样性、工艺独特性、装饰丰富性，成为兼具实用与审美功能的生活用品。因而，邛窑瓷器中蕴含的审美内涵是极为丰富的。没有仅仅满足功能的造型，也没有毫无根源的装饰。邛窑的外在形式，无论是造型还是装饰，都是由其背后的设计审美观念来最终决定的。

邛窑器物设计的审美意识来源于多方面的影响，它是邛窑所处的地域环境特征、经济发展水平、社会阶层的需求，以及多元文化交流的集中投射，并最终融入具体的设计活动之中，形成了独特的造型观念、装饰观念、生产观念和材料观念。在这些观念的影响下，邛窑的形式特征、风格特征、情感特征等得到了充分的体现。正是在这形式与内涵的统一之下，邛窑的审美价值才得以充分地显现出来。

一、邛窑器物设计的观念与表现

（一）造型观念：实用与审美相结合

"陶瓷器物变化发展的内在驱动力是功能的作用，是陶瓷本身的可塑性与人的需求欲望的双向发展。"[1]造物的基本目的是为了满足人们实用的需要，"备物致用"是我国自古以来器物制造实践一以贯之的价值标准，也是最根本的成器态度。它规范着陶瓷成器活动的基本追求方向，体现在器物之上就是讲求实际、重视功能。器物的使用者对其功能的需求限定着器物的外在形式。邛窑器

---

[1] 程金城. 中国陶瓷美学 [M]. 兰州：甘肃人民美术出版社，2007：184

物造型的发展过程,正体现了"实用"这一根本造物前提和目的。如水匜,初唐时造型多为敛口短流,无把,中晚唐时期,在腹上增设了圆环系,或长圆柱形喇叭尾把手,以利手握使用;又如省油灯,其形为中空夹层盏,油盛于坦弧形盏面上,盏边有把便于手持移动,夹层有短嘴开口,将水注入后可以利用夹层中的冷水降低油面温度,以达到省油的目的。这样的设计不仅满足了功能性,还具有相当的科学性。

造型的实用性还表现在器物的造型设计与使用者的生活习俗紧密联系。"设计艺术品的使用对象是最具广泛性的社会成员。中国古代设计艺术品自始至终关乎这些人们的生产和生活。"[1]作为生产民用器具为主的瓷窑,邛窑的绝大多数产品都与人的生活息息相关。因此人的生活需求在邛窑器物造型中表现得十分明显。在唐代邛窑出现的茶具也与当时的饮茶习俗相关。唐以后随着饮茶之风兴起而茶托盛行,邛窑的茶托有几种类型,一种为大广口的托面,托中间有作为承托的凸起的托圈,即托口,茶盏放于托口内,不易滑落;另一种为托、碗连体型,这类盏托口一般较矮,更方便于饮用,托底足较厚,增加了盏托的隔热功能。

马克思在《1844年经济学——哲学手稿》中指出:"人则懂得按照任何物体的尺度来进行生产,并随时随地都能用内在固有的尺度来衡量对象;所以,人也按照美的规律来塑造物体。"[2]换而言之,人类具有依照美的规律来造型的能力。广义的艺术从人开始制造第一件工具开始就已经产生了,随着人的审美意识的不断发展,人们逐渐发现美的规律,并利用美的规律来使造物具有视觉美感,从而满足人的精神需求。陶瓷艺术中的装饰包括胎装饰、釉装饰、彩装饰三大类。器物造型的装饰性属于胎装饰的范畴。作为一种以三维立体形象存在的器物,瓷器的器型与造型艺术一样,其形式美感来自于线条、块面、体积的有机构成。张道一说:"物品的造型之中,一开始就存在着审美的因素,因为那样式是人为的,为什么要做成这个样子而不是那个样子呢?其中便包含着审美。"而诸如"平衡""对比""对称""比例""节奏""和谐"等"美的规律"也成为瓷器造型的审美标准。在邛窑的产品结构中,一部分粗瓷产品销往民

---

1 孙长初. 中国古代设计艺术思想论纲[M]. 重庆:重庆大学出版社,2010:195

2 (德)马克思. 刘丕坤译. 1844年经济学——哲学手稿[M]. 北京:人民出版社,1979:50-51

间，造型简单朴实，具有典型的时代特征，讲求实用性，其器型的装饰性特点并不突出，但是在其精细产品如彩绘瓷、模制印花产品、邛三彩系列产品上，则非常注重器型的比例、对称、平衡关系。比如印模制作的花型碗、盘，不仅造型为花朵形式，且在器物的内外壁上以印花装饰呈现了花朵的花瓣、花蕊等细节，构成了造型与纹饰的统一，极富和谐之美。邛窑的水盂、杯、罐等产品，线条流畅饱满，注重口、肩、壶、底的比例关系；执壶的曲流和曲把的组合使壶体变得更具有动感。瓜棱造型的壶、瓶、罐则以凹凸的线条呈现了有规律的节奏感。

邛窑器物的造型不仅重视其功能性，也注重其形式的美学意蕴，使二者相辅相成，美观与品质相得益彰，功能形式和谐统一，创造出独特的邛窑器物造型审美文化。邛窑器物大部分看上去比较粗糙，造型上不如后世官窑产品的规整、合乎比例。这是由于邛窑的主要产品以普通民众作为使用对象，民间对器物实用的需求远大于审美的需求，因此，对器物造型的精准并没有太高的要求。同时由于各窑场生产技术的良莠不齐，使得工匠更追求造型的大体轮廓，使器物呈现较为淳朴粗犷的风格。但是邛窑工匠并未放弃对造型的审美塑造。邛窑工匠尤其善于将雕塑手法应用于器物的造型和装饰中，在器物大体轮廓粗糙的情况下，以精巧的细节来使器物呈现出独特的美感。绝大部分器物的口、肩、流、把、足、提梁等处都可以看到匠心独运的造型装饰。如以凤头、鸡首等作为壶嘴或壶流。早期的鸡首壶，鸡首为实体，并不与壶身相通，如南朝时成都青羊宫窑的青釉鸡首壶，大肚小口，两者比例大约为2∶1，高28厘米左右，盘口高颈，壶身较长，鸡冠高耸，后有圆股型把手或龙嘴型圆股型把手，壶身刻划莲瓣纹饰，鸡首作为扶手使用。随着器形的发展，"鸡首"被设计成空心状，具有了引流的功能。如唐代绿釉刻花凤头短流水注，巧妙的以凤头作流，利用张开的凤嘴将水滴出，壶身有刻绘纹饰形似凤鸟的羽毛，整个器型稚拙巧雅，凤头与壶身结合自然，和谐一体（图5-1）。

提梁罐是邛窑出产的特色器型，其提梁往往使用动物造型，如较为多见的龙梁器物，大的有洗或罐，小的有盂，通常在器身上盘曲一龙，并利用龙身的蜿蜒造型形成提梁，龙的造形活泼生动。还有捏塑出诸如狗、鸭、鸡等动物作提梁器把装饰，同

图5-1 唐 绿釉刻花凤头短流水注

图5-2 唐 青瓷褐斑鸭把短流壶

图5-3 唐 青釉褐绿点彩龟器盖

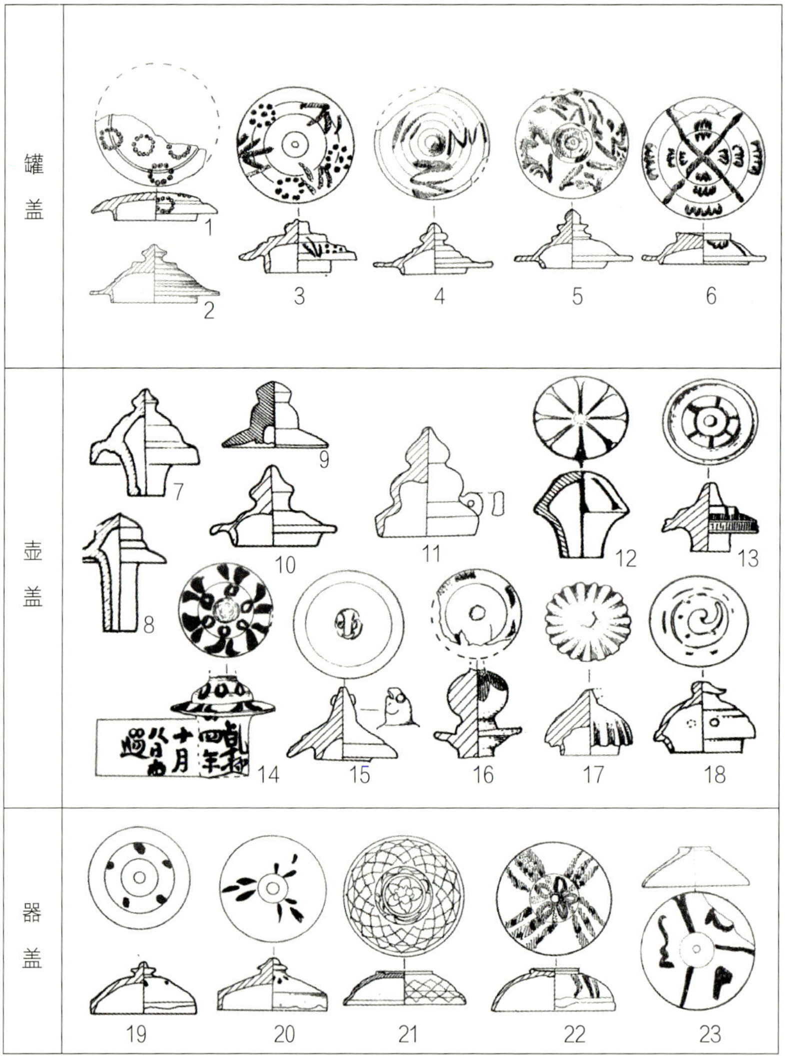

图5-4 唐至宋 邛崃十方堂窑出土器盖造型汇总
1~6. 褐绿双彩罐盖 7、9、11. 宝塔形子口壶盖 8、12、13、14、17、18. 蘑菇形子口壶盖 15. 圆拱鸟头形钮壶盖 16. 圆饼球形钮壶盖 19-23. 褐绿双彩盒盖

时起到辅助提梁使用的作用。

还有用人头形或鸟兽形作为水匜或盏的把柄，这种造型在邛窑也较为常见。如四川博物院收藏的唐代鸭把短流壶，高9.6厘米，口径12.6厘米，底径7.2厘米，壶主体似钵形，宽沿唇口内敛，近口沿处置一圆流，平底，流的右侧配一引颈向上的鸭形把。宋代灰釉人头把柄盏，在普通圆盏边沿上粘接一人头，既作装饰又可以当把柄使用。此外还有以鼠、鸟等其他动物作把柄装饰的器物（图5-2）。

最令人惊叹的是邛窑器盖，其造型的丰富程度令同时期的各窑口难出其右。形式上有内凹形、外凸形、半圆形、葫芦形、宝塔形、蘑菇形、花瓣形等，盖钮有宝珠形、鸟形、鼠形、瓜蒂形等，造型各异，设计巧妙，在实现功能性的同时，将装饰性融入其中，显示出独特的造型美感。尤其是大量的动物形器盖，如鼠、鸟、鲵头、鸭头、狗头、鹦鹉头等，盖上的动物造型既是装饰也承担盖钮的功能。这些造型设计上的精巧细节装饰，在完善器物功能性的同时增添了生活情趣和审美情调，是实用与审美相结合的造型观念的直接体现（图5-3、图5-4）。

（二）装饰观念：相物而赋彩，范质而施彩

在与同时期其它窑口的比较中，我们可以发现，虽然邛窑在基本的装饰技艺上与其他窑口之间有着交流和借鉴，但具体装饰手法和装饰风格却具有明显的独创性，尤其在宋以前体现得极为明显。邛窑的装饰观念体现了对材料的尊重，在正确认识材料特性、创新工艺技术的基础上，建立了"相物而赋彩，范质而施彩"的装饰观念，即根据器物本身的特征来装饰，根据材料的质地而采取不同的装饰手法。

邛窑的装饰观念在具体器物的装饰上表现为"粗瓷巧作"与"细瓷精作"。"粗瓷巧作"是指，在粗糙的瓷胎上，用各种装饰手法来巧妙地掩饰或改善其不良视觉效果，并使器物呈现拙朴清新的风貌。"细瓷精作"则是指，精选优良材质生产高档产品，使用能凸显其材质性状的精细装饰手法，以突出材质的审美特征。

邛窑的产品有粗糙和精细两类。对于那些面向普通平民阶层大量生产的、胎土较为粗糙、胎色不一的生活用器，大多采用青釉、乳浊釉、写意彩绘和刻

花装饰,其装饰风格自由、随意,与材料本身的质感有着和谐的统一。但是对于部分胎质细腻、胎色优良的精细产品的装饰,则更多地选择了模制印花、精巧刻花、刻绘等装饰手法,并且在一些精致器物上以艳丽莹润的高温三彩釉进行装饰,使装饰能更好地呈现材料本身的质感。

在邛窑众多的装饰手法中,彩绘是重要的代表,也最能表现其装饰观念。在绘画中,图像的呈现效果不仅有赖于材料、技法,更有赖于构图的方式。邛窑彩绘虽然绘于瓷器之上,但由于其装饰功能的要求,图像的构图方式也变得极为重要。它对装饰效果的呈现有着不可或缺的作用。

邛窑的彩绘均绘制于较为粗糙的瓷胎表面,制作时先用白色化妆土对胎底进行修饰,再将纹样绘制其上,这种工艺既掩饰了材质的不足,又增强了器物的审美表现力,达到了很好的装饰效果。由于隋唐时期流行器物上釉不及底,因此,大部分器物的表面被分割为上下两部分。上部为施设白色化妆土的较为平滑的表面,呈现米白色或米黄色,约占器身的二分之一或三分之二,器身下部和足部由于无化妆土、无釉,保持了瓷胎的原始状态,质地较为粗糙,且露出较深的底色(有灰色、紫红色、褐色),约为器身二分之一或三分之一。因此,在邛窑彩绘瓷器的大部分器物中,化妆土的边缘线成为一条天然的、独特的分割线。这本是一种为提高生产效率、节约化妆土原料的方法,从感观上来说,器物下部的粗糙会影响整体的装饰效果。但是邛窑工匠却巧妙地利用了这条分割线,创作出了具有独特韵味的彩绘瓷器。

其审美意蕴表现在:

其一,它形成了一种富有张力的对比关系,又在对比中获得了平衡。这种对比关系体现在色彩与质感两方面。从色彩上说,上部明亮的浅色显得轻盈,下部的深色显得沉稳,这样上轻下重的色彩组合增强了器物的稳定感,实现了物理平衡与视觉平衡的统一。从质感上说,露胎部分原始胎质所呈现的粗砺涩糙对比衬托出化妆土修饰区域的平滑细腻,材质的冲突呼唤一种调和的力量,而邛窑写意风格的彩绘正介于精致与粗放之间,三者共同形成了一种互相牵制且不可或缺的张力,增强了审美的协调感(图5-5)。

其二,分割线形成了彩绘的边界,类似于构成了绘画作品的画框。由于这个"画框"的存在,彩绘图像集中于器物上部鼓腹、器盖等明显处,既强调了彩绘本身的视觉呈现效果,也使观者的视线集中于器物上部色彩明亮、精心修饰的部分,而忽略露胎底部的粗糙质感,增强了器物的视觉愉悦。正如美国美学家鲁道夫·阿恩海姆说："一个画框也会产生出这样一种围栏，它在某种程度上保护了绘画之中的力的自由作用不受周围背景的干扰和束缚。"[1]因而突出了纹饰的装饰效果。

其三，这个"画框"还对瓷器的表面形成了"图—底"的景深关系，它类似于中国传统园林中的窗框，"轻而易举地取得强烈的深度效果"[2]。这种效果不仅使瓷器在三维空间中的立体效果更加突出，还对器物的造型起到了修饰作用，使器型在视觉上更加饱满。

其四，由于邛窑彩绘的纹样大都比较简单，在器物上留白的区域太大会使画面失去平衡，而通过化妆土"分割线"的作用，缩小了留白区域，使彩绘与器型之间的比例关系更加协调。在瓷器装饰中，和谐的比例关系对于形式美感十分重要，"大件的陶瓷造型上要有与其相称的纹样，也就是应该大一点。如果在大件造型上装饰小花小草，或是狭窄的装饰纹样条带，给人的视觉印象是不相称的，显得很小气。"[3]邛窑器表的"分割线"的存在，一定程度上调和了大件器物上装饰"小花小草"的比例矛盾（图5-6）。

图5-5 唐 褐绿双彩兰草纹四耳罐

通过大量的器物分析可以看到，早在隋唐时，邛窑的工匠已经明确地认识到了这个问题，并在某些器物上有意识地利用两种色彩和质地的对比来形成彩绘的"画框"，起到突出主题纹饰、形成和谐比例关系的作用。如彩绘六系罐，以"分割线"勾勒出四个花瓣的形状，在"花瓣"中绘制图像，使整器看上去层次分明，色彩协调、纹饰突出，具有良好的装饰效果（图5-7）。这种方式在一些体型较大的酒具上较为常见，通过对彩绘区域的框限和压

图5-6 唐 白瓷褐绿双彩草叶纹四系带流罐

---

1 (美)鲁道夫·阿恩海姆. 滕守尧，朱疆源译. 艺术与视知觉 [M]. 成都：四川人民出版社，2005：7
2 (美)鲁道夫·阿恩海姆. 滕守尧，朱疆源译. 艺术与视知觉 [M]. 成都：四川人民出版社，2005：313
3 杨永善. 陶瓷造型与装饰 [A]. 说陶论艺 [C]. 哈尔滨：黑龙江美术出版社，2001

第五章 邛窑器物设计审美文化的内涵

缩，抵消了装饰图案过于简略与器表面积过大之间的不和谐感。这种方式，也可以看作是中国瓷器装饰上最早的"开光"装饰技法。"开光"又称"开窗"，指"在器物的显著部位以线条勾勒出圆形、方形、菱形、扇面形、云头形或花形等多种形式的栏框，框内绘各种图案，起到突出主题纹饰的作用。"[1] 瓷器装饰中"开光"构图手法的普遍使用见于南宋吉州窑、金代耀州窑及金元磁州窑，并在元、明、清景德镇瓷器上大量运用（图5-8）。而邛窑的工匠早在隋唐时就已经开始使用这种方式，这也正邛窑装饰观念的一种具体体现。

图5-7 唐 褐彩草叶纹六系大罐

总之，"相物而赋彩，范质而施彩"的观念，正是要求在设计和生产的时候把握材料、工具及制作特性和规律，通过有选择、有区别地对待材料，使各类产品尽可能地获得最好的功能和效果。邛窑的工匠们能有意识地将釉装饰、胎装饰、彩装饰的装饰技法与材料质地和使用者的审美需求结合起来，理材施艺、各显其美，使邛窑器物能得到不同层次使用对象的认可和喜爱。

图5-8 南宋 吉州窑褐彩开光鸳鸯纹瓶

（三）生产观念：以需求为动力

作为古代巴蜀地区最大的民间瓷窑体系，邛窑生产的器物流向社会的各个阶层。因此，邛窑的产品构成具有明显的层次性，类似于现代市场营销中的"产品组合"。社会阶层的结构会产生不同的物质需求和精神需求，"每一时代主要的经济生产方式与交换方式以及必然由此产生的社会结构，是该时代政治的和精神的历史所赖以确立的基础，并且只有从这一基础出发，这一历史才能

---

1 冯先铭. 中国古陶瓷图典［M］. 北京：文物出版社，2002：266

得到说明。"[1]邛窑的器物设计之所以能一直保持变化和创新,其动力也正是来自于构成巴蜀地区社会结构的各社会阶层的不同需求。

邛窑最大的消费群体是普通平民阶层。邛窑生产量最大的日常生活用器主要就是面对这个阶层而生产的。1989年在成都指挥街唐宋遗址中出土了大量瓷器,"根据瓷器的胎色、釉色、烧造工艺和器物造型方面观察,遗址中出土的瓷器95%以上为四川本地窑烧造,能够肯定是外地瓷窑烧造的瓷器只有极少数。"[2]从器物的造型特征、装饰风格、胎质、釉质等判断,这批瓷器应为邛窑产品。在城市居住遗址中发现大批瓷器的情况不多见,这为研究成都地区当时瓷器的使用、流通情况提供了非常珍贵的资料。"从遗址出土全部遗物的构成看,瓷器的比重最大,瓷器的数量已经远远超过陶器,取代了昔日陶器的地位。出土的瓷器有各种大小生活用器皿、文房用具,到观赏的小瓷塑动物、儿童俑,甚至玩耍的小铃、娱乐的围棋棋子都有。瓷器中四川本地各窑的产品占了绝大多数,说明本地瓷器占领了成都广大的民间市场,瓷器中以碗、盘、盏、壶、罐为大宗。根据三千多件器物、口沿的粗略统计,碗、盘约占50%,灯盏约占10%,壶、罐约占15%,钵、盆约占20%。这种构成与当时四川各窑生产的产品情况大体相同。从而也再次证明了四川本地窑的民窑性质。"[3]此外,在1983年成都附近大邑县城唐宋遗址中出土的大批瓷器也具有与此相同的特征[4]。

从各种出土实物看,唐以前的这类产品造型大都比较简朴,具有典型的时代特征。由于市场需求大,产量要求随之提高,这类器物设计更多地考虑经济实用功能,因而在制作上不太讲究,大都胎质不精,装饰简单。入唐以后,随着巴蜀地区经济文化的高度繁荣,使用者的需求也进一步提高了,尤其唐代由于商业的发达,城市扩展,使形成于市肆的平民文化获得了发展的土壤,并与

---

1 (德)弗里德里希·恩格斯. 共产党宣言(1888年英文版序言)[A]. 马克思恩格斯选集[C]. 北京:人民出版社,1972:234

2 成都市博物馆,四川大学博物馆. 成都指挥街唐宋遗址发掘报告[A]. 南方民族考古(第二辑)[C]. 成都:四川科学技术出版社,1989:275

3 成都市博物馆,四川大学博物馆. 成都指挥街唐宋遗址发掘报告[A]. 南方民族考古(第二辑)[C]. 成都:四川科学技术出版社,1989:289

4 赵殿增,胡亮. 大邑县城唐宋遗址出土的瓷器[A]. 四川古陶瓷研究(二)[C]. 成都:四川省社会科学院出版社,1984:165

巴蜀秦汉以来以"水利蓄殖其国"为特征的农耕文明相结合，形成了新的市场需求。从初唐到盛唐的邛窑彩绘瓷的兴盛，直观地反映了与这种需求特征。巴蜀的平民文化具有生动而亲切的风格，对比高雅、理性的士大夫文化和庄严、神圣的宗教文化，它显得通俗、亲切、充满生活的气息。这种气息从四川东汉的画像砖、陶俑身上已经有明显的体现，到了唐代它又与文人文化相结合，使巴蜀文化呈现出一种复合的特质。因此，像梅、兰、竹、菊这些文人士大夫惯用来比拟精神品格的高雅纹样，也在百姓的日用器皿上频繁出现。平民的娱乐生活和世态百像成为邛窑器物设计的源泉，如大量动物、人物瓷塑，以及象棋、围棋、儿童玩具等器物，丰富了平民阶层的日常生活，也体现了当时休闲富足的社会生活状态。邛窑彩绘中花草纹样的独特形象、写意绘画的精神表征、清新淡雅的色彩风格，具有既高雅又质朴、雅俗共赏的独特魅力，这种独树一帜的瓷器装饰，也正反映了邛窑为迎合数量庞大的不同阶层的消费者需求所作出的一种努力。

  同时，文人文化对邛窑的器物设计审美意识的形成也是具有深刻影响的。"文具的设计在实用功能之外附加了与实用无关的装饰，美感成为设计的中心。"[1]邛窑的出土器物和民间收藏器物中，文房用具的数量较多，邛窑十方堂一号窑包的唐五代地层中，仅水盂就出土了864件[2]，还有为数众多的笔架、砚台、水注等，显示了当时巴蜀地区文人阶层这个使用群体的庞大，这些器物也体现出邛窑工匠为了迎合文人的审美取向而不断地进行产品创新。各类文房用具在汉代已经具备，除了文人必备的笔墨纸砚"文房四宝"外，文房用具还有笔筒、笔架、笔洗、笔添、砚滴、水盂、镇纸、印盒等。早期的文房用具大都注重其使用功能，但在唐宋时期，由于高坐具开始代替矮坐具而成为主流，几案陈设的讲究之风日盛，在欧阳修、梅尧臣、蔡襄、米芾、黄庭坚等文人的提倡下，文房雅玩的用品逐渐增多。文房用具的设计制作重心也从最初的实用转向审美，将精美的外观、独特的地方风格和丰富的文化内涵紧密地结合在一起。因此，对于文房用具这类满足较高文化修养的社会上层人士需求的产品，设计者往往在考虑实用的前提下，更多迎合使用者的审美取向。例如，邛窑文

---

1 孙长初. 中国古代设计艺术思想论纲[M]. 重庆：重庆大学出版社，2010：195
2 陈显双，尚崇伟. 邛窑古陶瓷简论——考古发掘简报[A]. 邛窑古陶瓷研究[C]. 合肥：中国科学技术大学出版社，2002：192

具中的砚台经历了圆形和方形砚台，到三足、五足砚，再到辟雍砚、风字砚的造型演变。在顺应时代审美的同时，还以高超的技艺创造了新的形式，如将造型简单的风字砚设计成具有吉祥寓意的蟾蜍形砚，体现了实用性、装饰性、精神性的高度结合。在邛窑的文房用器中，有大量器形小巧的水盂和水滴、水注。水盂大多高度在2.8~5厘米之间，口径仅为2~3厘米，在如此小巧的器物身上，大都进行了精心的装饰，比如色斑、色条、彩绘等，尤以邛三彩的水盂最为精美，器形规整，圆润饱满，釉面晶莹光亮，无论单彩或三彩都精妙绝伦。器身造型除了有常见的圆鼓腹形，还有扁圆腹形、瓜棱形等。如此精心的设计和制作，显示了邛窑工匠对于文人阶层使用者的审美需求的重视（图5-9）。

唐 白瓷红绿双彩水盂　　晚唐至五代 乳浊月白　　五代 绿釉瓜棱形水盂　　晚唐至五代 邛三彩
　　　　　　　　　　　　釉绿点彩水盂　　　　　　　　　　　　　　　　　　　　　　带柄水丞

图5-9 唐至五代 邛窑水盂

此外，唐代曾有两位皇帝先后入蜀避难，皇室贵族在成都的生活带来了对高档瓷器的需求，影响了瓷器的审美风格。晚唐时期仿金银器的造型大量出现，五代时，邛窑还承担蜀中王室贡瓷的生产，贵族趣味明显地在邛窑的纹样上体现出来，如龙、凤、牡丹等象征富贵和威仪的图像开始较多地出现。邛窑生产的大量精美的印花粉盒，是当时贵族妇女的化妆用具，小巧精致的鸟食罐，是贵族阶层怡情养鸟的用具。各种精美的印花纹盘、碗的生产在这一时期也有所增加。在造型方式上，则更多采用模制成型的方法，使器形更加规整。同时，作为邛窑精细产品代表的邛三彩，无论从形制、釉色还是从制作工艺上看，均明显地反映了贵族阶层的审美需求对邛窑器物设计审美意识的影响（图5-10、图5-11）。

正是这些多层次多结构的社会需求，促进了邛窑不断地审美创新，从而形成了造型丰富、装饰多样的器物形式。同时，邛窑在设计上还出现了程式化、标准化的趋势，尤其在彩绘纹样的设计、大量印模的使用等方面表现得极为明

图5-10 五代 鹦鹉流云印花粉盒

图5-11 五代 飞天莲花纹粉盒

显。这使得生产效率提高，产量增加，可以获取更高的经济效益。这与当时邛窑生产技术的提高是无不关系的。"以需求为动力"的生产观念，促进了设计的发展同时也促进了技术的进步。

（四）材料观念："材不美"促"工巧"

邛窑器物设计的材料观念，本质上是材料与技术之间的辩证观念。与南方青瓷同时期出现的邛窑，在巴蜀地区这片独特的土壤中发展了900多年。由于民众的需求巨大，邛窑不断的扩大规模、提高产量，以满足各个阶层的不同需求。邛窑器物设计的材料观念，既有对传统造物思想的继承，又有独特地域条件下对传统的突破和创造。

我国有漫长悠久的造物历史，早在春秋时期，就有著作对造物思想进行过总结。《周礼·冬官·考工记》记载："天有时，地有气，材有美，工有巧，合此四者，然后可以为良。材美工巧，然而不良，则不时，不得地气也"[1]。意即只有同时具备"天时""地气""材美""工巧"四个因素才可以制作出优良的器物。所谓"天时""地气"是指自然和人文的背景因素，包含了对造物的时间性和空间性的限定，即合适的时间和地点是造物产生的基本条件，而"材美""工巧"是指人为因素。包含了人对自然材料的选择和对技术的创造。

邛窑的材料观念，最主要包含"材美"和"工巧"两个方面的辩证统一。

---

[1] 闻人军译注. 考工记 [M]. 上海：上海古籍出版社，2008：4

由于邛窑的胎土具有先天不足的特征，因此在邛窑长期的设计生产中，如何选择材料、处理材料成为贯穿始终的问题。材料在造物中具有特殊重要性，器物的造型和装饰以及由此生发出来的审美价值，均是在材料的基础上呈现出来的。"中国古代设计艺术发展的历次进程，充分证明了设计艺术的每一大步都与新材料的开发和利用有着密切的关系。"[1]如何处理材料与工艺之间的关系，是制造优良器物的先决条件。而如何选择和处理，便已经包含了造物者的思想。"每一件作品的设计与制作，不但含有材料的选择、技术的进步、劳动的形式等物质层面的因素，更包括造物者的思想、文化的渗透等精神层面的因素"[2]。

传统造物思想中，"材"最初特指木材，如《说文解字》释"材"："木梃也。从木才声。"延伸而论，"材"泛指一切造物的基本原料。造物中"材美"的思想要求造物者关注原材料的特性与质量，也包括材质本身所能体现的美感，最基本的理解是指重视材料的自然形态，造型或装饰尊重材料自身的规定性，具体的说即要求"相物而赋形，范质而施采"，保存材质的"真"和"美"，制作工艺要显现材质的美感。如中国古代木质家具的设计，就是这一思想的完美体现。在瓷器生产中，材料对器物的审美表现尤为重要，例如，景德镇之所以成为明、清时期全国的瓷业中心，明清官窑之所以选设在景德镇，主要原因就是它拥有丰富的、高质量的瓷土矿这一原材料。但是，对于邛窑来说，由于胎泥的先天不足，"材美"自然优势在邛窑很难达到。按照传统造物思想中追求材料的自然之感的要求，无法生产出优良的瓷器。由于古代交通的不便，瓷器一般都选择就地取材就地烧造、就近销售。因此，为了满足巨大的市场需求，邛窑必须在毫无材料优势的基础上，进行大规模的生产。这种先天不足首先是一种劣势，但纵观邛窑的发展历史可以发现，正是在这种劣势的先决条件下，激发了邛窑持续不断的技术创新来改变这种劣势，并在特定的时期内，这种创新最终将劣势转化为了一种优势，从而使邛窑成为古代巴蜀地区规模最大、产品最丰富，且在陶瓷史上留下了多项创造的青瓷窑系。

正是在这种积极处理材料以获得"材美"的审美效果的过程中，邛窑开创

---

[1] 孙长初. 中国古代设计艺术思想论纲［M］. 重庆：重庆大学出版社，2010：208
[2] 孙长初. 中国古代设计艺术思想论纲［M］. 重庆：重庆大学出版社，2010：195

了中国陶瓷史上的高温乳浊铜绿釉、高温铜红釉、多色彩绘瓷、邛三彩等，其工艺影响远传诸窑。正如日本著名设计理论家柳宗悦所指出："器物必须是人与物相结合的产物。一旦如此，工艺就能成立。产生工艺的先决条件是用途，怎样使用是目的；其次，是用什么来制作，即应该采用什么材料；第三，从材料到器物，是用工具来完成的，精巧的工具再发展一步就是机械；第四，需要技法与技能，由此可以产生出拙巧之差别；第五，是劳动，特别是劳动的形态，即需要组织；第六，是传统，民族的睿智均藏匿于此。"[1]邛窑对于材料和工艺的辩证统一的造物思想，成为邛窑器物设计审美文化的重要精神内涵，反映了来自民间的邛窑工匠的高超设计智慧和积极进取的创新精神。邛窑能在这样一个材料先天不足的基础上，却发展出长达900多年的烧造历史，提供了满足巴蜀地区各阶层使用的生产、生活和休闲娱乐用器，乃是由于邛窑的工匠在顺应天时地利的自然环境下，不断通过工艺的提高和创新，积极地处理材料，使"材美"和"工巧"真正达到了和谐自然的高度统一的结果。

由于民间工匠更注重材料之间关系的认识，因此，各种材料的和谐关系成为其生产中考虑的重点。瓷器是土与火的艺术，其产品的成功具有一定的偶然性，与材料之间混合的比例、反应的温度密切相关。因此，对各种材料关系的经验判断成为瓷器烧制中处理材料问题的一个重要方面。邛窑工匠在长期的生产实践中，通过偶然发现、反复实验、进而掌握材料的特性，并将这种认识应用于新的生产，通过经验的判断使原有材料焕发出新的生机，或者发现新材料的新的审美意蕴。这在邛窑的高温乳浊铜绿釉、高温铜红釉、窑变釉等产品的发展中非常清晰地呈现出来。

但是，必须客观地看到，材料的劣势始终是贯穿邛窑生产的一个核心问题。前已述及，优良器物的设计包含"天时""地气""材美""工巧"四个必备因素。在特定的时空条件下，邛窑的工匠可以用技术和工艺来转换材料的审美外观，但是对邛窑而言，"工巧"的意义不仅在于"使材美"，还在于要在不同的"天时""地气"条件下使用不同技术来加工和装饰材料，才能达到"造物适人"和"造物宜人"的统一。"百工之事是对前三者的综合，造物过程既要顾及自然变化、地理条件与地域特性并受其限制，又要选择材

---

[1]（日）柳宗悦. 徐艺乙译. 工艺文化[M]. 桂林：广西师范大学出版社，2006：89

料、处理材料、加工成型。天时、地气、材美通过百工而共成一体。百工之事一面受到天、地、材等因素的制约，表现出造物设计对外界、对自然的顺应倾向；另一方面，工匠受到种种限定的主体性又具备一定主观能动性，工之'巧'就'巧'在对种种限定的协调与突破。"[1]邛窑隋唐五代时期能获得较大发展，是由于其通过装饰来掩饰材料劣势的方式刚好能使产品符合同时期瓷器审美风尚和社会需求。而宋瓷更加追求造型上的修长、规整、严谨和纹饰、色釉上的清淡、含蓄、温润、典雅，对于优质瓷土的要求明显提高，这对瓷土先天不足的邛窑来说，仅靠"工巧"已经无法企及。因此，邛窑最终在"天时""地气""材美""工巧"这四个因素无法协调统一的情况下，不可避免地走向了衰亡的结局。

二、邛窑器物设计审美文化的特征

（一）装饰为上：以装饰作为形式美感的核心要素

纵观邛窑审美文化的发展历史可以看到，邛窑器物设计审美文化的最重要代表就是邛窑的装饰设计。大量的实物表明，邛窑在造型上虽然有仿生造物、手捏瓷塑、省油灯方面的突破，但总体上与同时期其他窑口较为接近，具有明显的相似性。相比而言，邛窑在装饰方面却在吸收、借鉴的同时，体现出一种超乎寻常的积极的创新意识。这种创新意识贯穿于邛窑的全部历程，使得邛窑始终以不断超越的姿态极尽所能地发展装饰，在中国陶瓷装饰史上留下多项创举，这也成为邛窑与其他窑口最重要的区别特征。

"装饰性"在邛窑器物设计的审美文化中处于核心的地位。这不仅是由于邛窑在色彩和纹样的装饰方面具有多项独创，使邛窑器物呈现出独特的价值和美感，同时，邛窑的造型上也有着大量的装饰性元素。可以说，造型也成为了邛窑的一种重要装饰手段。从"造物宜人"到"造物悦人"，是邛窑在造型设计发展过程中逐渐形成的指导思想。"造物宜人"，首先体现在邛窑器物的造型是一种功能性的表达，并随着人对功能的不同要求而不断变迁。而"造物

---

[1] 胡飞. 中国传统设计思维方式探索［M］. 北京：中国建筑工业出版社，2007：150

悦人"，更多的表现为一种创造性和装饰性，使器物获得了令人愉悦亲近的情感性。邛窑器物的设计大量采用了人们生活中喜闻乐见的形式来造型，使器物更为贴近使用者的心灵，满足功能的同时也满足了情感需求。邛窑的仿生造型瓷器不完全等同于后世所称的象生瓷，象生瓷是"指真实模仿植物或动物形象的陶瓷制品。历史上特指供陈设观赏的仿制盘装花果……中国陶瓷史上，清初江苏宜兴窑始用各色紫砂泥制作紫砂象生器，开象生瓷制作的先河。到了乾隆时期，景德镇唐窑……象生瓷有象生果品蟹盘、象生果品高足盆、仿雕漆锦纹果品盘等，盘内盛有螃蟹、红枣、花生、荔枝、菱角、莲子、核桃、西瓜子、栗子、荸荠、石榴、樱桃、桑椹、橘子等。"[1]而邛窑擅长用各种动物、植物作为造型元素，将抽象的器型变为具象的审美外观，其仿生造型除了有模仿上述花果动物等生物而制作的专门的观赏用器，还有仿造现实生活中的人、动物、植物的外表体征或是其材质或肤理为造型的实用器具，并且通过不同的仿生方式，使器物的外观贴近使用者的心灵和情感，起到情感沟通的作用。从邛窑大量的仿生器型可以看出，邛窑的生产者已经明确地意识到，日用器物不再仅仅是为了满足生活需求而存在，更应成为一种沟通情感、满足审美需求的媒介。因此在生产中巧妙地利用了仿生设计来取悦使用者，通过移植、联想、象征等方式，捕捉自然形态中易于唤起人们审美情感的元素融入器物造型之中，使人们在使用器物的同时获得亲切、舒适、轻松、愉快等心理感受。而这些审美效果，都是通过具有装饰性意义的造型手法来实现的。

　　同时，前面提到，邛窑对装饰的极大重视是与其材料劣势有着密切关系的。面对先天"材不美"，邛窑工匠并没有消极地放弃，而是积极地利用"工巧"来"使材美"，将"因材施艺"变为"理材施艺"。《考工记》将百工称为"巧"者，《说文解字》中说到："工，巧也，匠也，善其事业，凡执艺事成器物以利用，皆谓之工"。瓷器的工艺包含了原料加工、造型与装饰、装窑与烧成。邛窑在发展过程中，工艺水平始终跟同期各大窑口保持同步，有些工艺甚至处于领先水平，为"使材美"提供了技术保障。传统的对待材料的方式是充分呈现材料的天生丽质，体现造化神奇和自然情趣，但是邛窑在设计生产的过

---

[1] 冯先铭. 中国古陶瓷图典［M］. 北京：文物出版社，2002：65

程中，恰恰是通过不断的工艺创新，来遮蔽材料的不足，通过对材料的处理和合理的装饰，改变材料的审美感受，从而使器物最大限度地达到了内外和谐的文质彬彬。从这个层面上来说，也恰恰是邛窑"材不美"的原因，导致了"使材美"的"工巧"的发展和创新。

材料一直是邛窑生产中需要面对的最核心的问题。从自然中获取优良材料，通过一定的制作获得超于自然属性之上的新材料，是邛窑工匠们创造活动中最基本的环节。工匠对材料的认识结构是在长期的劳动中形成的，《易·系辞下》曰："古者包牺氏之王天下也，仰观象于天，俯则观法于地，观鸟兽之文，与地之宜，近取诸身，远取诸物，于是始作八卦，以通神明之德、以类万物之情。""近取诸身，远取诸物"的认识是和神明之德、万物之情相联系的。在民间工匠看来，各种自然材料之间是相互存在特殊关系的。对一种材料的获取或制作，必须同时考虑到它相关的一些材料特性。一方面可以借助其他材料的自然属性来强化应用材料的特性，一方面则注意到各种材料之间的和谐关系，不致使他们之间的自然秩序被破坏。在今天看来，这是一种顺应自然的材料保护观。

由于上述认识，邛窑工匠在处理材料时，一方面通过物理和化学手段的施用，使其中有利于造物活动的自然属性显露出来，另一方面，则通过同类事物相生的原则来加强材料自身的机能。更为重要的是，邛窑对材料进行了分类应用，根据不同的材料特性，发挥材料的优势，显现其审美意蕴。同时通过技术的创新来掩盖材料的不足，甚至将这种劣势转化为一种优势，使材料经过处理后能焕发出新的艺术光彩。

因此，邛窑器物在设计中对装饰尤为重视。前已述及，由于胎质的粗糙和胎色的不白，邛窑从南朝时期就开始在胎釉之间使用化妆土修饰技术，以掩盖坯胎的质地，使釉面达到更为美观的效果。化妆土的使用还为彩绘创造了条件。一般器物为半釉或下足无釉，因此邛窑装饰重点区域是器盖、肩部、鼓腹处。这样在客观上可以使视觉集中于上部装饰密集的地方，使器型更为饱满，转移对下部无釉区域粗糙质感的注意。邛窑还采用了护胎釉的技术，改良了早期露胎对美观造成的影响。邛窑最早在南朝创烧了高温乳浊铜绿釉，并在其后的烧制历史中大量生产乳浊釉产品，其中最重要的原因之一，也是因为乳浊状的不透明釉色能更好地遮掩胎质和胎色。隋代邛窑开始发展出多彩的彩绘瓷，并在唐早期至中期生产到达顶峰，各种写意风格的彩绘呈现出独特美感。邛窑彩绘瓷不仅是中国彩绘瓷的彩色时代的开创者，而且是邛窑器物设计思想实施于材料处理的成功典范。它以器物表面的彩绘装饰转移了使用者对于胎体材料本身的关注，巧妙地隐匿了材料的弱点而又开创了一种新的瓷器装饰技法和装饰风格。此外，邛窑的釉色极为丰富，以釉的色彩来愉悦使用者而不是以釉质、胎质来取胜，也是邛窑以装饰来"使材美"的重要手段。

事实上，邛窑器物设计审美文化的命运就是其装饰发展兴衰的命运。通过对邛窑装饰历史的分析可以发现，邛窑的装饰有一条清晰的发展线索。邛窑在东晋南朝时期尚处于装饰技法的摸索和学习阶段，以单色青釉和简单的刻花、划花的莲花纹样装饰为主，风格和技法都与江南越窑、德清窑等早期青瓷类似。隋代邛窑开始了多色彩绘的探索，但数量极其稀少。因此，从东晋至隋代，邛窑的装饰总体来说具有明显的时代性，还未将装饰作为创造形式美感的主要手段。经过隋代的探索和酝酿，唐初邛窑彩绘瓷开始大量出现，这成为了邛窑装饰史上的一大转折，邛窑以装饰为核心的意识开始建立。从这个时候起，邛窑就显现出对各种装饰手法的极度崇尚和大胆创新，并在唐宋时期得到大力发展，从而形成了初唐至盛唐的彩绘瓷、晚唐至五代的邛三彩、两宋时期的刻、印花和"邛窑绿"三个具有独特性的装饰高峰。这种以装饰为中心、极尽装饰之能事来创造瓷器形式美感的审美意识，为邛窑能获得长久的生命力打下了基础。因而，从本质上来说，邛窑器物装饰是邛窑器物设计审美文化的最重要的内容，邛窑的装饰风格同样从根本上代表了邛窑器物设计审美文化的风格。

（二）情感质朴：大朴不雕、稚拙天然的民间意趣

瓷器的造型或纹饰，最后都呈现为一定的视觉形象。这些视觉形象不仅承载了造物者对于器物功能的赋予，更是各种审美意识的集中投射，因而也成为具有独特意义的符号。"从古老的洞穴壁画、彩陶纹样，到现代设计、平面设计，图像总是经由一定的形式系统来表现，图形的关系处理直接影响传达过程中视觉交流的有效性和完整性，图形本身也因为在视觉传达中作为交流和沟通的媒介，而具有了符号的特征。一种图形就是一种符号，并表达一种观念。"[1]

---

[1] 海军. 视觉的诗学——平面设计的符号学向度［M］. 重庆：重庆大学出版社，2007：74

那些为了美化器物而存在的装饰，无不体现着造物者的情感和意志。邛窑的造型和装饰经历了漫长的时代变迁，但在变迁中也保留和传承了其不变的精神。这种精神，就是根植于民间的强烈稚拙的生活气息的体现。

"中国陶瓷工艺中以'自然'作为重要的审美标准，这种自然，一是对自然现象的直接表现，在陶瓷艺术中有着直接的反映，……模仿自然物成为中国陶瓷重要的特点；二是在陶瓷制作中体现一种自然精神，自然韵律。"[1]在邛窑的造型和纹饰中，"自然"同样是其重要的题材。

花草是邛窑器物设计的重要母题。在造型上，多见各种形式的花口器和花形器。造物者抓住自然界中花朵的造型特征，删繁就简，通过提炼、概括使之抽象化，并按照形式美的法则进行整合，最后将其运用于最适宜表现花朵造型的碗、盘等器物的口沿部分。如各种花瓣形碗，腹身呈葵瓣形、四瓣花形；盘有五曲葵花形、十曲葵花形、三曲莲花形、五曲莲花形（图5-12）；茶托有五曲莲花形、六棱葵瓣形、六曲葵瓣形；碟有菊花口等型；还有各式花形器盖、花形盒盖，甚至众多的瓜棱形瓶、瓜棱形壶、瓜棱形罐等，俯视的形象也是花朵形。花口器和花形器的造型，表现出对生命体（植物）行动态势的捕捉，打破了平口器的规整和呆板，表现出富于生机的韵律。尤其花口的曲线与曲线相交处所形成的凸出或凹进的角点有序地参差交错而产生的节奏感，丰富了造型的形式表现。大量盒盖的花朵造型绽放得极其饱满，有种鼓动膨胀的生长动势；动物杯（如鸭式杯、鹅式杯）的杯口都被设计成了尾翼展开的花形，形成了鸭或鹅回首衔花的生动姿态，让人感受到生命的喜悦之情。这种对花朵的圆融、圆满造型的眷恋显示了邛窑工匠在设计造物过程中对世俗生活的热烈情感。

 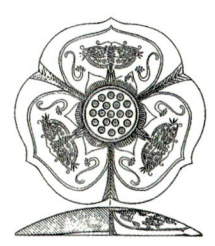

图5-12 五代至宋初 莲花型蝴蝶纹盘模

在邛窑的装饰图像中，花草就更加常见，牡丹、莲花、卷草、梅、菊、兰花、小簇花、芙蓉、萱草、玫瑰、兰草、芝草等题材在彩绘、印花、刻花、贴

---

[1] 程金城. 中国陶瓷美学 [M]. 兰州：甘肃人民美术出版社，2007：185

花、刻绘的各种技法之下呈现不同的审美意蕴。尤为突出的是邛窑彩绘中的兰草纹。早在南朝的器物上就已经出现了这种写意绘就的兰草形象，其作为一种本土常见的植物，兰草纹样被大量装饰于日用生活器物之上，形态飘逸、色彩淡雅，具有简淡拙朴之趣。邛窑的彩绘牡丹均为黄花绿叶或褐彩绿叶，这种原本象征雍容富贵的植物在邛窑工匠的笔下却呈现出一种清雅之美。莲花图像常见于南朝，是佛教文化的重要装饰母题，邛窑对莲花纹样的采用在南朝到宋的几百年间从未间断，并且去掉了佛教装饰的程式化特征，成为一种极具审美形态的自然物象，饱满的莲子、舒张的莲瓣都显示出对生命力的张扬。

邛窑设计中常用的动物形象如鱼、鸟、鹦鹉、蝴蝶、狮、龟、鸡、狗、鸭、鹅、猴、猫、猫头鹰、虎、鼠，均是日常多见的动物，在器物造型中，有作为独立个体呈现的动物瓷塑，也常将动物形象作为装饰出现于器表的某个部位。这些动物造型巧妙地集装饰性和功能性为一体，如老鼠器盖、鸡冠提梁等。装饰图像中，生动的蝴蝶、鱼、飞鸟等具有极为鲜活的姿态，尤其是唐宋时期琉璃厂窑的刻绘大盆中反复出现的鱼的形象更是极富特色。这些鱼纹多以双鱼、多鱼结伴出现，游弋于水草之间，身姿灵活，动态十足（图5-13）。以鱼形来制作的臼磨器也具有同样生动自然的形态。

图5-13 宋 黄绿双彩双鱼盆

总体上看，所有的自然物象在邛窑器物中都呈现出一种自然和原生的状态。无论是追求神韵的手捏瓷塑、写意风格的彩绘，还是精细刻制的印花图像，都传递出一种拙朴天然的意蕴。那些动态各异、表情传神的人物瓷塑，更生动地呈现出丰富的人间情态。不仅如此，在邛窑器物设计中出现的宗教纹样、神异纹样，也都表现出强烈的世俗化倾向。庄严的佛像被用于支撑炉盘（图5-14），神秘

图5-14 唐 青瓷五佛脚炉

的飞天被刻画成有着普通民间女子的装束和发式的样子，原本凶猛威严的龙被作为提梁壶的提把，香炉盖上的狻猊双手作揖表情俏皮，象征羽化升仙的摇钱树被抽象成具有现代主义风格的简洁形式……在这些图像中，我们已经感受不到宗教和神巫的神秘性和庄严性，而是一种亲切、自然、随和、不拘于程式的

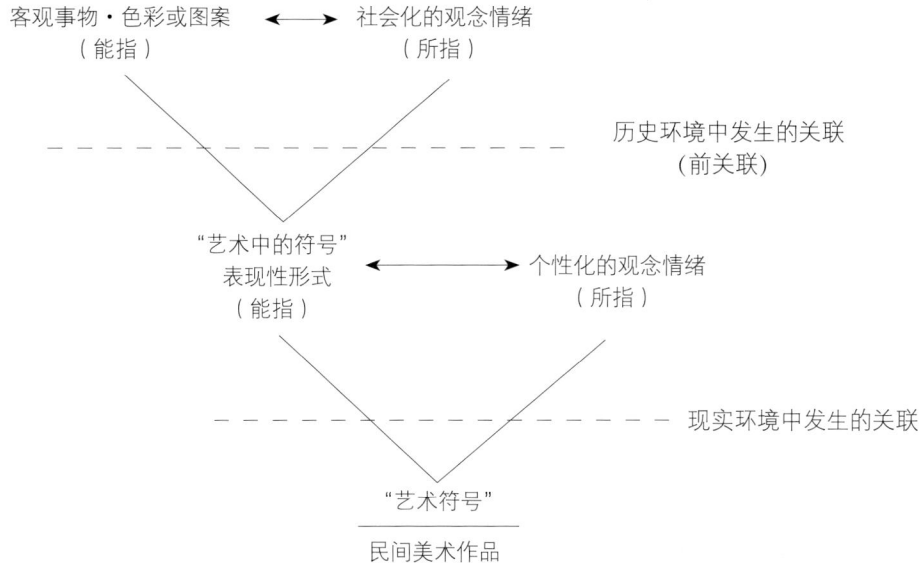

图5-15 二级符号系统示意图

自然气息。这些图像原本所带有的特定象征被消解了，邛窑的工匠只是抽取了那个形式的外观，而加注了自己的意义。

邛窑的大多数视觉形象与其他瓷窑或其他手工艺品都有所不同，分析其原因，我们可以从符号学研究中的"二级符号"系统的角度来着手（图5-15）。手工艺品大多承载了一定的功利性，其装饰往往有图腾崇拜、反映社会生活、祈福等等功利性意义。如漆画、青铜纹样装饰、彩陶等，均以符号的形式来反映人的现实世界和想象世界。通常来说，中国传统的图像都是具有极强象征性的对象化符号，在形式背后有着无形的宇宙世界和丰富的语义内涵。这些由传统图像所构建的符号，属于二级符号系统中的"一级符号"。它"是一种社会习惯……是语言的社会部分，个人既不能自己创造它，也不能自己改变它；它根本上是一种集体的契约"，[1] 它是一种社会化的意义系统。比如，龙、凤、佛等图像，在长期的社会生活中已经建立了极为稳固的象征意义，它们先于任何具体的创作图像而存在，是一种文化历史的符号形式。而当这些"一级符号"被创作个体选择，又被创作主体加工之后，再度呈现出来的新的物化的表现性

---

[1]（法）R·巴特. 符号学美学［M］. 沈阳：辽宁人民出版社，1987：7-8

形式，就构成了"二级符号"，也即是我们看到的呈现在邛窑器物上的那些具有邛窑特定风格的彩绘图像。更确切地说，作为一种装饰图像，它们已经是一种"艺术符号"，"是创造主体在内在需要的驱动下，通过合目的地选择和利用观念地存在着的社会化意义系统而建构起来的、蕴含观念情感的物化表现形式。"[1]它是创作主体现实情境中建立的自我观念情感的符号形式。

因此，不难理解，相同题材的选择最后会呈现不同的图像形式，这是因为造物者的情感性、造物的功利性以及其他审美观念的加入，使得原本具有稳定性的那些"一级符号"出现了新的图式，也被注入了新的含义。"不同时代的符号图像的能指形式对应了特定的表达时代趣味和精神的审美特征，图像中积淀了观念，形式中表达了精神。所谓中国传统符号图像的迭变也就形成于这种审美取向的流变转折中。"[2]邛窑器物设计审美文化的符号，也打上了深刻的地域性、时代性精神观念的烙印，那就是对那些宗教性、神性主题的世俗化、去魅化，对民间艺术中诸如"祈子延寿""招财纳福""驱邪避灾"等恒常主题的淡化。邛窑的器物设计审美文化符号，呈现为一种更为纯粹的审美性特征，它传承了"一级符号"所带来的主题，但却将其以一种全新的、独特的、充满生机和活力的视觉形象呈现出来。"民间美术主题的原始依据和价值取向显示了民间老百姓对以生命存在为核心的自然要求的肯定态度，也透露出他们追求完美、自由和永恒生命存在自然形式的强韧心向。"[3]这种"强韧心向"在邛窑器物上，显现出一种蓬勃旺盛的生命力和创造力，并贯注于整个邛窑的生产历史之中，将巴蜀地区世俗享乐、富足安宁、怡然自得的民间风貌展现得淋漓尽致。这是一种生活的"真"，更是一种情感的"真"。正如苏珊·朗格所说："艺术，是人类情感的符号形式的创造。"[4]邛窑的器物设计中呈现的质朴而强烈的情感，正是其独特审美文化符号得以建构的重要原因。

同时，邛窑造型的风格、语言的质朴、率真，是邛窑器物设计审美文化独特的审美品格和永恒的魅力。质朴，即本色，本质的淳朴与率真。这种质朴的风格不仅表现在邛窑设计的内容形式上，更表现于精神内涵，显现出创造主体

---

[1] 吕品田. 中国民间美术观念[M]. 长沙：湖南美术出版社，2007：346

[2] 海军. 视觉的诗学——平面设计的符号学向度[M]. 重庆：重庆大学出版社，2007：74

[3] 吕品田. 中国民间美术观念[M]. 长沙：湖南美术出版社，2007：46

[4] (美)苏珊·朗格. 刘大基等译. 情感与形式[M]. 北京：中国社会科学出版社，1983：126

内在人格的朴实无华。只有心灵的纯真、朴实，才能物化为形式的淳朴。所以，邛窑器物的淳朴之风既是形式的，也是风格的，又是精神的、情感的。从加工制作过程来看，邛窑没有官窑制作的雕琢和严谨，其造型也显得不那么规整。这种随意性恰恰正是民间美术的纯真、自然、稚拙的品格，既没有装腔作势、无病呻吟，也没有矫揉造作、故作姿态。这种率真的创作观念是与民众的艺术思维、表现方式、审美情趣等相关的，它是一种真情实感的流露，而不是刻意造成表面形式的稚拙、奇异。也就是说，邛窑器物创作通过主体的心理活动或行为活动转化为现实性的存在，导致出现了相对主观唯我的结构样式。这种纯真、自然的创造思维、创造过程也是成就邛窑器物质朴、率真风格的原因。

民间美术创造在选材加工时遵照自然规律的态度也是民间哲学观念和思维模式使然。在遵循自然的过程中，民间美术作品难免有时显得粗野，土味十足，但这种粗，如潘鲁生所言，是"粗放，粗犷，豪爽，简约，不是粗陋，粗糙。""因为不过分修饰，放手运斤，也就不做作，显见其自然本色。"其内涵正是因物自然、不事雕琢的本质体现。而土气正是民间美术艺术个性、独特魅力之所在，也正是民族性的所在。淡然粗糙与质朴也不是绝对的，粗糙不见得质朴，质朴也并不意味着粗糙，民间美术的朴素、粗犷、刚健也并不等于粗糙。质朴更多反映的是精神品格，而邛窑器物品质外表的质朴正是其精神率真质朴的体现。因而，邛窑器物造型绝无扭捏作态、哗众取宠之意，给人的审美感觉是质朴无华的——它既是作品心理内涵的质朴，也是风格主观因素的质朴。另外，邛窑器物设计的题材的通俗性也是其质朴的一个表现方面，民间美术的通俗体现在内容选材的浅显、平易、大众化，既不深奥，也不晦涩，形式也不奇崛，这都体现了其朴实无华的本性。更为重要的是，邛窑器物造型的质朴是民众人格、心理质朴的显现。这种外表形式的质朴源于庶民百姓质朴纯真的人格力量。换句话说，民众质朴、纯真的心灵是邛窑器物造型质朴特征的决定因素和内在根源。劳动者的质朴表现了内心与行为、精神与外表的统一，表现在邛窑器物造型中则是功能与审美、心与物的和谐统一。因而，邛窑器物的外表形式的粗犷简洁或细密繁缛总是与平民百姓内心的纯真朴实相一致的。它所显示的是民间窑工"自身的内在特征"，所以才始终保持了质朴率真的风貌。邛窑器物的这种质朴率真心灵的自然流露，从不同角度反映了民众对客观世界的认识和态度，表达了自己的理想、愿望和追求。他们忠于自己的天性、忠于自己的心理情感，因而作品才具有质朴纯真的特征，形成了邛窑器物突出的审美品格。

邛窑器物的这种质朴纯真的淳风之美，正像张道一对民间美术所概括的那样：内容形式上的"真、全、艳、健"和风格特色上的"粗、俗、野、土"。这八个字既言简意赅地概括了民间美术的审美品格，也是民间美术与非民间美术相区别的重要特征之一，也可以视作对邛窑的审美品格的总结。质朴率真是一种"返璞归真""大朴不雕""大巧若拙"的艺术境界，它反映的是作品内外的和谐统一，形式的单纯，情感的真诚，因而才具有永久的魅力。当然，对邛窑器物审美风格形式的质朴纯真也不能仅仅限于感性的描述，只有深入开掘其创作观念和文化内涵才能本质、全面地把握邛窑器物的审美意蕴。

（三）写意精神：从形式到内涵的写意性表达

尽管装饰作为一种加诸物品表面的"文采"，其根本目的在于美化生活。但是，在人们按照"美的规律"来创造形式美感的过程中，装饰必不可少地传达了人类的审美感受和审美情趣，并反映了人类的审美需求。西方著名的艺术理论家阿洛瓦·里尔格认为，装饰艺术是一种创造性的心智成果，他在《风格问题——装饰艺术史的基础》中开篇就谈到应该正确地认识装饰的历史："什么？装饰还会有历史？即使在我们这个历史研究热情高涨的时代，人们仍冀盼这个问题有一个绝对的、不容置疑的回答。这种反应并不是那些偏激的人即把所有装饰都看作是原创的、直接来自有关材料和目的的人才有。抱着这种态度的，还有那些思想较为平和的人，虽然这些人还是认为装饰艺术从教师到学生、从前辈到后辈、从文化到文化之间有一定程度的历史发展，至少跟他们看待所谓高雅艺术是一样的，都是用来表现人类以及人类的斗争和成就。"[1]里尔格的"装饰风格说"非常中肯地提到了装饰艺术中精神性的特质。同样，邛窑器物的装饰风格也体现了一种内在精神的特质。

"写意"是中国传统美学中一个极其重要的范畴，体现着中华民族的整体审美趣味。《系辞传》中载，"子曰：书不尽言，言不尽意，圣人立象以尽意。""言""象""意"三者以递进的关系构成了中国古典艺术普遍的内在结构，

---

[1]（奥）阿洛瓦·里尔格. 刘景联，李薇蔓译. 风格问题——装饰艺术史的基础[M]. 长沙：湖南科学技术出版社，2000：1

其中"意"是最高的审美理想和精神尺度。"'写意'的本意,即是主体寻找某种方式表达心意。从这一意义上讲,中国艺术自古就是写意的艺术,是创作者通过外界媒质表达主体观念的艺术。"[1]纵观中国艺术发展史,写意审美观念早在原始社会时期的岩画和彩陶、玉器等手工制品上就已初见端倪,其"似与不似之间"的造型表现已呈现出写意的艺术特征。上古商周时期,青铜礼器作为集社会政治、宗教、伦理、礼仪于一身的表意性标志器物,其意象神秘的造型和纹饰,呈现了那一时期写意艺术的最高水平。在写意传统中产生和发展起来的邛窑审美文化,必然也带上了这样根本性的特征。

邛窑所处的巴蜀地区的写意艺术更具有独特的本土气质,这种地域性影响,在邛窑的彩绘、瓷塑、三彩瓷等产品中都可以直接地看到(图5-16)。营盘山遗址中的彩陶纹样已带有明显的原始彩陶的写意精神。[2]三星堆遗址的巨型青铜器如纵目人像,以夸张的造型将神性的威严转换为一种强烈的精神诉求。金沙遗址的太阳神鸟金箔片,用华美的色彩和动态的韵律传递出一种自由开放充满生机的意向妙境。汉代的画像砖再现了当时的社会生活场景,以简单轻松的方式将墓室的死亡氛围化为祥和,将川人喜乐无忧、尽欢人世的文化特征表现得淋漓尽致。从艺术手法上看,"着重刻画对象的精神面貌和气质,场面的宏大和气势。但是这之中蕴含了创作者的情感,造就了四川画像砖浪漫与写实相结合的特点。"[3]如《采莲》《弋射收获》(图5-17)等,均以简括的线条、生动的形态,

图5-16 唐 褐绿双彩卷草纹瓷枕

图5-17 东汉 画像砖《弋射收获》

---

1 常欣. 写意论[J]. 美术,2011,(4)

2 成都市文物考古研究所,阿坝州文管所,茂县博物馆. 四川茂县营盘山遗址试掘报告[A]. 成都考古发现(2000)[C]. 北京:科学出版社,2002

3 阮荣春,罗二虎. 古代巴蜀文化探秘[M]. 沈阳:辽宁美术出版社,2009:161

呈现出一种田园生活的浪漫意境。这种意境与邛窑卷云飞动、草叶舒展的彩绘所追求的意境具有高度的内在一致性。汉代陶俑的删繁就简的朴素的表现手法、以瞬间凝固动态的高超造型能力，与邛窑瓷塑如出一辙。从总体来看，追求精神性的审美表现、极尽所能的表现蓬勃生机和自然万象的艺术传统，一直贯穿在巴蜀的艺术创作中。因此，中国艺术的写意传统和巴蜀地区自古延续下来的本土文化气质，从总体上影响了邛窑审美文化的写意性的形成。

在邛窑的所有器物品类中，彩绘最能体现这种写意性。瓷器彩绘作为附着在器物上的装饰，它虽然受到器物功能、器物装饰效果等规定和限定，但在这种限定之内，仍最大限度地体现了一种创造主体的精神诉求。如前所述，早在原始时期的彩陶纹样的写意性特征上，已经体现了创作者深层次的文化因素，即装饰的精神性。"既然要将陶器发展为彩陶，要在器表上进行纹饰，其中一定包含着某种新的需要，而这种需要主要是精神方面的。从这个角度说，彩陶又有它的精神象征的意味。"[1]因此，中国绘画艺术精神中"重抒情表现而不重摹仿再现，强调认知与直觉的统一，追求趣味，营造意境。尤其是我国特有的文人画，更重视写意，鄙薄宫廷味和'匠气'。"[2]这种审美特征的形成，在史前彩陶的绘画艺术中找到了源头。[3]邛窑的彩绘也正是一种写意精神的表现。

邛窑的彩绘，从技法到精神两个层面都是写意的。前已述及，邛窑的彩绘技法为写意画法和没骨画法。写意又称"粗笔"，与之相对应，"工笔"又称"细笔"。写意画法不求工细形似，重视呈现景物的神态，抒发作者的情感。邛窑彩绘从南朝开始就已使用写意技法，并在初唐至盛唐期间达到鼎盛。晚唐至五代时期邛窑又出现了没骨花技法。在一般的绘画分类中，没骨画属于工笔花鸟画中的一种技法，但在绘画风格上，介乎工笔及写意中间，既不似前者须线条工稳、细致、流畅、色彩匀净、明丽、典雅，所画物象造型准确，生动逼真；又不同后者笔墨彩挥洒恣肆，酣畅淋漓，带有兼工带写的意味。因而，写意和没骨这两种技法都能呈现出写意的韵味。

同时，从精神的层面上看，写意是中国艺术的本质精神，也是中国画的核心内涵。中国画注重内蕴的外在表现力，对于精神性有着极高的要求。从邛窑

---

1 程金城. 远古神韵——中国彩陶艺术论纲［M］. 上海：上海文化出版社，2001：2
2 邓乔彬. 中国绘画思想史［M］. 贵阳：贵州人民出版社，2001：13
3 孙长初. 中国古代设计艺术思想论纲［M］. 重庆：重庆大学出版社，2010：185

挥洒自如的兰草纹到缱绻舒展的云气纹、到没骨清雅的牡丹花，邛窑的彩绘风格一直贯穿着写意的精神。"写意"不仅作为中国画的一种风格而存在，而且还成为中国画的总体艺术观念和艺术精神。写意从形式上讲是创作者以奔放的笔触、热烈的情感、流畅的思绪完成与艺术表现的对话，正如张彦远在《历代名画记》中所说："意在笔先，画尽意在"，以笔趋形，以写传神，把"似与不似"作为刻意追求的理想准则，其形象简括大而化之、随机触发、兴尽而止，极尽所能地表现蓬勃而充满生机的自然物象，达到形忘意会之妙境。邛窑彩绘与中国艺术的精神内质保持着高度的一致性，它表达了邛窑工匠对于各种物象的独特的审美观照，以逸笔草草、舒展流动、随心所至、不拘于程式的表现方式来呈现其活泼姿态，也正体现了民间艺术的质朴自然洒脱的艺术面貌。邛窑彩绘这种简括凝练、适度夸张的方式从本质上讲也是邛窑工匠内心深处的情感表达。"在陶瓷装饰中，特别是民间陶瓷器物的纹饰中，其绘画图案是艺人徒手自由描绘的，从中可以感知到人的情感、心绪，它们是带有笔意、气氛等复杂因素的有机形态，是一种蕴含着人的现实心灵向往的'有意味的形式'。即使那些几何图形的组成，也充满着人的精神因素，有着对于生活的感受、理解和期盼。"[1]邛窑彩绘寥寥数笔绘就的图像所形成的"意到笔不到"的意趣，与绘画艺术中对意境的表达具有异曲同工之妙，不仅暗合了中国绘画的"写意"精神，也成为后世的绘画中写意画和没骨花画的先声（图5-18）。

邛窑器物设计的写意性不仅表现在彩绘中，在邛窑的器型设计和其他装饰设计中也是如此。那些生动的瓷塑、仿生的造型、拙朴的乳浊釉瓷，色彩淋漓的邛三彩，无不流动着写意的美感。这种美感之中，正蕴涵着一种长期承继的民族的特质。

归纳起来，邛窑审美文化的写意性有以下四方面表现：

第一，拙朴自然，去魅存真。装饰母题是邛窑审美文化的重要载体。邛窑工匠在设计制作的过程中，通过对自然物像的选择、对象征的消解和对情

图5-18 唐 褐绿双彩兰草纹复系执壶

---

[1] 程金城. 中国陶瓷美学［M］. 兰州：甘肃人民美术出版社，2007：184

感的张扬，体现出强烈的写意性精神。如前所说，一方面，邛窑装饰母题中大量出现植物、动物等自然物像。一般来说，民间艺术对题材的选择和表现大多有着功利倾向，常用于表达"求生""趋利""避害"等恒常主题。但邛窑却更多地将自然物像作为装饰题材，表现了一种质朴淳厚的情感性。另一方面，邛窑工匠对人物、神异、宗教等纹样的表现，具有世俗化、去魅化的倾向，同样体现了一种自然的、情感化的观念。如造型生动、具有强烈的民间生活气息的儿童俑、妇女俑、乐俑、胡人俑等，以及被去除了神秘性和庄严性的飞天、佛像等。这些图像原本所带有的特定象征意义被消解了，而被转换为超脱功利的装饰图像，形象简括、追求神韵而不求形似，传递出拙朴天然、情趣盎然的意蕴。而这种艺术的处理和加工，并没有过于程式化的限制，更多地呈现为工匠的主观心性的自然表达。

第二，线条律动，气韵生动。瓷器造型中的线条较为抽象，但却具有很强的表现力。造型上的直线和曲线可以传达出不同的意蕴。直线较为简单明了，给人规整强硬之感，曲线则具有变化多样的特点，具有流畅、起伏、委婉等视觉印象，因而曲线更易于表达情感。同时，线条是中国古代绘画精神的代表，线是表达意向性的最佳语言，承载着中国艺术的重要美学思想。邛窑器物设计正是通过大量的富有动感的曲线来呈现出写意的风格。由于邛窑彩绘图像完全由线条构成，因而彩绘线条的动势最能表现写意的精神。邛窑的彩绘经画工之手，将娴熟的绘画技巧、灵活自由的笔法以及一气呵成的气势集为一体，将写意精神从形式到内涵统一起来。此外，无论是规整器型上的几何曲线还是手捏瓷塑上的自由曲线，均传达出强烈的写意精神（图5-19）。

第三，形象概括，以形写神。邛窑将自然物像运用到瓷器的造型和装饰中时，对这些物像进行了艺术化的处理，使其成为具有高度概括性而又神韵兼备的艺术形象。邛窑工匠在模仿自然形象时注重大体形似。人物或动物瓷塑，由于形制小巧，大都不求细部刻画，而以外部轮廓的相似性来呈现具体形象，通过对其生命体行动态势的捕捉，呈现了充满动感的瞬间，带有强烈的生命活力和艺术张力。同时，一些设计成型的基础纹样，经过细节的变

图5-19 唐 青瓷褐绿双彩盘口瓶

化，又可以演化成新的纹样，如云纹、卷草纹、兰草纹等，都有多种变体，类似于现代设计的"实体——抽象——简化——变形"的设计思路。但无论怎么变化，描绘对象的特征都被表现得准确和生动。这种语言简练，重视神韵的形象表现，也正是中国艺术写意精神的内质。正如齐白石所言，绘画"妙在似与不似之间"，这才是中国艺术的最高境界。

第四，简朴含蓄，虚实相生。邛窑的大部分器物都呈现较为淳朴、粗犷、土气的风格。但这并非是粗糙和忽略，绝大部分器物的口、肩、流、把、足、提梁等处都可以看到匠心独运的造型装饰。这些精巧的细节为邛窑的拙朴造型增添了生动情趣和审美情调，它与整器的简约朴素之间形成了一种对比的关系，既不过分强调细节的突兀，也并未凸显器身的粗糙，反而产生了虚实相生的审美意蕴。邛窑彩绘中化妆土"分割线"的应用，也使瓷器具有类似的审美效果。在化妆土形成的白色底面上绘制图像简朴的褐、黄、绿等色彩的写意彩绘图像，空白区域起到了留白的效果，通过"虚空间"的拓展而突出了主题纹饰，形成了和谐的比例关系。

瓷器作为实用与审美相结合的产物，其创造过程包含一定的功利性因素，但是在功利前提之下，创造什么、如何创造，则是来源于创造者长期实践生活的审美总结，而这种审美总结又蕴涵着环境、时代、民族性的影响所带来的必然。它"体现着较为纯粹的美感的需要和民族的艺术'意志'。它要描绘怎样的图案和以什么为对象进行组合，有着我们民族对于人与自然宇宙关系的理解，有着对圆满或是缺失、动态或是静态、和谐或是冲突等等心理上的情感波纹的荡漾。"[1]邛窑瓷器的创作者在潜移默化中传承了中国传统美学和巴蜀地区的民间艺术的艺术风格，将写意精神贯注于艺术创作活动中，以逸笔草草，随心所至、不拘于程式的表现方式，创造出流畅传神、天真稚拙、极富生命张力又雅俗共赏的审美外观，使其传达出丰富的审美意象。

沃林格说："装饰艺术的本质特征在于：一个民族的艺术意志在装饰艺术中得到了最纯正的表现。装饰艺术仿佛是一个图标，在这个图标中，人们可以清楚地见出绝对艺术意志独特和固有的东西……装饰艺术必然构成了所有对艺术进行美学研究的出发点和基础……每块粗糙的凿成的东西，每个随意的涂

---

[1] 程金城. 中国陶瓷美学[M]. 兰州：甘肃人民美术出版社，2007：183

描，尽管它们像装饰艺术那样并没有准确地表明一个民族的审美天赋，但是，它们作为艺术活动的最初萌动，仍然成了艺术史研究的出发点……"[1] 邛窑审美文化的写意性表现了邛窑瓷器的文化内涵与艺术意蕴，它既体现了中国民间艺术的共同特征，又体现了地域文化的影响，这种具有巴蜀特征的写意风格成为邛窑与其他窑口相区别的重要标志，也是评价邛窑瓷器的审美价值的重要尺度。

（四）风格多元：多层次的器用诉求与审美趣味

邛窑的器物的发展演变，使我们清楚地看到邛窑与同时期南方、北方诸多窑场的密切关系。它们之间相互承继、相互影响、取长补短，共同构成了中国瓷器造型的丰富面貌。这种时代赋予的共性和风格的多元性，在邛窑器物造型和装饰上体现得极为明显。

在邛窑产品中，有以普通平民为销售对象的具有亲和性的生活器具，如碗、盘、罐、壶等，造型简单、形制不精、拙朴低调；也有为文人阶层提供的文房用器，如砚、水盂等，器型饱满，小巧雅致；还有为民间宗教习俗而生产的佛像、香炉等，这类器物均精雕细琢，造型端正庄重；此外，还有为社会上流阶层所制作的器皿，为了迎合其贵族趣味，这类器物通常使用模具成形的方法，使器型规整、精致，并大量模仿金银器的造型，是邛窑器物造型中最为讲究的一类。此外，还有大量娱乐用器和造型生动的瓷塑，满足了各阶层人士娱乐玩赏的精神需求。邛窑的产品使用对象的复杂性促进了邛窑器物造型的多样性，因而形成了多种风格共存的局面。

1．文人趣味：闲情逸致的文玩之雅

邛窑的窑址大部分建于经济和交通发达地区。这些窑场有规模较大的手工作坊，也有独家经营的个体小窑，产品主要销售于窑址附近的城市和集镇上的陶瓷品集散市场，并由此销往各地。"这些产品适应社会生活的变化，既烧制粗瓷制品，满足广大劳动人民的生活需要；又烧制精瓷，满足贵族、官僚、富商大贾装饰居室、陈设观赏的需要。妇女化妆使用的瓷质香粉盒、脂粉盒、喂

---

[1]（德）沃林格．王才勇译．抽象与移情［M］．沈阳：辽宁人民出版社，1987：52

孔雀、鹦鹉的鸟食罐就是贵族生活需要的产物。"[1]由于产品使用者众多，也使得邛窑的器型呈现出类别丰富的面貌。

巴蜀地区素来文艺兴盛，自司马相如、杨雄以来，蜀号多士。到了隋代，这里的风俗仍然是颇慕文学，时有斐然。唐代是我国封建文化高度繁荣的时期，巴蜀地区的文学艺术也有长足的进步。特别是在中唐以后，北方战乱迭起，巴蜀地区则相对安定，大批文人相继入蜀避乱，"唐宋诗人多入蜀"，在巴蜀经济较为繁荣的唐宋时期，曾有一大批当时最有名的骚人墨客云集蜀中，如杜甫、王勃、卢照邻、高适、陆游、黄庭坚、范成大等。他们对巴蜀地区的文学创作的影响超过了巴蜀本土的文学家，从而进一步推动了巴蜀地区文化的发展。文人阶层的扩大，对文房用器的需求也随之增加。邛窑为满足市场的需要，生产了多种造型的笔架、砚、水盂、水注等。邛窑的文房用器均形体娇小，如水盂，大多口径为2~3厘米，高为2~4厘米，但造型精巧，无论鼓腹、瓜棱形或扁圆腹型均显得规整饱满；邛窑的砚也独具特色，款式各异，其多足砚和风字砚都体现了明显的本土风貌。

2. 民间趣味：自由简朴的世俗之乐

邛窑生产的各类娱乐用器展现了丰富的时代社会生活画卷。唐宋时期由于政治经济的繁荣昌盛，规模庞大的市民阶层日渐形成，娱乐活动得到了极大的丰富和完善。在社会生活中普遍流行的传统游戏有荡秋千、放风筝、蹴鞠、拔河、射箭、走马、游猎、斗草等，随着中国民间游戏的发展，一些新兴的游戏如马球、象棋等也得到了迅速的普及。

蹴鞠是唐宋时期最为普及的游戏活动之一，它起源于春秋战国时期，发展到唐代日益普及，在宫廷、民间，都十分盛行。如杜甫《清明二首》其一中写道："十年蹴鞠将雏远，万里秋千习俗同。"[2]侧面反映了蹴鞠在全国范围的普及情况。王维的《寒食城东即事》中亦提道："溪上人家凡几家，落花半落东流水。蹴鞠屡过飞鸟上，秋千竞出垂杨里。"[3]描写的是世人在城郊进行蹴鞠活动

---

[1] 贾大泉. 四川通史（卷四五代两宋）[M]. 成都：四川人民出版社，2010：312
[2] 中华书局编辑部. 全唐诗[M]. 北京：中华书局，1999：2575
[3] 中华书局编辑部. 全唐诗[M]. 北京：中华书局，1999：1259

的情景。储光羲《贻王侍御出台橡丹阳》中也有"天街时蹴鞠"[1]的诗句,"天街"说的是京师的街市,由此可见,这一活动在当时确是广为流行,深受世人喜爱。这种习俗一直延续到南宋时期,诗人陆游在《春晚感亭》诗中描写过这一情景:"寒食梁州十万家,秋千蹴鞠尚豪华。"又在《感旧四首末章盖思有以自广》中有"路入梁州似掌平,秋千蹴鞠趁清明"的诗句。邛窑唐宋时期的人物瓷塑中,出现了大量手抱蹴鞠的人物俑,即生动的反映了当时社会流行的这一游戏活动。这些玩球俑造型生动,姿态各异,表情、动作各不相同,有将球抱于胸前,有将球放于两手之间玩耍,有将球放于盘腿之间,双手击掌喝彩,也有的将球按于腿上,蓄势待发。邛窑的工匠通过高超的工艺将捕捉到的生活画面呈现于这小巧的瓷塑玩具中,生动再现了当时的游戏风俗。

  邛窑瓷塑在设计、制作过程中运用了仿生设计手法,其题材的来源均取材于现实生活,因而这些丰富多样的形态也真实地反映了当时的民间生活样态。如在邛窑晚唐至五代和宋代的瓷塑中大量出现的姿态各异的儿童俑,侧卧、倒立、捧手、匍匐、骑兽等,呈现了千年前儿童嬉戏游玩的生动画面,充满了生动活泼的童真意趣。这与当时的社会风气有密切关系。"商品经济的发展,社会上重视儿童的风气,为儿童玩具的创作提供了良好的社会环境;儿童们丰富多彩的生活则为瓷塑艺人的创作提供了广阔坚实的生活基础。"[2]因此在唐宋时期的各大窑场中,瓷塑玩具的制作都相当普遍。除邛窑外,唐代的长沙窑、寿州窑、邢窑,宋代的磁州窑、湖田窑、淄博窑等,都生产富有时代特色和地域特色的陶瓷玩具。唐人路德延的《小儿诗》中曾描写:"嫩竹乘为马,新蒲折作鞭。……抛果忙开口,藏钩乱出拳。夜分围榾柮,聚朝打秋千。折竹装泥燕,添丝放纸鸢。……远铺张鸽网,低空射蝇弦。……斗草当春迳,争球出晚田。……等鹊前篱畔,听蛩伏砌边。傍枝粘舞蝶,隈树捉鸣蝉。……垒柴为木屋,和土作盘筵。险砌高台石,危跳峻塔砖。……"[3]那些瓷塑玩具与同时期的文字、绘画相互印证,充分再现了当时多姿多彩的儿童游戏娱乐活动(图5-20)。

  又如,唐代的贯耳瓶并不是一种生活实用器,而是一种娱乐用器。它源于古代士大夫宴饮时的投掷游戏:投壶。投壶起源于春秋战国时期,秦汉以后,它在

---

[1] 中华书局编辑部. 全唐诗[M]. 北京:中华书局,1999:1401
[2] 白建国. 中国古代瓷塑玩具大观[M]. 北京:光明日报出版社,1997:4
[3] 中华书局编辑部. 全唐诗[M]. 北京:中华书局,1999:8337

士大夫阶层中盛行不衰，每逢宴饮，必有投壶之娱。历代的史料中对投壶的造型以及尺寸均有详细记载，显示了投壶的造型变迁。"汉代以前，投壶所用之壶跟酒壶通用，多为铜质或陶质。"[1]三国曹魏的邯郸淳作《投壶赋》曰："厥高二尺，盘腹修颈，饰以金银，文以雕镂。"晋代人们为了增加投壶的花样，在壶口两旁增添了两耳，这种投壶被称为贯耳瓶，此后，这种造型基本稳定并流传下来。南北朝时期投壶进一步得到普及与发展，开始由官府走向民间。唐代投壶最为兴盛的时

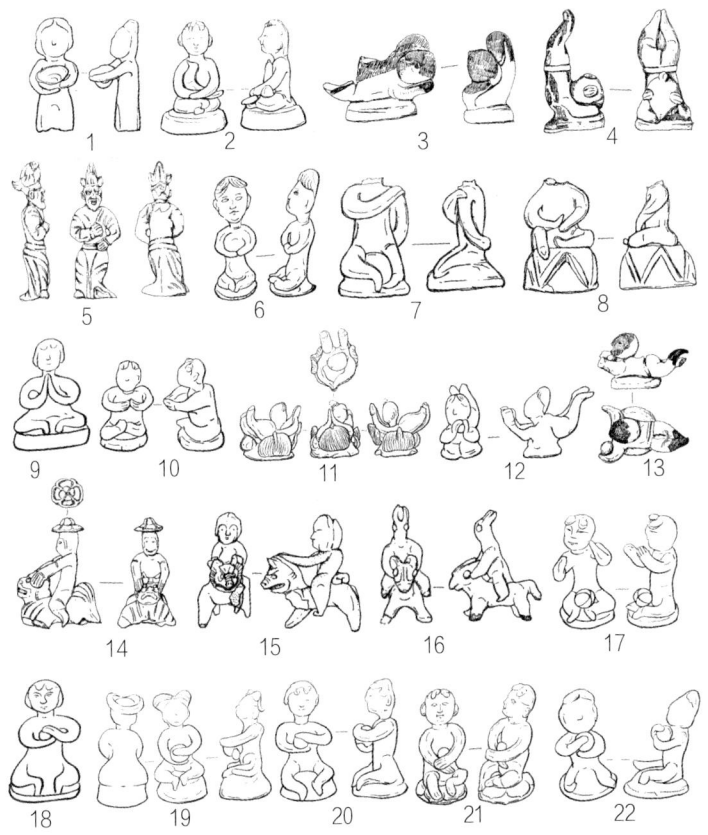

图5-20 唐至宋 邛崃十方堂窑人物瓷塑汇总
1-2. 宋 抱物俑 3. 宋 侧卧俑 4. 五代—宋初 倒立俑 5. 唐 胡俑
6. 宋 交手俑 7. 宋 长袖舞俑 8. 宋 交手俑 9-10. 宋 捧手俑 11. 宋 匍匐俑 12-13. 五代—宋初 匍匐俑 14. 五代—宋初 骑兽俑 15-16. 宋 骑兽俑 17-22. 宋 玩球俑

---

1 李铁锤. 投壶与贯耳瓶[J]. 收藏参考，2009，(10)

期,官府、士大夫阶层到民间都流行投壶游戏。李白、杜甫、白居易等许多文人墨客都在诗中描绘投壶活动的情景,如李白:"帝旁投壶多玉女,三时大笑开电光。"这一时期由于民间对贯耳瓶的需求量大增,邛窑也生产了用于投壶的瓷质贯耳瓶。20世纪30年代亲赴邛崃十方堂窑的杨枝高在文章中提到,邛窑"瓶有红泥胎,通身绿色,高七寸者,有白地黄泥胎,涂绿、涂紫,大小各种形式。花瓶有贯耳者,有多耳者,两双耳两单耳相对者,高由二寸以至一二尺者"。[1] 另有收藏者所藏唐代彩绘牡丹贯耳瓶,"身高44厘米,跟魏邯郸淳《投壶赋》中的'厥高二尺'(约合46厘米)相当一致。……这是目前已知我国最大而且断代依据较为充分的一千多年前的投壶实用器。"[2] 宋代以后,投壶游戏渐渐在民间衰落,仅断续地在士大夫中进行。在哥窑、官窑、龙泉窑等窑口贯耳瓶造型开始流行,但其颈部两侧对称贴竖直的管状贯耳已不再适用于投壶,而演变为一种室内陈设器了(图5-21)。

图5-21 宋 乳浊蓝绿釉贯耳瓶

此外,唐代邛窑烧制较多的胡人俑,也反映了唐代"胡化"的社会景观。唐朝极盛时期,居住于西北的大量游牧民族或被迫归附,或主动请归。唐政府不断地将这些归顺的异族集中迁入内地,同时又维持这些异族的习俗和信仰。这种异域文化必然对周边的华夏民族产生影响。特别是唐都城长安,有大量异域人士定居,这种社会现象在当时的绘画、瓷器、纺织品等艺术作品中多有反映。唐时巴蜀地区经济发展稳定,是当时西南地区通南亚诸国的交通要津。邛窑的胡人俑有头像、立像、抱壶俑、顶灯俑等各种胡人造型。唐代邛崃龙兴寺遗址的石刻造像中,亦有深眼、高鼻、卷发的外国籍武士,这些文化遗存表明唐时有数量众多的胡人及外国商人路过或定居巴蜀,故而成为邛窑能工巧匠艺术创作的对象(图5-22)。

图5-22 宋 乳浊青瓷骑坐人像瓷塑

---

[1] 杨枝高. 访十方堂古窑记[A]. 四川古陶瓷研究(一)[C]. 成都:四川省社会科学院出版社,1984:98

[2] 李铁锤. 投壶与贯耳瓶[J]. 收藏参考,2009,(10)

胡人俑丰富的造型，反映了当时的胡人衣饰、发型、生活风俗等。如唐三彩和邛窑都生产过的胡人抱囊壶，反映了唐代胡人献宝或献酒的习俗。在唐人眼中，胡人多有宝物且善饮酒，《乐府诗集》记载梁武帝作《上云乐》，"西方老胡，厥名文康……非直能俳，又善饮酒……但愿明陛下，寿千万岁，欢乐未渠央"。胡人抱囊壶生动地再现了这一风俗（图5-23）。胡人顶灯俑在汉代就开始出现，它源于中原与西域之间长期以来的民族矛盾和冲突，邛窑的唐代绿釉胡人顶灯俑造型别致，胡人身着紧身骑服跪在如意纹基座上，头顶一仰莲盘，阔鼻大眼、满脸络须，面部神态生动逼真地刻划出其既愤懑又无奈的内心活动，似在向世人祈求宽恕。

图5-23 唐 青瓷褐绿双彩胡人抱角杯

3. 贵族趣味：繁华浮艳的奢靡之风

唐五代至两宋的巴蜀社会风俗中，最引人注目的就是奢侈游乐之风的盛行。"由于四川地区特殊的自然和社会条件，造成社会财富的积累和转化不能顺利进行，从而使这些财富大量地通过奢侈性游乐进行消费。这种消费，往往在时间上和数量上相当集中。"[1] 宋初曾两次任蜀守的张咏曾描述五代宋初蜀地民风："蜀国富且庶，风俗矜浮薄。奢僭极珠贝，狂佚务娱乐"[2]。这种风气弥漫于上自贵族下至平民的各个阶层中。唐末避乱到成都的著名诗人韦庄，描写成都春天游乐的景象："春晚，风暖，锦城花满。狂杀游人，玉鞭金勒，寻胜驰骤轻尘，惜良辰"[3]。生动地描绘了巴蜀贵族豪富的游春图。前蜀后主王衍"奢纵无度，日与太后、太妃游宴于贵臣之家，及游近郡名山，饮酒赋诗，所费不可胜纪"，后蜀皇帝孟昶连溺器也要用七宝装饰。上层社会风气如此，中下层

---

[1] 谢元鲁. 论唐五代宋蜀中的奢侈之风[A]. 前后蜀历史与文化学术讨论会论文集[C]. 成都：巴蜀书社，1994：48-56

[2] 张咏（宋）. 悼蜀四十韵[A]. 乖崖先生文集（卷2）[C]. 北京：商务印书馆民国二十四年（1935）影宋本（续古逸丛书）

[3] 韦庄（唐）. 河传[A]. 花间集校[C]. 北京：人民文学出版社，1981

社会亦然，不仅城市平民盛行游乐，连乡村的"村落间巷之间，弦管歌声，合筵社会，昼夜相接"[1]。邛窑发展的两个高峰初唐至盛唐和晚唐五代，正好处于蜀中的奢侈之风盛行的时代。奢侈消费也带来了对瓷器的质地、釉色、纹饰的更高的审美需求，因此必然要求器物的装饰不断地求新求丽。唐宋时期邛窑的装饰审美文化的高度发展与这种新的社会需求密切相关。尤其晚唐至五代的邛三彩，器形精致、胎质细腻、釉色艳丽、雍容富贵，它的出现与这种社会财富极大丰富、民间生活极尽享乐的社会现象有直接的关联。邛三彩中的象生瓷，如桃、橘子、核桃、莲蓬、荔枝等水果植物，制作精美、釉质莹润，是高档的赏玩和摆设用品，正是这种奢侈生活的表现。

如前所述，邛三彩华丽外观的形成，不仅受到来自北方三彩的影响，更重要的是受到了邛三彩使用者的需求影响。目前考古发现中，邛三彩仅在十方堂窑烧造，考古人员在该窑址的晚唐至五代时期地层中发现了大量三彩杯、盘、罐、执壶等。此外邛三彩还较多地出土于川西平原的成都等大城市中心地带，以文房、化妆、陈设、酒、茶、灯、玩偶器物为主。从外观上判断，这些邛三彩器的形制大都比较精致，器形多仿金银器，胎质细腻，壁薄轻盈。成型方式主要为模制成型[2]，因此器物均造型规整，这种制作精细的瓷器属于邛窑高档优质产品，与邛窑的其他青瓷产品和乳浊釉器、彩绘瓷的区别极为明显，说明它的使用者对产品质地的要求较高。一直以来大多数研究者将邛窑视为一个生产普通大众生活用瓷的民间窑口，但考古发掘的结果证实了邛窑产品中确有一部分提供给社会上流贵族阶层。十方堂遗址中曾出土一五瓣莲花印模，背面有"乾德六年二月上旬造官样杨全记用"的铭文[3]，经考证，乾德六年（公元924年）应为前蜀王衍之时。铭文印模为邛窑十方堂窑在五代时为蜀中王室烧制贡瓷提供了有力的实物证据（图5-24）。

图5-24 五代 邛崃十方堂窑 "乾德六年二月上旬造官样杨全记用" 印模

---

1 张唐英（宋）. 蜀梼杌（卷下）[A]. 丛书集成初编第3855册 [C]. 北京：中华书局，1991
2 考古发现大量精美模具与邛三彩在同一地层出现。
3 汪雄，李子军. 邛崃市发现纪年铭文印模 [J]. 成都文物，1996，(1)

成都前蜀王建墓中也出土了邛窑生产的彩绘四耳罐、青釉四耳罐和瓷盆、瓷灯等[1]。王室贵族的需求和趣味会影响到产品的风格。因而，邛三彩在装饰上极尽华美，使器物达到艳而不俗、贵而不娇、雍容莹润的外观效果，正是为了满足这一特定时期的使用者的需求。

此外，晚唐五代、宋时期，精美的印花也大量装饰于器表，象征华贵的牡丹等纹样反复出现，当时的贵族趣味也是这种器物风格转变的审美源流之一。

（五）蜀地风貌：造型与装饰的本土化特征

民间艺术是人类地域文化生活形态的产物，在它产生、发展与演变的过程中都受到地域环境的影响。由于民间艺术来源于现实生活，是建立在生活需求基础上对美的创造、充实和完善，因而最能强烈体现当地的地域特色与风土人情。作为民间艺术的邛窑瓷器在设计上的本土化特征表现得极为明显，在造型与装饰方面都有大量的实例。

邛窑的彩绘纹样设计是最具特色的代表之一，不仅其写意风格独树一帜，而且在邛窑的装饰纹样中，出现了具有典型本土特点的图像。邛窑彩绘图像中较多出现的植物纹样，与巴蜀自然地理环境有着密切关系。民间瓷器的生产者都是民间工匠，在彩绘纹样的选择和形成过程中，工匠们一方面借鉴和继承传统纹样，一方面根据喜闻乐见的事物为蓝本而新创形象。工匠对某种独特形象的选择，不可能是凭空创造，总是与自己的视觉经验联系在一起。阿恩海姆在谈到艺术形象的形成过程中说道："形状不仅是由当时刺激眼睛的东西决定的，眼前的经验从来都不是凭空出现的，它是从一个人毕生所获取的无数经验中发展出来的最新经验。因此，新的经验图式，总是与过去曾知觉到的各种形状的记忆痕迹相联系。"[2] "我们得到的最新形象，是储藏于我们记忆仓库里的大量形象中的一个不可分割的部分。"[3] 巴蜀地区自古以来植被丰富，植物品类繁多，为邛窑彩绘纹样的创造提供了丰富的可以模仿的题材。这些长期以来积淀于邛窑工匠记忆中的"经验图式"，成为邛窑独

---

[1] 中国科学院考古研究所. 前蜀王建墓发掘报告［M］. 文物出版社出版，1964

[2] （美）鲁道夫·阿恩海姆. 滕守尧，朱疆源译. 艺术与视知觉［M］. 成都：四川人民出版社，2005：58

[3] （美）鲁道夫·阿恩海姆. 滕守尧，朱疆源译. 艺术与视知觉［M］. 成都：四川人民出版社，2005：59

特本土形象的创造来源。

在邛窑彩绘瓷的花草纹样中，比较典型的是兰草和牡丹。从地缘角度分析，当时的工匠对这两种植物的选择和热爱并非无缘无故。四川是兰草传统产地之一，名扬海内外的"春剑"被称为正宗川兰，在四川盆地周缘山区有较多分布，以出产在秦岭南坡、龙门山脉中南段、川中古陆南缘山区的春剑为上品。"春剑"容易引种栽培，其民间栽培历史可追溯到唐、宋时代，其植株娇健丰腴，叶姿优雅潇洒，成株基部鞘壳紧束，挺拔玉立，气度不凡；叶锋有似锐剑，故人们以"剑兰"称之。邛窑兰草纹样的外形与剑兰极为相似，且出现频率极高。经过统计，在邛崃十方堂窑的彩绘纹样中，出现最多的就是兰草纹。究其原因，有多方面的影响。首先，因为兰草在民众的普及，其形象喜闻乐见深入人心，画工选择这种纹样，既有利于提高市场接受度，也因其形简单、绘制时易于模仿。邛窑器物上的兰草往往逸笔草草，却神形兼备，具有很高的审美价值。其次，在儒家文化中，兰草又是一种品性高洁的文化符号，孔子曾说："芷兰生幽谷，不以无人而不芳，君子修道立德，不为穷困而改节"。屈原将兰作为佩物，表示自己洁身自好的情操："扈江离与薜芷兮，纫秋兰以为佩。"因此，邛窑器物上反复出现的兰草形象，既是民间习俗的反映，也寄寓了一种精神与品格的追求。兰草所象征的高洁脱俗的品格，尤其能受到文人墨客的喜爱。邛窑有大量以文人阶层为对象的产品，以顾客喜欢的形象绘制于器物上，更能获得市场的欢迎（图5-25、图5-26）。

图5-25 唐 青瓷褐彩兰草纹水盂

邛窑彩绘中另一具有本土风貌的图像是牡丹。邛窑工匠对牡丹纹样的使用较多，除了受到唐代对牡丹的热崇风气影响以外，与唐五代时期四川地区对牡丹的崇尚有关。邛窑彩绘的牡丹图像非常独特，它并没有唐时绘画、织物或金银器通常出现的那种富贵雍容之态，甚至与邛窑五代时期印花纹样中的精美繁丽牡丹也极为不同，带有清新脱俗之风。从图像对比上看，这与四川西南地区的原生黄牡丹品种极为相似，应是邛窑工匠绘制牡丹图像时的重要摹本。

四川地区土质、气候适宜牡丹生长，历来就有不

图5-26 唐 青瓷褐彩兰草纹带柄杯

少野生牡丹原种，多分布在成都、彭州（古称天彭[1]）、峨眉山等地，尤以彭州为盛。唐代四川已开始对牡丹进行人工引种栽培，由于花农"栽、接、剔、治各有其法"，以及受"洛阳牡丹"盛誉之影响，彭州种植牡丹规模日盛，不少文人雅士都慕名而来。杜甫曾专程到彭州赏牡丹，因在什邡过河遇涨水而受阻，还为此专门撰写了《天彭看牡丹阻水》诗。五代时期，在前后蜀统治者的热崇之下，天彭牡丹又有所发展。北宋末年金人入侵，洛阳牡丹受到战乱影响而名种失散，彭州在战乱中尽力收集并加以嫁接培育，因此从南宋时期开始，天彭牡丹进入最繁盛的时期，民间种植牡丹蔚然成风。每年花开季节，城内城外和丹景山上都繁花似锦、游人如梭。陆游《天彭牡丹谱》记述："牡丹在中州，洛阳为第一；在蜀，天彭为第一。"在天彭牡丹的影响下，周边各地均有牡丹引种。这些牡丹产地同时也是邛窑的分布区域，因而工匠对牡丹形象极为熟悉，才能以没骨花的写实形态描绘出与众不同的牡丹图像（图5-27、图5-28）。

邛窑彩绘中摇钱树的图像，也具有非常明显的蜀地特色。摇钱树通常以青铜制作树身，陶质基座，是东汉及三国时期流行于我国西南地区一种独具特色的陪葬用品。巴蜀因有大量制作精美的摇钱树出土而被考古研究者称为"摇钱树之乡"。作为一种绘画图像，常出现在东汉的画像石上，此外几乎不见于其他艺术品。邛窑工匠独创性地将摇钱树作为装饰纹样题材，并以高度的抽象能力对摇钱树的形象进行了艺术性的处理，极为传神地抓住了实物的形象特征（图5-29至图5-31）。

地理环境在人们的审美心理以及特定地域艺术风格的形成过程中有着巨大影响和重要作用。在艺术史上，这种选取自己熟悉的自然事物作为艺术创作的母题的实例大量存

图5-27 四川原生牡丹

图5-28 唐 褐绿双彩牡丹纹贯耳瓶

---

[1] "天彭"，即今四川省彭州市（今属成都市管辖）古代之雅号。"彭州"之名始于唐武则天垂拱二年（公元686年），时辖九陇、蒙阳、唐昌、导江四县。

图5-29 唐 褐绿双彩摇钱树纹罐残片　　图5-30 唐 褐绿双彩摇钱树纹六系大罐　　图5-31 东汉 青铜摇钱树

在。以巴蜀本地为例，巴蜀自古产竹，而"竹"这个图像在古代巴蜀的画迹中极为多见，《益州名画录》《蜀画史稿》等典籍的记录可以作为明证。"在巴蜀本土画家和到过巴蜀的画家中，涌现出特别多的以竹为创作题材的作品，更有以文同、苏轼为代表的湖州竹派。……无论是关羽还是李夫人，都是常年生活在自然环境没有遭受大肆破坏、竹林处处可见的古巴蜀，在现实生态环境的熏陶之下产生艺术创作冲动的。这种自然生成的环境优势，不是其他地区所能够比拟的。"[1] 如前所述，在艺术创作中，人们对某种图像的选择，总是或多或少的和相关的生活记忆相联系。"也许可以说，习惯势力产生于秩序感。习惯势力是我们反对变化，寻求延续性的产物。在一切都处于变化之中，什么都无法预测的情况下，习惯便成了我们描述各种经验的参考框架。……在研究知觉时，我们比较易于感觉到习惯势力的作用，我们还易于接受熟悉的事物。这种容易性甚至能使我们对预料之中的事物视而不见，因为人们往往不会意识到习惯的作用。每当我们的脑海里出现一连串熟悉的印象时，我们就会认为已经了解了其余的部分，于是便草草地观察一下环境，希望就此证实我们的假设。"[2] 可见，特定地域的社会生活形态是以地理环境为基础形成的，各种人文景观也在不同程度上受到地理环境因素的制约。因此，邛窑的窑工选取自己熟悉的、使用者喜闻乐见的形象来作为创作母题，是邛窑作为民间瓷窑的世俗性的反

---

[1] 林木，李颖. 巴蜀艺术地理［M］. 济南：山东美术出版社，2005：22

[2] （英）E. H. 贡布里希. 范景中，杨思梁，徐一维译. 秩序感—装饰艺术的心理学研究［M］. 长沙：湖南科学技术出版社，2006：292

映。也正由此而形成了邛窑彩绘纹样的地域性特征。

邛窑器物设计审美文化的本土性不仅表现在器物设计中出现的与本土形象相关的装饰和造型，还表现在一些独特设计上。比如瓷器中有一种动物造型杯，杯身多为鸭、鹅、鸡等家禽形象，禽的尾部展开成花形杯口，并以禽足作为杯足，增加了器物的稳定性。这类动物杯也常被称为鸭形杯、鹅形杯、鸡形杯等。这种造型奇特的动物杯，其形式原本与西亚文化有密切关联。从整体上看，器体呈一种弧形弯曲的角形，这类"角杯"起源于古希腊被人称之为"来通"（rhyton）的一种酒具。"来通"酒杯形似漏斗，被当时的人视为圣物，认为用它注酒可防止中毒，如果举起"来通"将酒一饮而尽，则是向酒神致敬的表示。其后"来通"广泛流行于自美索不达米亚至外阿姆河地带的广大区域中，这种造型的酒具在中亚、西亚，特别是萨珊波斯（今伊朗）的工艺美术中是十分常见的。但是，邛窑的动物杯与"来通"的使用方法明显不同。"来通"酒杯的两头均为开口设计，上部的杯形大开口用于注酒，下部的角尖处的小流口则用于饮酒，故饮酒时饮者须仰承自上方下注之酒。我国境内时代最早的"来通"发现于新疆和田约特干遗址，其时代约在3或4世纪，在内地出现的时间不晚于6世纪。如1970年10月在陕西省西安市南郊的何家村出土的唐代镶金兽首玛瑙杯即为典型的"来通"造型。（图5-32）兽嘴的部分有一块镶金帽，摘下金帽便是酒进口的流嘴，即从此口将杯中酒液饮入。由于此杯材质缠丝玛瑙多产自西域，《旧唐书》中有"开元十六年（公元728年）大康国（今乌兹别克撒马尔罕地区）献兽首玛瑙杯"的记载。因而，有专家据此推断此杯是西域所赠之品。且因"来通"的使用方式与中国传统用杯饮酒的习惯迥异，故此杯应是作为装饰陈设之用。

图5-32 唐 镶金兽首玛瑙杯

唐代以后中国的金属、瓷器造型受到"来通"整体弧形弯角形式的影响，但逐渐向杯形器转化，不再设置泄水孔以适合本土使用习惯。这种动物杯，在当时的唐代北方瓷窑也有生产。如故宫博物院藏唐三彩鸭式杯，高7厘米，长11厘米，杯身作鸭形回首状，椭圆形敞口，鸭口衔花瓣，颈部凸起两道弦纹箍，腹部呈花瓣形，通身凸印点及小花朵，通体施黄、绿、白色釉（图5-33）。除唐三彩器外，在各窑口的高温釉

图5-33 唐 唐三彩鸭式杯

第五章 邛窑器物设计审美文化的内涵　　197

瓷中，邛窑较多地烧制这种造型的器物，而且造型更为生动传神。如四川省博物院收藏邛窑唐代彩绘鸭式杯，高3.8厘米，褐色胎，头部捏塑一小鸭回头咬尾的动作。小鸭侧颈，头部略上扬，双羽覆身，蹼足伫立，鸭尾成荷叶状，鸭身交织黄绿色点彩，栩栩如生。类似的造型如邛窑古陶瓷博物馆藏唐代彩绘鸭式杯，还有如乳白釉鹅啄牵牛花杯、雄鸡彩绘牵牛花杯等。最为独特的是，无论是采用何种动物造型，其杯口均设计成花朵形状，动物回首衔花的动态造型不仅具有装饰性，弯曲的头颈构成的环形还有作为手执把手的功能，整体设计极为和谐自然。邛窑动物杯进一步突出了器物的装饰性，尤其是对原有圆形杯口进行的花瓣形创新设计，弱化了其使用功能而强调了器物造型装饰的和谐性，从而使器物造型的审美性这一特征得到了凸显。邛窑动物杯的造型与巴蜀文化中喜乐无忧、尽欢人世、自然真趣的文化特质一脉相承（图5-34）。

邛窑器物设计的本土性特征，正是民间艺术的源于生活、服务于生活又高于生活这一特点的反映。自然环境和人文环境在人类审美心理和艺术风格的形成过程中，都会起到至关重要的影响，而其中最为关键性的因素还是自然地域的影响。每一地域的地理环境都有自己独特的构造形式，自然的因素会在艺术家心里慢慢形成积累，这些因素都会对艺术家审美心理的形成造成重要影响。因此，诸如邛三彩、提梁壶（罐）、邛窑瓷塑等器物，都是巴蜀地域本土性这一特征的明显反映。

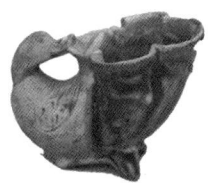  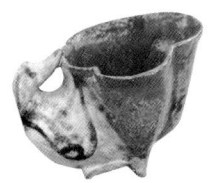 

青瓷褐绿双彩鸭杯　　青瓷褐绿双彩鸡杯　　青瓷褐绿双彩绘鸭杯　　青瓷褐绿双彩点纹鸭杯

青瓷褐彩点纹鸭杯　青瓷褐绿双彩点纹鸭杯　青瓷褐绿双彩斑点纹鸭杯　青瓷褐彩骆驼杯

图5-34 唐 邛窑动物形杯

第六章

邛窑器物设计审美
文化的历史方位

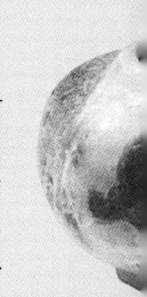

一、邛窑器物设计的创新价值

从邛窑的发展史中可以看到,技术的不断交流和创新是其装饰外观形式得以呈现的物质基础。青瓷是邛窑最早生产的产品,也是最主流的产品,保持了900多年的连续烧造历史,这在全国的民窑中都是少见的。邛窑青瓷烧造技术接受了南方青瓷的影响,使用龙窑、馒头窑、支钉支烧、匣钵装烧等技术,在邛三彩中使用了芝麻钉等。邛窑的烧造技术一直保持着国内窑场的先进水平,这也为高温乳浊铜绿釉、高温铜红釉、钴蓝釉等色釉在邛窑的率先出现打下了坚实基础。晚唐至五代时期邛窑创烧的邛三彩为高温无铅玻璃釉,这是吸收了北方三彩的装饰手法并进行创新而形成的独特产品,也是邛窑高端精细产品的代表。所有这些,都说明了邛窑的创新首先是技术的创新,由技术创新又带来了不同的审美表现,进而带动了装饰风格的创新。

（一）邛窑高温乳浊铜绿釉、高温铜红釉、蓝釉的工艺创新与审美价值

1. 高温乳浊铜绿釉的创新价值

高温乳浊铜绿釉是在南朝时由邛窑最早创烧的,这种釉瓷需要独特的配方和高超的工艺才能烧制成功。张富康对邛窑的高温乳浊铜绿釉样本进行了科学检测,得到其釉配方的化学组成如表6-1所示:

表6-1　　　　　　　邛窑乳浊绿釉的化学组成[1]

名称		SiO_2	Al_2O_3	Fe_2O_3	TiO_2	CaO	MgO	K_2O	Na_2O	MnO	CuO	P_2O_5
乳浊绿釉	JN26	56.85	12.33	2.50	0.87	16.64	4.69	1.50	0.07	0.25	未测	3.70
乳浊绿釉	JN28	54.45	8.62	2.66	0.68	18.97	4.98	1.51	0.41	0.29	未测	3.34
乳浊绿釉	JN3	未测	9.11	2.58	0.71	17.56	4.01	1.96	0.67	0.35	3.36	2.30

---

[1] 张福康. 邛崃窑和长沙窑的烧造工艺 [A]. 邛窑古陶瓷研究 [C]. 合肥:中国科学技术大学出版社,2002:55

续表

名称		SiO₂	Al₂O₃	Fe₂O₃	TiO₂	CaO	MgO	K₂O	Na₂O	MnO	CuO	P₂O₅
乳浊绿釉	JN29	54.80	10.10	2.90	0.80	18.00	3.40	2.40	0.80	0.30	3.70	2.30

分析这个配方可以进一步了解邛窑高温乳浊绿釉的烧成原理。一方面，要使釉色呈现乳浊感，依赖于釉配方中高硅低铝的化学组成以及五氧化二磷的加入。这种独特配方的釉料需在相对偏低的高温下烧成，在慢速冷却的过程中，磷就会把釉中的钙与硅分隔成不可相熔的两层玻化物，即形成两个成分不同、互不混溶的液相[1]，其中一相为连续性的玻璃相液浆，另一相则表现为无数孤立圆形小液滴，悬浮于连续玻璃相中（就好像油和水，互不交溶，但一摇晃，油便在水中散成孤立的颗粒状），这种现象在陶瓷科技上又称为"液—液分相"。釉层中的无数孤立相小液滴对入射光具有散射作用，故而使釉面产生不透明的乳浊感，且光泽柔润。同时，从草木灰中提取的五氧化二磷本身也是乳浊剂，加强了乳浊效果。

另一方面，绿色的呈现有赖于配方中含量较高的氧化铜的存在。氧化铜在还原气氛中呈红色，在氧化气氛中则呈绿色。因此，以铜为着色剂，可以烧制成铜红釉和釉里红、铜绿釉等。同时，邛窑的高温乳浊铜绿釉大多呈现为一种松石绿或孔雀绿色，是由于釉水中较高含量的氧化钙（从上表中的含量可以得知）与氧化铜共同在高温烧成下会呈现出青蓝色调，与铜绿相辉映而形成（图6-1）。

除了合理的配方，高温乳浊铜绿釉的烧成对工艺的要求也较高。由于釉料太薄不利于"液—液分相"，因此要求施釉时要达到一定的釉层厚度。同时对温度的掌握非常关键。烧成温度过高，或还原气氛过轻，以及冷却速度太快等，都可能造成釉中孤立相小液滴减少或

图6-1 宋 乳浊绿釉小口球腹执壶

---

[1] 相是指瓷釉中具有相同物理、化学性质的一个部分，釉一般有三相，即气相、晶相和液相。气相是指釉中的气泡，晶相是指釉中的晶体之类，而液相则指釉玻璃体。因为釉在高温下熔融成为液状的玻璃一样的物质，所以习惯称之为液相（或玻璃相）——笔者注。

消失，或者使釉分相效果差失去乳浊感，甚至不能分相而变成透明釉。因此，对于高温乳浊铜绿釉的烧成，釉料配方是基础，施釉工艺是手段，而烧成操作是关键。在邛窑的彩色釉中，绿色很常见，如高温玻璃绿釉、低温绿色铅釉、高温乳浊绿釉等，其中，高温乳浊绿釉在国内其他窑口则非常少见，目前已知"中国古代掌握乳浊绿釉生产技术的只有邛崃窑和长沙窑这两个窑"[1]，邛窑的乳浊绿釉烧造历史则远早于长沙窑。后世钧窑的乳浊窑变釉也使用了同样原理的配方和工艺。从这个角度来说，也可以证明邛窑的烧制工艺是一直走在全国窑口的前列的。

为何高温乳浊铜绿釉在邛窑会被大量使用，尤其是在晚唐至宋代更甚[2]，有以下几个原因。

一方面，如前所述，邛窑的胎质先天不足，为了掩饰自身的胎质和胎色对釉面审美效果的影响，邛窑从南朝起就接受了南方青瓷的装饰技术的影响，在瓷胎上施用白色或米色化妆土，以起到修饰作用。而乳浊釉的不透明感则可以更加彻底地遮盖胎土。因此，从南朝开始，化妆土与乳浊绿釉的同时使用，表明在邛窑发展的早期阶段，工匠就已经注重对产品的装饰，使器物外观更加和谐。

另一方面，邛窑高温乳浊铜绿釉从南朝开始烧造，但大量出现是在晚唐至宋代。这与邛窑的装饰风格的变迁和时代审美风尚相关。邛窑单色釉中，隋以前主要是玻璃感很强的青釉，这与同时期南方各窑均烧制青瓷的风格是一致的。邛窑从隋代开始兴起彩绘，唐初至唐中期发展到辉煌，单色釉有灰、白、黄、绿、蓝、黑、褐等各种色，此期间邛窑高温乳浊铜绿釉并不是生产的主流。晚唐至五代时期，邛窑彩绘瓷渐渐减少，邛窑的单色釉获得了新的发展空间，呈现出30多种丰富的色彩，邛窑的十方堂窑、玉堂窑等窑口出现了不少高温乳浊铜绿釉产品[3]，有深绿、浅绿、黄绿、蓝绿等色调。到宋代邛窑彩绘瓷几乎绝迹，开始转向大量的单色釉的生产。釉色以绿蓝色乳浊釉为主，其色清秀蕴润、淡雅恬静，尤其是"十方堂、玉堂窑、苏稽窑，均出现一种天青色的青

---

[1] 张福康. 邛崃窑和长沙窑的烧造工艺[A]. 邛窑古陶瓷研究[C]. 合肥：中国科学技术大学出版社，2002：57

[2] 黄晓枫. 从考古发现看邛窑的文化特征[J]. 成都文物，2007，(2)

[3] 黄晓枫. 从考古发现看邛窑的文化特征[J]. 成都文物，2007，(2)

白釉或粉青釉。但不如景德镇湖田窑系色白亮丽。"[1]这应是顺应当时的瓷器审美风尚而仿烧的产品。"这些变化与宋瓷的美学风格是一致的，宋代瓷器不仅重视釉色之美，而且更追求釉的质地之美。当时的钧瓷、哥窑、龙泉窑均生产各类质感凝重的乳浊釉、结晶釉和石灰碱釉产品。"[2]罗希成亦称邛窑"其釉色犹如钧窑者，有如汝窑者，有如龙泉大观绿者"。[3]这种随时代审美变迁而不断调整、改变装饰色彩的行为，表明邛窑工匠对于色彩装饰的运用有着极为主动和明确的审美意识。

综上所述，正是在邛窑烧制技术、装饰设计思想的共同影响下，邛窑得以创烧出温润的高温乳浊铜绿釉，并且在瓷器美学风尚流变的影响下，形成了宋代的生产高峰。

2．高温铜红釉的创新价值

众所周知，高温铜红釉的烧造条件非常苛刻，对铜含量、釉层厚度、烧成温度、还原气氛等工艺条件非常敏感，只要烧成环境略有偏失，都可能造成发灰、发绿、发黑、或烧失等现象。关于铜红釉的创烧时间，一直以来众说纷纭。有认为铜红釉为宋代钧窑首创，如"宋代钧窑用铜的氧化物作为铜的氧化剂，在还原气氛下烧制成功铜红釉，为我国陶瓷工艺、陶瓷美学开辟了一个新的境界。……宋代的钧窑首先创造性地烧造成功铜红釉，这是一个十分了不起的成就。"[4]过去有部分学者也认为铜红釉是长沙窑创烧成功，如陆明华等提出"釉里红起源于长沙窑""铜官窑是中国古代最早产生铜红釉和铜红色釉斑的窑场，这一划时代的创造为宋元钧窑的窑变红釉、钧红玫瑰釉、元代景德镇的红釉等品种的出现奠定了基础。"[5]而随着研究的深入和更多考古实物的出现，越来越多的证据显示，铜红出现在器物上的最早时限应推至邛窑的隋至唐初时期。

---

1 陈丽琼. 邛窑古陶瓷发展概述［A］. 邛窑古陶瓷研究［C］. 合肥：中国科学技术大学出版社，2002：113

2 黄晓枫. 从考古发现看邛窑的文化特征［J］. 成都文物，2007，（2）

3 罗希成. 唐邛窑奇品［A］. 四川古陶瓷研究（一）［C］. 成都：四川省社会科学出版社，1984：96

4 中国硅酸盐学会. 中国陶瓷史［M］. 北京：文物出版社，1982：261

5 陆明华. 试述高温铜红釉彩的起源和发展——长沙窑出土相关瓷器谈起［A］. 上海博物馆集刊第9期［C］. 上海：上海书画出版社，2002

李铁锤在《探寻最早的高温铜红釉彩》[1]中列举了大量实物,证实"唐早期邛窑已成功地运用了铜红釉彩技术",并分析和推断,早期大多数铜红出现在铜绿的边缘部分,应是烧制铜绿釉时偶然出现的铜红釉,这种情况引起了工匠的注意,并由此进一步摸索铜红的烧成原理,经多次配方和工艺的试验后,最终获得了艳丽的红色。

唐代邛窑铜红釉并不多见,常与铜绿釉伴生出现,大多属于偶然的窑变,无规律可循,也有部分是有意识地以铜红釉斑装饰于器物鼓腹等处(图6-2)。但从制品的总体水平看,其质量不高,呈色也不够成熟。直至晚唐至五代时期,邛窑已掌握了成熟的高温铜红釉烧制技术。宋代,高温铜红釉器物的生产已经较为常见和稳定。继邛窑成功掌握铜红釉烧制技术以后,兴起于唐代中晚期的湖南长沙窑也开始了铜红釉的生产。这也使传统观念中认为铜红釉创烧于宋代钧窑的观点必须得以修订。张福康说:"在宋代以前的中国传统釉彩中,铜主要用于低温绿色釉彩的着色剂。唐代的邛崃窑和长沙窑首先开始采用高温绿色釉彩的着色剂。铜作为着色剂,可以把釉彩着成绿色;也可着成红色,称为铜红。……尽管烧造铜红的条件非常苛刻,但邛崃窑和长沙窑在生产绿彩的长期实践过程中,必然有机会遇到适合铜红形成的工艺条件。……无可否认,是邛崃窑和长沙窑的陶工们首先发现了铜红,有意识地进行了试验,并传之于后世,所以铜红釉彩的起源应归功于他们。"[2]

3. 邛窑蓝釉的创新价值

在邛窑的单色釉中,蓝色极为少见。邛窑的蓝釉有两类。一类是以铜着色的高温乳浊绿釉在烧制时发生了窑变现象,从而形成一种蓝釉乳光,这与晚唐长沙窑蓝色釉的产生原理类似。邛窑高温乳浊绿釉和蓝釉的化学元素含量如表6-2所示:

图6-2 唐 高温铜红釉斑水盂

---

[1] 李铁锤. 探寻最早的高温铜红釉彩[J]. 收藏参考,2010,(5)
[2] 张福康. 邛崃窑和长沙窑的烧造工艺[A]. 邛窑古陶瓷研究[C]. 合肥:中国科学技术大学出版社,2002:53-60

表6-2　　　　　　　　邛窑乳浊绿釉和蓝釉的化学组成[1]

名称		SiO_2	Al_2O_3	Fe_2O_3	TiO_2	CaO	MgO	K_2O	Na_2O	MnO	CuO	P_2O_5
乳浊绿釉	JN29	54.80	10.10	2.90	0.80	18.00	3.40	2.40	0.80	0.30	3.70	2.30
乳浊蓝釉	109	60.87	10.52	5.15	未测	18.35	未测	未测	未测	未测	3.11	1.80

从上表可以看到，两种釉的配方中都具有高硅低铝的结构，五氧化二磷和氧化铜的含量也极为接近，显示这类蓝釉与邛窑高温乳浊绿釉具有相同的呈色原理。而从陶瓷科技的原理上分析，因窑变产生蓝光须还需同时具备以下条件：

（1）釉层要厚；

（2）适宜温度烧成后慢速冷却；

（3）乳浊相诱发液—液分相；

（4）在分相液中的孤立小液滴必须小于1微米，而釉中多硅少铝[2]。

由于窑变无法人为控制，且只有在烧造时同时符合以上四个条件才能转蓝，因此蓝色高温釉器非常难得，且蓝光大都集中在积釉堆积处。邛窑在隋代就已经创烧了高温乳浊铜绿釉，且同时已出现了深蓝乳浊釉，如在崇州天福村及十方堂均发现了少量产于隋代的深蓝乳浊窑釉变兔毫纹盏[3]，且在一些彩绘装饰中也有蓝色色斑出现。唐代的蓝色窑变瓷器较前朝多见，可以推断窑工已经在实践中逐渐摸索并掌握了窑变的呈色条件，并开始积极地创造这种条件在邛窑的窑变釉瓷中，甚至还有类似于钧窑的蓝紫色或玫红色窑变。据最早研究邛窑的英国人贝德福描述窑址所见，"浓厚的青绿色是最常见的色调，而白色及浅亮黄色则比较罕见，偶然也会发现深紫的碎片，一般都把它们列入钧窑式器

---

[1] 本表中的数据来源：乳浊绿釉JN29号标本数据采自张福康. 邛崃窑和长沙窑的烧造工艺 [A]. 邛窑古陶瓷研究 [C]. 合肥：中国科学技术大学出版社，2002：55，表2；蓝釉109号标本数据采自高毓灵. 曾中懋译. 秦学圣校. 四川瓷器的化学分析鉴定 [A]. 四川古陶瓷研究（一）[C]. 成都：四川省社会科学出版社，1984：8

[2] 林亦秋. 揭晓长沙窑蓝釉及铜红釉形成之谜 [J]. 艺术市场，2005，（8）

[3] 黄晓枫. 从考古发现看邛窑的文化特征 [J]. 成都文物，2007，（2）

物类中。"[1]在葛维汉的《邛崃陶器》中，也提到一件"稀见的，而且极为珍贵的红紫色"盏，还有多件蓝釉碗，作者怀疑为钧窑产品，实际上就是邛窑生产的这类铜绿釉的蓝色窑变釉[2]。因此，甚至有人认为宋代的汝窑也受到过邛窑乳浊蓝色窑变釉的影响，如原载于《风土杂志》1948年二卷二期的《蜀故别录》说："邛窑影响宋瓷甚巨，钧汝诸窑，可为例证，论者不知。"[3]贝德福也认为："其釉色有如钧窑者，有如汝窑者，有如龙泉大观绿等者，亦有三彩者，色白固无论矣。由此观之，亦可谓宋代之钧、汝诸窑之釉色，均胎袭邛窑而来。"[4]（图6-3至图6-5）

图6-3 晚唐至五代 低温绿釉蓝彩坐俑　　图6-4 宋 乳浊蓝绿釉五足印香盘　　图6-5 宋 乳浊蓝绿釉深腹碗

邛窑的另一类蓝釉，是以钴蓝着色的低温釉。如专家所称，"钴蓝应用于中国陶瓷釉彩的最早例子是唐三彩蓝釉、唐青花及邛窑蓝釉"[5]，邛窑是最早使用钴蓝作为着色剂生产蓝釉瓷器的窑口之一。有专家根据现代科学手段对邛窑钴蓝釉的检测分析后认为，"唐三彩、唐青花及邛窑蓝釉所用的钴蓝非常可能

1（英）贝德福. 四川邛州古窑址［A］. 四川古陶瓷研究（一）［C］. 成都：四川省社会科学出版社，1984：93

2（美）葛维汉. 邛崃陶器［A］. 四川古陶瓷研究（一）［C］. 成都：四川省社会科学出版社，1984：102-106

3（英）贝德福. 四川邛州古窑址［A］. 四川古陶瓷研究（一）［C］. 成都：四川省社会科学出版社，1984：93

4 罗希成. 唐邛窑奇品［A］. 四川古陶瓷研究（一）［C］. 成都：四川省社会科学出版社，1984：96

5 张福康，尚崇伟，承焕生，王昌燧. 中国早期钴蓝釉的研究［A］. 邛窑古陶瓷研究［C］. 合肥：中国科学技术大学出版社，2002：46

是通过丝绸之路从西亚地区输入的"[1]。这也间接证明了南方丝绸之路对邛窑审美文化的影响。由于唐代时国产钴蓝还未发现，进口钴蓝得之不易，无法大规模应用，因此邛窑的钴蓝釉器极其稀少和珍贵。同时，科学检测还发现，唐代邛窑的钴蓝釉与唐三彩蓝釉或是唐青花一样，都含有铜元素，具有早期钴蓝有化学组成的典型特点。这也说明，邛窑在生产工艺上与北方窑场一直有着相互交流，并保持着当时较为领先的水平。

（二）邛三彩：高温多色釉的突破性创造

由于色彩艳丽交融，邛三彩整体呈现为雍容富丽的华美风格。而如此流光溢彩的审美外观的获得，与其胎、釉的讲究都密不可分。从胎质上看，邛三彩比其他普通单色釉器和彩绘瓷器都更为精细，胎体轻薄，胎质较为细腻，胎色有红、粉、褐、浅褐、灰、深灰、白、黄等，其中红胎者最多，深灰胎者最少、火候最高，白胎、黄胎者修胎较精细。邛三彩的胎釉之间有白色化妆土，这种修饰技术大大提高了釉和彩的鲜艳程度。由于烧制时使用高温（1200℃以上）一次烧成，因而胎釉结合紧密，釉面不易脱落。邛三彩的釉料非常独特。经上海硅酸盐研究所对部分邛三彩釉瓷片的测定，邛窑这种玻璃状有色釉的成分如表6-3所示：

表6-3　　　　　　　　　　邛三彩釉的化学组成[2]

名称		SiO_2	Al_2O_3	Fe_2O_3	TiO_2	CaO	MgO	K_2O	Na_2O	MnO	CuO	P_2O_5
透明绿釉	JN16	59.91	10.11	2.56	0.73	17.52	4.27	1.54	0.32	0.47	1.48	1.87
透明黄釉	JN4	未测	10.76	2.96	0.72	16.54	4.50	1.38	0.43	0.37	0.08	2.34
透明黄釉	TG15	62.08	12.29	1.40	0.88	14.91	2.25	1.98	0.11	0.47	—	1.32

---

[1] 张福康，尚崇伟，承焕生，王昌燧. 中国早期钴蓝釉的研究［A］. 邛窑古陶瓷研究［C］. 合肥：中国科学技术大学出版社，2002：50

[2] 张福康. 邛崃窑和长沙窑的烧造工艺［A］. 邛窑古陶瓷研究［C］. 合肥：中国科学技术大学出版社，2002：55

根据检测结果可以发现，样本中这类高温邛三彩的釉质中不含氧化铅，不会产生"泛铅"现象，出土器物均光亮如新，色彩艳丽，历经千年而不褪色。另外，在未施满釉的器物的露胎处，邛三彩还施用了一层护胎釉，使大多数器物的足部呈现出明亮的褐红色，与黄釉的主色调相互衬托，美丽而夺目。

同时，邛三彩作为邛窑晚唐到五代时期的高端精细产品，其烧造工艺也与其他器物有所不同。入炉装烧的时候采用三角形支钉、三足支垫作为间隔窑具，满釉覆烧。三角支钉与瓷器的接触面积仅有米粒大小，以求达到最大面积地施釉、最小面积的支痕，这种支钉被形象的称之为"芝麻钉"，为邛窑首创，远早于北宋汝窑烧制宫廷用瓷时使用的"芝麻挣钉"支烧技术。为了消除口沿釉薄容易无釉的现象，还采用了覆烧方法，即烧制时口沿朝下，形成器体的满釉效果，也使器物积釉于口沿处，增加了釉面整体的平整度。

正是以上这些措施，使得邛三彩获得了独特的审美外观。而这种外观很容易与唐代北方的三彩陶器相混淆。唐三彩"始见于唐高宗时，开元年间为极盛期"[1]。它是一种低温釉陶器，用白色黏土作胎，用含铜、铁、钴、锰等元素的矿物作釉料的着色剂，经过约800℃的温度烧制而成。"所谓"三彩"即多彩之义，包括绿、黄、赭、褐色、红、白、蓝、黑等许多颜色。有的一色单用，有的多色混合使用"[2]。三彩陶器打破了以往单色釉的局限，运用多种釉色和手法，取得了华丽动人的艺术效果。将唐三彩与邛三彩相比较可以发现，两者在色彩的审美表现上较为相似，均施用了多色釉，且都能呈现色彩浸润鲜艳灿烂的效果。但是，从本质上看，两者又有着明显的区别。

其一，烧制工艺方面，唐三彩多为二次烧成，即首先用模具做成素胎，然后第一次入窑烧制（也称素烧），待经过高温焙烧后的素胎冷却后，在陶坯上涂上彩釉，进行第二次烧制。其烧成温度约800℃，是典型的陶器。而邛三彩是制坯上釉后经1200℃左右的高温一次烧成。其烧结程度已经达到了瓷器的标准。

其二，唐三彩丰富的色彩表现，最重要是由于"三彩陶器釉料中含有大量的铅，铅的氧化物作为熔剂，可降低釉料的熔融温度，在窑炉里烧成时各种着色

---

[1] 冯先铭. 中国古陶瓷图典 [M]. 北京：文物出版社，2002：194
[2] 叶喆民. 中国陶瓷史 [M]. 北京：生活·读书·新知三联书店，2001：193

金属熔于铅釉并向四方扩散和流动,各种颜色互相浸润,形成斑驳灿烂的彩色釉。"[1]尽管在彩釉中加入铅更有利于色彩的表现,但是因铅对人体有害,故唐三彩陶器大多为冥器,生活用器较为少见。由于在高于1150℃时铅会挥发,因而高于此温度界限时,则通常不再使用铅釉。在上文对邛三彩釉料的化学结构分析中也可以看到,邛三彩的釉料中不含铅,不仅能有效避免铅对人体的伤害,满足日用生活用器的安全需求,并能使瓷器的釉色历经千年而保持光亮如新。

其三,唐三彩陶器大多为冥器,少见生活用器。而邛三彩主要为日常生活用器,还有一部分为捏制或模印的瓷塑玩具等。

因此,晚于唐三彩出现的邛三彩,在装饰手法上借鉴了唐三彩中多彩釉的表现形式,同时又进行了技术上的创新,形成了自己独特的审美特征,发展了明黄色作为最主要的釉色、并大量采用黄、褐、绿多彩融合的施釉方法,呈现出一种雍容之美。

随着邛窑考古工作的展开,考古人员还发现,邛窑的多色釉瓷中除了邛三彩,还有一种与唐代北方三彩陶器极为类似的低温釉三彩器。根据发掘的实物资料可以证实,"邛窑的三彩器形态和工艺直接受北方三彩器的影响,以白色黏土作胎,以模制成型的杯、香炉和动植物的陶塑以及建筑构件等为主要产品,多为单色的绿釉釉陶。"[2]这种低温釉中,绿釉明显含铅,在十方堂一号窑包周边也发现了可能是用于炼铅的小坑。同时出土器物中有烧好的素胎,说明这种器物在烧制过程中有上釉后二次焙烧的情况,这与高温釉瓷一次高温烧成的情况是不同的,其更接近北方三彩陶器的烧成工艺。因此,从影响关系上来说,这类低温三彩釉器与北方三彩器的关系则更为相近,而与上文所述的邛三彩是完全不同的两类器物(图6-6、图6-7)。

图6-6 五代 低温绿釉小龟

图6-7 五代至北宋 低温黄绿双色釉五足炉

---

1 中国硅酸盐学会. 中国陶瓷史[M]. 北京: 文物出版社, 1982: 214
2 黄晓枫. 从考古发现看邛窑的文化特征[J]. 成都文物, 2007, (2)

综上所述，邛三彩在装饰表现上借鉴了北方三彩陶器，并进行了技术上的革新和审美外观的创新，在高温釉的烧制中，创造性的将单色发展为多色，并形成多色交错、互相浸润、斑驳灿烂的釉面色彩效果，从而开创了高温多彩釉瓷的新天地。这种崭新的创造，不仅显示了邛窑工匠的借鉴和创新相结合的能力，也显示了其高超的烧制工艺。它对后来的宋三彩、明清时期的琉璃、素三彩、五彩等都有着较深的影响。

（三）邛窑彩绘瓷：开创中国彩绘瓷的第一个高峰

在陶瓷史上，彩绘瓷，又称彩瓷，是"带彩绘装饰的瓷器。区别于素瓷。主要可分为四大类，即釉下彩、釉中彩、釉上彩及釉上釉下相结合的斗彩。"[1] 目前为止，我国发现的最早的彩绘瓷器出现在东吴晚期。1983年南京长岗村5号墓中出土了一件釉下彩绘瓷盘口壶，后在南京大行宫地区及秦淮河南岸又陆续出土一批同一时期的釉下彩绘瓷器残片，1988年江苏南京雨花台三国至两晋初期的墓葬中出土了同样风格的青釉釉下彩盘口盖罐。[2] 这些瓷器均胎体浅灰，瓷胎细腻，器型精致，器表施白色化妆土，通体装饰褐色釉彩绘后再加施青釉（图6-8）。从器物和纹饰上分析，这种釉下彩绘瓷器已经有比较成熟的烧制工艺，彩绘技法也达到了较高的艺术水平。所有的器物上目力所及处都满绘精美的纹饰（包括器表及器盖内壁、内口沿处），纹样题材丰富神异，主饰纹样有鸾鸟、朱雀、凤凰、虎、龙、鹿、羽人、芝草以及人首鸟身神禽、有翼神兽、熊形异兽等，辅助性纹样有卷草纹、云气纹、卷云纹、十字纹、莲瓣纹、三角折线纹、菱形纹等，图案的布局繁密而不乱，意境神秘飘渺，其风格具有独特的时代气息，与汉代帛画或漆画相当一致。

图6-8 东吴 青釉褐彩贴塑鸟兽、人物纹罐

但令人费解的是，这批釉下彩绘瓷器的来源至今

---

[1] 冯先铭. 中国古陶瓷图典[M]. 北京：文物出版社，2002：55

[2] 易家胜. 南京出土的六朝早期青瓷釉下彩盘口壶[J]. 文物，1988，(6)；南京市博物馆. 南京长岗村五号墓发掘简报[J]. 文物，2002，(7)；王志高. 南京出土孙吴釉下彩绘瓷器概论[A]. 中国古陶瓷研究（第十二辑）[C]. 北京：紫禁城出版社，2006

无法确定。在瓷器史中,其技法和风格也无法找到承继关系。除南京地区外,再无任何地区出土此类器物,因而成为了陶瓷史上罕见的特例。西晋晚期至东晋,南方青瓷系统开始流行另一类高温褐釉点彩装饰。这种褐色点彩不同于二次烧成的釉上彩,也不同于在素坯上施彩后再罩釉一次烧成的釉下彩,而是一种独特的装饰技法。乃是用用含铁较多的褐釉,整齐地排列或随意点在施过青釉的器物上,使青釉上出现褐色斑点(图6-9)。

图6-9 东晋 青釉褐斑鸡头壶

通过对比可以发现,前述东吴釉下彩瓷器与这种褐色点彩瓷器在装饰风格和技法上完全不同。

首先,从工艺上说,前者为高温釉下彩,后者则是直接用含铁的釉料施点于青釉釉面之上。褐色点彩瓷器与后世陶瓷史中所定义的彩绘瓷在工艺上有着较大的区别。

其次,前者彩绘纹饰华美、贴塑装饰精致工整,无论在胎釉质地上还是制作工艺上都比同一时期的青瓷档次要高很多,据推测,"这批精美的釉下彩绘青瓷很可能是为孙吴都城建业宫廷内的高层统治者们专门烧造的高档瓷器,作为日常生活用瓷的可能性不太大,应该有着特殊的用途,最大的可能是作供奉之用。"[1]而后者点彩均装饰于普通常见器具上,胎釉均与常见青瓷无异,应为日常民间器用。

最后,前者的装饰风格在陶瓷史中前无迹可寻,后无承继关系。"这批瓷器的釉下彩绘图案连同其上的贴塑所表现的是一种庆云环绕、珍禽来集、瑞兽毕现、芝草丛生的'祥瑞之图',其纹样主要采自当时流行的各种'祥瑞'形象。"[2]相比较而言,这批瓷器与同时期的帛画、漆画风格一致,它们之间应有更为深刻的关系。

因此,根据目前所掌握的资料,横空出世的东吴釉下彩绘瓷器具有非常独

---

[1] 张瑶. 浅谈南京出土釉下彩绘瓷器的纹饰[A]. 中国古陶瓷研究(第十二辑)[C]. 北京:紫禁城出版社,2006:125

[2] 王志高. 南京出土孙吴釉下彩绘瓷器概论[A]. 中国古陶瓷研究(第十二辑)[C]. 北京:紫禁城出版社,2006:133

特的历史特殊性，无论从它的器物用途、它的使用对象还是它的装饰题材及绘画风格来看，它都与目前主流陶瓷史中所称的彩绘瓷有很大区别。它属于另一个彩绘装饰体系，解答它的来源与去向问题，有待更多考古实物的发现和更多研究资料的深入分析。而从影响因素的角度分析，东晋褐釉点彩瓷体系与邛窑彩绘瓷的关系则更为密切，甚至产生了直接的影响。值得注意的是，在1971年河

图6-10 北齐 青（白）绿釉长颈瓶

南安阳北齐范粹墓中出土了几件青釉绿彩陶釉罐，器物表面有绿色彩带状装饰（图6-10），但到目前为止，相似器物也仅见1958年河南濮阳北齐李云墓中出土两件。因此，从影响因子上来说，这种绿彩釉陶与邛窑的关系也几乎可以忽略。

  由于越窑是青瓷的发源地，因此南方青瓷装饰技法对当时的各地窑场都产生了影响。如化妆土的使用，原本"出现于西晋时期浙江金华的婺州窑，东晋时期浙江德清窑等处也开始采用，南北朝起，湖南、江西、四川、河北等地的窑口相继使用。"[1]邛窑也较早地采用了化妆土修饰瓷器坯胎的工艺，且西晋南方的褐色点彩装饰在邛窑也多有发现，如三国至两晋时期，在四川青羊宫窑、江油青莲窑的青瓷上，褐色点彩层出不穷，这体现出时代的共性。在南朝的邛窑器物上，开始出现了简单的兰草纹、联珠纹等褐色彩绘（图6-11、图6-12）。

  具有划时代意义的彩绘瓷是在隋代出现的，这个时期，由于白釉瓷器的出现、透明釉的使用，为彩绘的发展打下了基础。邛窑瓷器表面出现了黑、褐、绿高温多色瓷彩，有双色或三色组合，纹饰有了发展，如线圈纹、联珠纹或花朵纹、兰草纹等。工艺上也有釉下彩和釉上彩两类。

 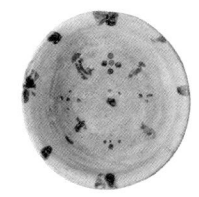

图6-11 隋至唐 青瓷褐彩联珠纹四系小罐　　图6-12 唐 青瓷褐绿双彩点纹碗

---

1 冯先铭. 中国古陶瓷图典［M］. 北京：文物出版社，2002：369

从这个时候起，具有独特风格的邛窑彩绘瓷开始走上了自我创新和发展的道路。无论从绘画技法、彩绘纹样、色彩搭配还是烧制工艺诸方面，都与同时期其他青瓷窑系殊为不同。邛窑彩绘瓷到唐中期达到顶峰，邛窑精湛工艺的代表窑口邛崃十方堂窑的唐代文化层出土了大量彩绘瓷器的整器或残片，丰富的彩绘图像呈现出具有独特气韵的艺术风貌。晚唐五代时期，邛窑彩绘开始渐渐减少但画风逐渐成熟，出现了具有划时代意义的没骨牡丹纹样。也是在这个时期，与邛窑风格极其相似的湖南长沙窑开始兴起，并将中国彩绘瓷的发展又推向了一个新的高潮（图6-13、图6-14）。

在邛窑没有被引起关注之前，学界一般认为中国彩绘瓷是由长沙窑开创的。关于邛窑与长沙窑的关系，正如湖南长沙窑研究专家周世荣比喻的一样，"邛崃窑和长沙窑简直像一对孪生的姐妹窑"。作为历史发展序列上的前后彩绘瓷，两者在很多方面显示出强烈的共性。首先，从烧造工艺方面看，两窑都采用了含铁较高的黏土烧制，烧成后胎色都有灰色、深灰色或土黄色；两窑高温釉的釉色都呈现为以铁着色的米黄、浅青、乳白、棕褐和以铜着色的绿；两者都属于"不典型的釉下彩"[1]工艺；中国古代仅有此两窑掌握乳浊绿釉生产技术；两窑都有早期铜红釉的生产等。其次，从装饰特点上说，两窑均采用了化妆土的装饰技术；都擅长用褐、绿色对瓷器表面绘以纹饰；都较多的使用联珠纹和圆形大斑块纹；两窑的装饰工艺都有彩绘、印花、贴花、刻花等。这些趋同的表现也可以理解为一种由历史承继性所带来的共性。但是两者在装饰风格上仍有诸多明显差异。主要有以下几方面：

第一，彩绘的技法不同。邛窑的彩绘更具有文人画的风格，寥寥数笔，云气飞动，情蕴于中，力藏于内，有强烈的写意性。长沙窑的彩绘使用了单线白描或线条勾勒后局部渲染的技法，具有写实性风格，生动再现

图6-13 唐 褐绿双彩花朵纹瓶

图6-14 唐 白瓷褐绿双彩盘口瓶

---

[1] 张福康. 邛崃窑和长沙窑的烧造工艺［A］. 邛窑古陶瓷研究［C］. 合肥：中国科学技术大学出版社，2002：58

了描绘对象,具有拙朴天真之感(图6-15)。

第二,彩绘的构图不同。唐晚期以前的邛窑瓷器大部分施釉不到底,甚至有些为半釉。彩绘是施于白色化妆土表面,因此其彩绘的部位主要集中于器物的

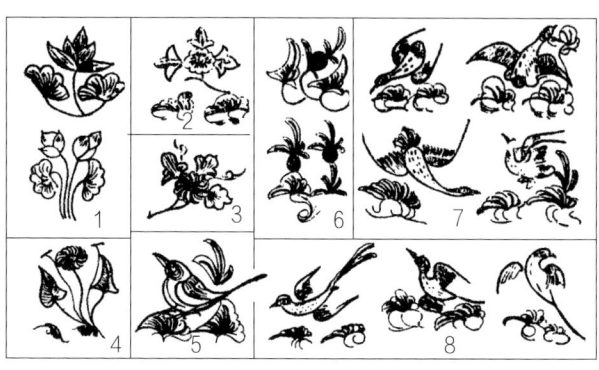

图6-15 唐 长沙窑瓷器彩绘纹样

盖、肩及鼓腹部位,下半部分几乎无装饰,露出明显的胎色。长沙窑的彩绘构图则有以下特点:写实性的动植物、人物纹样、文字等装饰主体的图像,集中于器物的中下部分,器物的口部、颈部和肩部几乎无彩绘装饰;抽象的纹样装饰如曲线、联珠圆圈纹、联珠卷曲纹、泼彩纹贯穿于器物颈下及底上的全部器身,甚至有的达到了全器满装饰,即覆盖了器口、颈、流、壶把等位置。长沙窑的这些装饰特点与其胎质更为细腻,工艺更为精细有关。长沙窑器物虽然并非全部施用化妆土,但大部分都施满釉,因此可以用于装饰的区域更大。

第三,装饰纹样的区别。邛窑彩绘的纹样比较简单,大多寥寥几笔,花草纹样、联珠纹样、云气纹等都比较常见,文字装饰较少,其中独特的写意兰草和没骨牡丹花纹样开创了瓷器彩绘上花草作为主题纹饰的先河。长沙窑器物多为满釉,用于绘画的区域更大,也更利于绘制鸟兽山水等比较复杂的图像。其中生动的动物纹样和诗词文字装饰等都别具特色。另外,长沙窑的曲线纹和泼彩纹绘制更为大胆,其纹样满器分布,纹样走向以在器物上纵向运动为主。邛窑彩绘的抽象纹样以横向分布为主,多装饰于器物的口、或鼓腹等显眼部分,视觉上更具秩序感和韵律感。

第四,色斑和贴花装饰的区别。以大块色斑为装饰的器物中,两者的色斑都装饰于鼓腹处、壶把处或口沿。但长沙窑均为白釉褐斑装饰,在褐斑上通常都有大片印模贴花。而邛窑的色斑有绿、红、褐等,色斑上少有印模贴花。

虽然目前对于两窑的密切关系还不能找到更为直接和清晰的答案,但是,以上两者装饰特点的异同比较可以为进一步研究提供证据。通过比较也可以清晰地看到,邛窑彩绘瓷和长沙窑彩绘瓷处于中国彩绘瓷的不同发展阶段。隋唐时期的邛窑彩绘瓷虽然已经形成了自己比较成熟的风格,但从整个中国彩绘瓷

发展史上，它尚处于早期创立和发展阶段，它的彩绘纹样比较简单、器物外观较为粗糙，而几百年后出现的长沙窑的彩绘则将彩绘瓷的装饰技法发展得更加成熟，使器物呈现更为精美的外表。当然，由于两者所处的历史时期和地域环境以及彩绘风格不同，因而对二者进行简单的高下之分也是不可取的（图6-16至图6-21）。

图6-16 唐 长沙窑白釉红绿彩执壶

图6-17 唐 长沙窑青釉褐斑贴花椰枣纹执壶

图6-18 唐 长沙窑青釉褐绿双彩联珠莲花纹罐

图6-19 唐 白瓷褐绿双彩条纹执壶

图6-20 唐 白瓷褐绿双彩斑纹执壶

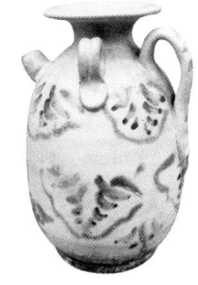
图6-21 唐 褐绿双彩草叶纹双耳执壶

前已述及，考古发掘出土的孙吴时期的褐色釉下彩瓷器是中国陶瓷史的一个特例，它具备特殊性而不具备普遍性，尤其从装饰风格上来说，与当时的漆画和帛画极为相似。从现在的发掘资料来看，它的源流和承继关系都无法找到任何痕迹。由于它出土量少，且它的造型、制作工艺、装饰纹样、实用功能都具有特殊性，与后来兴起的这种民间大量生产、普遍使用、具有历史发展连续性的彩绘瓷完全不同。因此笔者将其定义为另外一种体系的瓷器装饰。东晋到南朝流行的高温釉上彩褐釉点彩装饰，仅以散点装饰于器口沿、肩和器盖上，这是彩绘瓷的萌芽，但是由于其纹样和色彩单一、装饰具有随意性，是一种不成熟的彩瓷形态。因此可以说，从邛窑开始，具有"绘画性装饰"特点的彩绘才真正出现。

在邛窑器物设计审美文化的维度内，我们可以得到对邛窑彩绘瓷的更为清晰的认识。在过去的研究中，对邛窑彩绘瓷最为肯定的结论是认为其对中国彩绘瓷有开创之功，并且影响了长沙窑彩绘瓷的出现和发展。但这仅仅是一种在历时性比较之下得出的结论，它并不能真正揭示出邛窑彩绘瓷最为本质的特征。通过本文的分析，可以看到，邛窑彩绘瓷的意义绝不仅仅因为其在较早的时间内创烧了多色彩绘瓷，而更多的意义来自其独特的审美价值。具体而言，表现在以下几个方面：

第一，邛窑彩绘瓷在工艺上具有开创价值。邛窑在南朝时就开始烧制单色彩绘瓷，到隋代发展了二色、三色的多色彩绘瓷，将青瓷装饰推向一个新境界，形成了中国彩绘瓷的第一个生产高峰和艺术高峰。这在中国陶瓷史上，是具有重要的开创价值的。

第二，邛窑彩绘瓷的纹样具有独特性。邛窑是中国陶瓷史上第一个将专门设计的纹样（而不是抽象的彩点或彩斑）绘制于瓷器上的窑口。邛窑工匠不仅创造了具有独特地域风格的兰草纹、摇钱树纹等，还发展了各种由自然物象抽象出来的新创纹样，尤其是云纹和兰草花纹的抽象变体纹样，呈现出类似现代设计的思路。这种简单而程式化的设计，也有利于工匠模仿，从而使邛窑各窑口生产的彩绘瓷都具有统一风格的图像。同时，通过在纹样中使用动感的曲线和波纹线，以及用双色重复绘制，使简单的纹样变得丰富和富于变化，增强了纹样的装饰性。

第三，邛窑彩绘的构图独具特色。邛窑工匠大多在器物上部施设化妆土和釉面，器物下部因无化妆土而呈现较深的胎色，从而在器表上形成一条天然环形分割线，将彩绘集中于器物上部，既突出了装饰效果，又使纹样和器表的比例关系更加协调。在有的器物上已经有专门施设的花形"分割线"，显示邛窑的工匠已经具有主动的构图意识。这在当时是极为可贵的。

第四，邛窑的彩绘技法具有独创性。邛窑创造性地使用了写意画、没骨花画法，且均远早于绘画中对同样技法的使用。通过分析可以得知，邛窑彩绘技法的形成源流，一方面是因为远离正统工笔绘画的影响，从而能够自然洒脱、不拘程式，另一方面是由于大批量快速生产的需要，写意和没骨两种技法都比精细工笔的画法更快捷，尤其是写意画更能凸显生产的经济性。

第五，邛窑彩绘的写意风格具有独特性。这种风格的形成一方面来自技法的呈现效果，另外一方面来自巴蜀地区的艺术传统的传承。

通过对以上内容的梳理，邛窑彩绘瓷的独特价值得以清晰地呈现出来。尽管由于目前陶瓷史中对于彩绘瓷的定义和范畴不甚确切，对于邛窑彩绘瓷出现之前的东吴釉下彩绘瓷、东晋褐釉点彩瓷是否属于目前所称的"彩绘瓷体系"也尚存争议，但是可以明确的是，邛窑彩绘瓷在西晋褐釉点彩瓷器的影响下，滥觞于南朝，并经隋唐的发展和兴盛，在初唐至中唐时期大量生产，以其成熟的装饰技法和装饰风格，开创了彩绘瓷的多色时代，并形成了中国彩绘瓷的第一个高峰，其装饰纹样随着时代的更迭和审美观念的变迁而呈现逐步由简入繁的过程，具有独特的艺术价值和审美风格。

邛窑彩绘瓷的影响也是深远的，邛窑终烧之后，中国彩绘瓷的发展并没有停滞，而是顺着这一源流而不断发扬光大。后世的长沙窑彩绘瓷、宋代磁州窑、明代景德镇青花瓷、五彩瓷、斗彩瓷等将彩绘瓷发展出五色斑斓异彩纷呈的面貌，使其成为中国瓷器中一个具有独特审美意蕴的重要瓷器品类。

（四）省油灯：古代器物造型的科技之美

省油灯是邛窑唐宋时期特有的瓷器造型，其"流传区域主要在青衣江以东，沱江以西，岷江以北，大巴山以南，即今之四川盆地范围之内"[1]（图6-22）。

五代至宋 酱釉省油灯　　宋 乳浊绿釉省油灯a　　宋 乳浊绿釉省油灯b　　宋 乳浊浅绿釉省油灯
图6-22 五代至宋 邛窑省油灯

---

[1] 姚军. 关于邛窑省油灯问题的探讨[J]. 四川文物，2001，（3）

邛窑省油灯这一饱含科技、文化与情趣的发明对社会有着深刻影响。南宋著名诗人陆游曾留下关于省油灯的文字记载，如《陆放翁全集·斋居纪事》："照书烛必令粗而短，勿过一尺，粗则耐，短则近。书灯勿用铜盏，惟瓷盏最省油。蜀有夹瓷盏，注水于盏唇窍中，可省油之半，灯檠法，高七寸，盘阔六寸，受盏圈径二寸半。择与圈称者。"[1]另在陆游《老学庵笔记》也提到："《宋文安公集》中有'省油灯盏'诗。今汉嘉有之，盖夹灯盏也。一端作小窍，注清冷水其中，每夕一易之，寻常盏为火所灼而燥，故速干，此独不然，其省油几半。邵公济牧汉嘉时，数以遗中朝大夫。按文安亦尝为玉津令，则汉、嘉出此物几三百年矣。"[2]陆游所说的"今汉、嘉有之"指的是汉州和嘉定府，即今四川绵竹、德阳、什邡、广汉、沐川、犍为、乐山、洪雅、夹江、峨眉及以西地区等地[3]，可知在唐宋时期巴蜀地区确有此类特色器物广泛流行。而随着各地省油灯的出土，也证实了陆游的记载。作为当时最大的民窑体系，邛窑为适应民众的生活需求而烧造的省油灯乃是"唐、五代至宋代的常见之物"，它的烧造时代可延续至"南宋初年"[4]。邛窑的十方堂遗址出土了数十盏省油灯，分为几式：

"（1）Ⅰ式（86QS5YT39④：25），十方堂窑址五号窑包出土，敞口，唇外卷，周身夹层，外腹圆鼓，内腹坦浅，腹上部出乳突形流与夹层相通，内腹壁附加弓形环饰，灯芯由此孔穿出直达口部，饼足下沿有明显的刀削痕。砖红胎，外施青中泛白釉，内施青绿色釉，通体施米黄色化妆土。口径12厘米，足径6.2厘米，高4.5厘米，时代为唐。

（2）Ⅱ式（86QS5YT41④：34），十方堂窑址五号窑包出土，敞口，圆唇，器身夹层，外腹圆鼓，内腹坦浅，饼足，外腹偏上出乳突状流与夹层相通，内腹附加条形环钮，灯芯由环钮穿过直达口部。砖红胎，青中泛黄釉，饰米黄色化妆土。口径12.5厘米，足径6.1厘米，高5厘米。时代为唐。

（3）Ⅲ式（84QS5YT7③：27），十方堂三号窑包出土，敞口，尖唇，器身

---

1 陆游（宋）．陆放翁全集·斋居记事［C］．明海虞毛氏汲古阁刻本
2 陆游（宋）．李剑雄，刘德权点校．老学庵笔记（卷十）［M］．北京：中华书局，1979：130
3 中国历代政区沿革编写组．中国历代政区沿革［M］．石家庄：河北教育出版社，1996：227
4 陈丽琼．邛窑新探［A］．四川古陶瓷研究（一）［C］．成都：四川省社会科学院出版社，1984：131-142

夹层，外腹圆鼓，饰凹弦纹二周，腹中有一圆穿与夹层相通，内腹坦浅，附加条形环钮，灯芯自孔穿过直达口部，饼足。砖红胎，青绿色釉，饰米黄色化妆土。口径12.1厘米，足径5.2厘米，高4厘米。时代为晚唐至北宋初。"[1]

（4）Ⅳ式（QS5YT2③：892），十方堂古窑址五号窑包出土，"敞口，鼓腹，实足，腹侧一穿与夹层灯腹相通，内壁有一环形拱状钮。深褐色胎，青绿色釉。径11.6厘米，底径4.9厘米，高4.8厘米。"[2]其时代相当于晚唐至北宋早期。

将川西地区其他遗址及墓葬出土的省油灯与上述邛窑遗址出土的省油灯相比，大部分形制、釉色和胎质都十分相近，可推断为邛窑系窑口的产品。如成都指挥街遗址出土的唐末到北宋前期的省油灯：标本H2：7，口微敛，弧腹，玉璧底，腹侧中上部接一管状嘴，再于青釉层上施酱褐釉，口径10.8厘米，底径4.6厘米，高4.9厘米；[3]以及新津县五津镇宋代砖室墓出土的残釉陶省油灯：敞口，斜壁，平底，状如碟，内夹层，碟口一端有灯嘴，通身施酱黄色釉。口径11厘米，底径4.3厘米，高3.5厘米，等等。从诸多实例中可知，在唐宋邛窑的十方堂窑、琉璃厂窑、玉堂窑等窑口均有省油灯生产，形制大体相似，釉色有青釉、乳浊月白釉、乳浊绿釉、玻璃绿釉等。其中，邛崃十方堂窑所产式样、釉色较丰富，修胎较精细，还有的把嘴做成龙头状，十分生动；琉璃厂窑烧造延续时间较长，但釉色种类较少；能够确认为玉堂窑的省油灯很少。"宋以后，邛窑产品为川西其他窑烧造的产品取代，而作为邛窑特别产品的省油灯似乎没有再烧造了。"[4]

从灯的制造发展史来看，邛窑的省油灯的造型具有明显的独特性。春秋战国时期，人们已经开始使用造型复杂的铜灯作为照明用具。基本形制由灯盘、灯檠（灯柱）和座三部分构成。如河北平山县中山国墓葬中出土的五连盏铜灯、银首银俑铜灯等。汉代出现了陶灯，器型一般由灯盘、灯檠（柱）和承盘

---

[1] 陈显双，尚崇伟．邛窑古陶瓷简论——考古发掘简报［A］．邛窑古陶瓷研究［C］．合肥：中国科学技术大学出版社，2002：167

[2] 四川省文物管理委员会，邛崃县文物保护管理所．邛窑发掘的初步收获［A］．四川古陶瓷研究（二）［C］．成都：四川省社会科学院出版社，1984：56

[3] 成都市博物馆，四川大学博物馆．成都指挥街唐宋遗址发掘报告［A］．南方民族考古（第二辑）［C］．成都：四川省科学技术出版社，1989：265-266

[4] 姚军．关于邛窑省油灯问题的探讨［J］．四川文物，2001，（3）

三部分组成，通常高为13~16厘米。魏晋南北朝至隋时期，由于瓷器烧制的普及，瓷灯逐渐取代铜灯成为主要的照明用具。这一时期灯的器型变矮，基本形制为灯盏、承柱、承盘三部分组成。灯盏作小碗状，接盏与承盘的承柱中空或实心，多作上细下粗，下部较大的口径可以承接滴下的灯油或灯花。[1]唐宋之际我国瓷器烧造空前发达，各窑口烧制的灯形制进一步简单化，以矮型台座居多，灯擎变矮，灯座变小，灯盏变深，口径逐渐变小。这一时期，盏式造型的"灯盏在湖南长沙窑、江苏宜兴涧众窑、浙江宁波小洞岙窑、浙江宁波云湖窑、四川灌县古瓷窑址、河南新安古窑址、河南鹤壁集窑、福建建阳芦花坪窑、陕西铜川唐代黄堡窑、宋代耀州窑等都有大量发现，而尤以长沙窑烧造的瓷灯类型丰富。就其形制而言，一般为敞口、斜直腹、平底，内壁附半环状扳金，实际就是省油灯的上部分。其使用方法简单，在灯面蓄油，放入灯芯即可。"[2]邛窑省油灯与同时期其他窑口的盏式瓷灯有很大不同。省油灯的基本造型为中空带夹层的盏型。由坦腹形的盘形或碗形盏面和深腹杯形或碗形的盏腹两部分粘合后，中间形成一个空心夹层，腹侧留出一个小孔或小嘴，用于将液体注入（图6-23）。省油灯的"嘴"有管状嘴、短嘴、乳突状嘴等形式，从唐到宋省油灯的"嘴"有渐短的趋势。有的省油灯的盏面与腹身短嘴接近的部位有一个耳状物，通常称为"柄"，也可称之为"把"或"钮"等，用于手执。以上省油灯的基本造型在各时代都无大的变化，灯的底部唐时为玉璧底，宋时演变为圈足。

邛窑省油灯之所以具有与其他窑口的灯盏不同的造型，其根本目的是为了实现"省油"这一功能性。邛窑省油灯的造型和省油效益具有直接的关系，也即邛窑省油灯的省油功能，是通过其独特的造型设计来实现的。关于邛窑省油灯的原理，目前有两种观点。一种观点主要来源于南宋陆游所录："书灯勿用铜盏，惟瓷盏最省油。蜀有夹瓷盏，

图6-23 宋 蓝绿乳浊釉省油灯残件标本

---

[1] 林士民. 浙江宁波云湖窑调查［A］. 中国古代窑址调查发掘报告集［C］. 北京：文物出版社，1997：11

[2] 河北省文物管理处. 河北省平山县战国时期中山国墓葬发掘简报［J］. 文物，1979，(1)

注水于盏唇窍中，可省油之半。"因此认为省油灯由于"夹层边上有小孔，从小孔注入冷水，上层注油置灯芯，燃烧时夹层中的水可降低灯的温度，减少油的消耗"[1]。这种观点带有相当的普遍性，四川大学博物馆的陈德富通过试验证明，"邛窑省油灯，大都有较为明显的省油效果，夏季比冬季尤为明显。"[2]另一种观点是，"灯的使用方法，是把灯芯和油从盏嘴灌入夹层，而后在灯面蓄水，降低油温，减少蒸发，节省油耗"[3]。也即"在盏面蓄水，在夹层中注油，通过减少油的间接损耗和通过水的降温作用而达到省油的效果。"[4]两种观点的争论和分歧的焦点在于：夹层中是注水还是注油、水是如何降低油温等问题。但两者都承认，省油灯能在灯芯燃烧时通过水来降低油温以达到降低油耗、节约灯油的目的。因而，无论当时人们使用其中哪一种方法，省油灯都可以在一定程度上起到节油的效果（图6-24）。

省油灯是邛窑器物造型中最具科学性的代表。在设计的过程中，邛窑的工匠通过实践不断总结、修正器型，使其能逐渐达到更为理想的省油效果。"第一，是充分利用釉层渗透性较小的特性，在灯的蓄油部——盏面施满釉，尽量减少灯本身对油料的损耗。……第二，是逐步增大夹层的容积，使其蓄水量逐步增加。第三，是注水孔或嘴的形状、位置，制作得越来越利于夹层中水的蒸发。第四，逐步改进盏面造型，使灯里油的表面积逐渐缩小，减少油的挥发面，从而降低油耗。第五，邛窑省油灯的体形变化不大，……是邛窑工匠们在长期生产实践中，经过无数次比较分析后找到的一种最佳形制。"[5]

邛窑省油灯的夹层中空的造型设计，是瓷器造型与实用性和科技性相结合的典范，在中国古代器物设计史上具有影响深远。四川大学博物馆研究员陈德富在《邛窑省油灯研究》一文中指出："邛窑省油灯

图6-24 邛窑省油灯原理图

---

1 徐鹏章. 川西古代瓷器调查记[A]. 文物考古参考资料[C], 1958,（2）
2 徐鹏章. 川西古代瓷器调查记[A]. 文物考古参考资料[C], 1958,（2）
3 陈丽琼. 邛窑新探[A]. 四川古陶瓷研究（一）[C]. 成都：四川省社会科学院出版社，1984：138
4 姚军. 关于邛窑省油灯问题的探讨[J]. 四川文物，2001,（3）
5 陈德富. 邛窑省油灯研究[A]. 四川古陶瓷研究（二）[C]. 成都：四川省社会科学院出版社，1984：102-104

所依据和运用的物理学理论，在南宋初年，就已是相当普及的了。同样的物理学理论，在西方是19世纪中叶才被普遍认识，形成定律的。"[1]

二、邛窑器物设计审美文化的价值重估与当下意义

邛窑器物设计审美文化，作为一个全新的课题，向我们展开了一幅色彩丰富、内涵深刻的四川古陶瓷的画卷。邛窑器物设计的审美文化，既包含对器物设计的具体展开研究，又包含了对设计行为背后的思想意识的探讨，还包括了器物与意识之间人的行为的解析。通过对邛窑器物设计审美文化的研究，更进一步的说明了，要对邛窑作出客观的价值判断，应该将其置入陶瓷史、设计史、工艺史、艺术史、美学史等视野之中，也只有在历史性与共时性的交点上才能确定其应有的位置。

自从20世纪30年代邛窑被发现以来，国内外学者对其研究就一直延续不断，并取得了一定的研究成果。但是总的来说，这些研究偏重于邛窑发展史研究、邛窑的考古学研究、邛窑的工艺技术研究，而涉及邛窑器物设计审美文化的研究内容极少。瓷器是中国历史上重要的发明，它不仅具有实用的功能，更是民族审美意识的投射下的一种精神性物化产品。瓷器的发展史就是一部文化史，它集中反映了经济发展水平、社会意识形态、社会组织结构、社会多元文化、民族审美心理、时代审美风尚等，并通过材料处理、烧制工艺、造型、装饰等具体的实践活动呈现为一定的物质外观。因而，对于瓷器的研究，应打破单一视角的局限，将其放置于更广阔的视域中多维度、多向度、多层次地进行观照。

邛窑是巴蜀地区最大的古瓷窑系，但是在历史上并没有明确的记载，因而对邛窑的研究主要是围绕具体的器物来展开的。由于邛窑当地所产的原料不够优良，所以一开始就不具备大量烧制精细陶瓷的基础。我们目前能看到的出土瓷器、流传民间的瓷器，大多数都呈现出外观不够精致的状态。因而，对于那些对邛窑知之甚少、仅以后世对瓷器的评价标准来看待邛窑器物的人来说，邛窑的常见器物是难以和越窑、长沙窑、磁州窑等民窑瓷器相媲美的，更无法与

---

[1] 陈德富. 邛窑省油灯研究［A］. 四川古陶瓷研究（二）［C］. 成都：四川省社会科学院出版社，1984：105

那些精雕细琢的官窑瓷器相类。但是，仅从这绝对的形式比较的层面，是很难全面评价邛窑的地位和意义的。因为，对古代器物的研究，必须要将其还原到其所处的特定历史环境、特定文化形态、特定社会生活之中，并且从多视角来切入，从表象走入本质，才能形成一个客观的价值判断。对邛窑的研究同样如此。评价一个窑口在历史上的成就和地位，不仅仅是看它现在呈现于我们眼前的器物外观，更应该去透视这种外观背后所承载的文化及其在历史上的意义。

　　从目前的研究状况来看，国内比较权威的陶瓷史对邛窑的评价并没有完全凸显邛窑本身的价值和意义。在叶喆民所著《中国陶瓷史》[1]、中国硅酸盐学会编《中国陶瓷史》[2]、冯先铭所著《中国陶瓷》[3]中均提及邛窑，并对其烧制年代、器物类型和装饰进行了基本描述，尽管这些描述是客观的，但却不足以全面和深入地概括邛窑的面貌。另外，邛窑在设计上的成就往往被忽略，如在高丰所著《中国设计史》中，提到唐代瓷器的装饰设计时，对彩绘是这样表述的："我国古代在三国时期就已经发明了瓷器釉下彩绘的装饰工艺。唐代，湖南长沙窑则成批量烧制出釉下彩瓷器，使其作为一种成熟的工艺运用在瓷器的装饰上。这种装饰设计新工艺的开发和应用，其设计学的意义是将绘画引入使用产品装饰设计的领域，并通过一定的工艺手段使两者有机结合在一起，这就丰富了装饰设计的表现力，并为后来的产品装饰绘画化发展打下了基础。"[4]这种将长沙窑彩绘瓷视为中国彩瓷的开创者的观点，在目前研究中较为普遍。又如《中国民间陶瓷艺术》中提到："长沙窑在装饰艺术方面有特殊成就……特别是釉下彩绘突破了青瓷的单一青色，成为长沙窑有历史意义的首创，不仅丰富了唐代瓷器的装饰艺术，也对后世釉下彩的继续发展开了先河。"[5]甚至专门研究陶瓷绘画性装饰的《中国陶瓷绘画艺术史》也对邛窑彩绘瓷只字未提，而对长沙窑彩绘瓷进行了高度评价："唐代长沙窑釉下彩绘画的杰出表现，从历史角度看，能认为是长沙楚地接着战国、汉代漆器、帛画辉煌艺术成就的又一次开拓性的艺术创造。如果站在绘画的角度思考其意义，长沙窑陶瓷绘画则是朱景玄

---

[1] 叶喆民. 中国陶瓷史 [M]. 北京：生活·读书·新知三联书店，2001：160-162
[2] 中国硅酸盐学会. 中国陶瓷史 [M]. 北京：文物出版社，1982：202
[3] 冯先铭. 中国陶瓷 [M]. 上海：上海古籍出版社，2001：343-345
[4] 高丰. 中国设计史 [M]. 南宁：广西美术出版社，2004：157
[5] 远宏，详波. 中国民间陶瓷艺术 [M]. 哈尔滨：黑龙江美术出版社，1996：22

所说'逸品'绘画的一种补充。……如果站在绘画史的角度思考其意义,长沙窑陶瓷绘画是创始'野逸'形态的先驱。"[1]尽管长沙窑在中国彩绘瓷上具有无可争议的重要性,但是其出现"晚于8世纪中叶"[2],而邛窑彩绘早在南朝开始出现,经历隋的发展,在初唐至中唐时期已达到鼎盛,其彩绘技法和彩绘风格都与长沙窑不同。如果说邛窑在隋代和唐代早期的瓷器上出现的写意彩绘图像还只能算是一种装饰图案的话,那么在这种写意风格基础上发展起来的、晚唐至五代时期出现的没骨牡丹彩绘,与宋代花鸟画中流行的"生色花"已经几无二致了,具有极高的审美价值。前文的讨论中也已经提到,两个窑口的彩绘瓷产生于不同的时代、风格各异,因而只有趣味之别,而无高下之分。但邛窑在中国彩绘瓷史上的开创性地位却是毋庸置疑的。然而,在以上的陶瓷权威论著中,却未能将这一认识明确化。尽管在2001年于邛崃召开的"中国邛窑陶瓷科技考古研讨会"上,与会专家对邛窑作出了较高的评价,但是在研究界,这种对邛窑的忽略或者是认识不够的情况依然普遍存在。

　　近年来四川本地的一批学者和收藏家对邛窑有了更多的关注和研究,但从全国范围内来说,其影响力依然是微弱的,并未从根本上转变主流的陶瓷研究对邛窑的价值定位。这种状况也影响到当下对"邛陶烧造技艺"这一非物质文化遗产项目的保护和宣传工作。

　　对非物质文化遗产的保护是在活态中的保护。所谓活态是指:该技艺存在并有确定的传承人,同时还需让民众近距离接触、感性认知非物质文化遗产,使原本来自民间的传统技艺能继续在民间扎根和传承下去。联合国教科文组织《保护非物质文化遗产公约》对非物质文化遗产的定义为:非物质文化遗产(intangible cultural heritage)指被各群体、团体、有时为个人所视为其文化遗产的各种实践、表演、表现形式、知识体系和技能及其有关的工具、实物、工艺品和文化场所。根据这个定义,作为四川省第一批非物质文化遗产项目的"邛陶烧造技艺",其内容实际上包含了三个部分:邛窑的烧造技艺、邛窑器物和邛窑生产场所。因此,在非遗项目的保护过程中,最基本的工作为三个方面:即传承人对技艺的传承、相关文化场所的保护和该项目的社会宣传。根据笔者

---

[1] 孔六庆. 中国陶瓷绘画艺术史[M]. 南京:东南大学出版社,2003:63
[2] 李建毛. 湖湘陶瓷(二)·长沙窑[M]. 长沙:湖南美术出版社,2009:17

多次的社会调查可知，目前"邛陶烧造技艺"的保护工作也基本围绕这三个方面进行。

第一，在技术传承方面，具有"四川省工艺美术大师"称号的何平扬作为邛窑烧制技术的传承人，通过数十年的坚持与努力，对邛陶烧制技术进行挖掘、整理和多次试验，成功复原了古邛窑的各种高低温釉、釉下彩等特色品种，并通过研制创新，已掌握了多达几百种釉质的邛窑瓷器生产技术，还独创了以釉料作画的釉上彩和釉下彩技艺。由于各种现实条件的限制，何平扬多年来时常面临无窑可烧的窘境，近年来才在自家居住的小院中建立了独立的瓷窑，目前只有其子跟随学艺，以手工生产的方式进行技艺的传承。除将设计制作的瓷器用于参展、参赛外，何平扬还生产具有时代风格的创新产品。但由于瓷器以手工生产为主，生产能力有限，产品成本居高不下，因而大多数产品作为高端礼品和收藏品销往市场，在民众中的普及率较低。

第二，在相关文化场所的保护方面，邛窑十方堂遗址于1988年1月被列为全国重点文物保护单位，2006年又被列入"十一五"期间全国100处重点大遗址保护名录。2012年，邛窑大遗址保护工作开始启动，《邛窑遗址保护总体规划》《邛窑十方堂遗址公园规划建设方案》等有关规划正式完成[1]，邛崃将以十方堂邛窑遗址公园为核心，打造4A级旅游休闲目的地。2018年5月，邛窑遗址公园已经建成开放。

第三，在大众宣传方面，通过邛窑当地的政府官方网站和各大门户网站、报纸、电视等媒介、邛崃市博物馆、四川博物院、成都市博物馆、四川大学博物馆、历届"国际非遗节"等机构和平台，将邛窑和"邛陶烧造技艺"向社会公众进行普及，使其在四川当地已具有一定的知名度。邛崃还将依托遗址建设成都临邛文博产业示范区，复兴邛窑技艺，相关文创与交流中心等建设正在逐步推进。

虽然"邛陶烧造技艺"的保护工作取得了一定的成果，但现状也不容乐观。笔者曾多次采访过"邛陶烧造技艺"传承人何平扬和多位民间邛窑收藏家，他们均谈到目前的困境。何平扬表示，一是在技艺方面后继乏人，因而他对技艺失传充满担忧；二是民众对邛窑缺乏认识，产品难于进行市场推广，经

---

[1] 邛窑十方堂遗址将打造成4A级. 成都日报. 2012.4.24

济效益和社会效益并不突出，因而无力扩大创作场地进行产业化的生产。可以说，这些也是全国部分非物质文化遗产项目的保护和传承工作面临的共同困境。

事实上，无论在学术界还是在普通民众中，"邛陶烧造技艺"的影响范围和知名度都极为有限。造成这种局面的原因有很多，但其中重要原因之一乃是由于相关研究的缺失，使得非物质文化遗产项目本身的价值和内涵的开掘不够、宣传定位模糊而使民众对其缺乏认知所致。作为一种民间工艺，"邛陶烧造技艺"扎根和存续于民间大众这一土壤，瓷器所具有的审美性和实用性的特征，使邛陶烧造技艺更具有活态传承的可能。目前"邛陶烧造技艺"的保护现状使我们认识到，对于技艺类的非物质文化遗产项目的保护，不仅需要政府的支持、技艺传承人的继承和发扬，更需要相关部门如新闻机构、博物馆等进行的广泛宣传，并通过市场这一有力的普及手段来扩大社会公众的广泛认知，营造社会整体的关注氛围，从而吸引人才来从事相关技艺的学习传承。同时，应通过邛窑文创产品的开发、产品的市场推广、通过公众对产品的需求和使用等途径，使邛窑产品进入日常消费领域，让非遗活在民间，更好地推动这项技艺的继承和发展。而尤其重要的是，对于"邛陶烧造技艺"这一非物质文化遗产的宣传和普及必须建立在对该项目本身的扎实学术研究的基础上，才能取得实质性的进展。长期以来关于邛窑的研究成果影响较小，而且其最重要的审美价值一直没有得到应有的、深入的发掘和研究，学术界对邛窑的价值定位的不确定性等原因从根本上影响了"邛陶烧造技艺"的重要价值的认识。这也成为宣传和普及"邛陶烧造技艺"的一个软肋。在目前的各类资料介绍和宣传中，邛窑陶瓷文化本身的价值和意义没有得以完全体现，对"邛陶烧造技艺"本身的价值定位更是远远不够。这从根本上影响了对"邛陶烧造技艺"这一非遗项目的正确认识和宣传。要解决目前保护工作中的现实困境，当务之急首先应是对邛窑进行价值重估，以确立正确的宣传导向。尤其应抓住邛窑最具代表性、最本质的器物设计审美文化特征，才能使邛窑得到更全面的、客观的、积极的评价。因此，对邛窑陶瓷文化的学术研究和成果普及更具有相当的重要性和紧迫性。

在此背景下，本文对于邛窑器物设计的审美文化的研究，凸显出了更为深刻的现实意义。著名的文化人类学家克利福德·格尔茨曾说，"我所坚持的文化概念既不是多重所指的，也不是含糊不清的：它表示的是从历史上留下来的存在于符号中的意义模式,是以符号形式表达的前后相袭的概念系统,借此人们交流、保存和发展对生命的知识和态度。"[1]这也对非物质文化遗产的内涵做出了深刻阐释。非物质文化遗产虽然表现为各种实践、表演、知识体系和技能,但其背后却隐藏着深刻的文化精神,是特定地域特定民族的风俗习惯、审美观念、精神信仰的集中体现。因而对"邛陶烧造技艺"这一非物质文化遗产的保护,本质上是对邛窑陶瓷文化的继承和保护。"邛陶烧造技艺"是邛窑陶瓷文化的一个重要组成部分,同时也是邛窑瓷器得以呈现的重要中介,只有在深刻开掘邛窑陶瓷文化的历史地位和文化内涵、审美价值的基础上,才能清晰地呈现出"邛陶烧造技艺"这一非物质文化遗产的保护和传承的意义。

因此,邛窑的价值重估应该包括以下两方面:一是厘清"邛陶烧造技艺"包括的具体内容,二是对邛窑器物设计审美文化的意义和价值进行整体和全面把握,在此基础上,邛窑的文化内涵才能得以显现。

纵观邛窑器物设计的发展史,我们可以做出这样的判断:毫无疑问,邛窑器物的造型和装饰都具有自身的特点,但是,邛窑器物设计审美文化中最具突破性价值的乃是其装饰设计审美文化。从造型设计的角度看,邛窑大量地运用了各种"仿生造物"的手法,设计出具有生动姿态、富有韵律感的器物外观,实现了实用性与审美性的完美结合;在与时代性保持一致的同时,邛窑的器物设计又突出了本土性,不仅改良了已有造型,还有独特的新创造型,如省油灯、提梁壶、提梁罐等邛窑特色的器型。生动的邛窑瓷塑也是邛窑造型设计中极富特色的产品。在装饰设计方面,邛窑在单色釉瓷中,除了将青釉的色彩发展到多达30余种的丰富程度,还最早创烧了高温乳浊铜绿釉、高温铜红釉、高温乳浊窑变蓝釉,较早的烧制了钴蓝釉;邛窑在北方低温三彩陶器的影响下,创烧了独具特色的高温三彩釉瓷——邛三彩,将瓷器带入了多色釉瓷的时代;邛窑彩绘瓷在陶瓷史上首先将多色彩绘运用于瓷器装饰,并且创造性地发明了后世绘画中才出现的写意画法和没骨花画法,将瓷器彩绘的功利性与装饰性统一于"写意"这一中国艺术最本质的审美精神之中。邛窑器物装饰设计无论在陶瓷史、设计史还是艺术史、美学史中,都具有独特的重要价值。

总体上看,邛窑器物设计审美文化是巴蜀文化的组成部分,也是中国陶瓷

---

[1]（美）克利福德·格尔茨. 韩莉译. 文化的解释[M]. 南京:译林出版社,2008:95

文化的组成部分。同时，更是中国古代审美文化的重要组成部分。因此，由于邛窑所具有的审美价值，使得无论从中国陶瓷史、还是中国设计史，以及工艺美术史的角度来看，邛窑理应得到重视和获得更为清晰的价值定位。

缺乏阐释的文化是容易被遗忘的，而缺少启蒙的艺术也是容易被忽视的。通过本书对邛窑器物设计审美文化的研究，可以更加深刻和准确地对"邛陶烧造技艺"进行价值重估和内涵开掘，我们也可以更为清晰地了解其包含的具体内容，认识到保护和传承这一非物质文化遗产的重要意义。"邛陶烧造技艺"的保护更是一个长期的持久的过程，通过正确的价值定位以及相关宣传的文化启蒙，不仅可以唤起全民的文化认同与文化自觉，还能促使更多人有意识地参与到传统文化抢救和继承的工作中去。《中华人民共和国非物质文化遗产法》第三十三条提到："国家鼓励开展与非物质文化遗产有关的科学技术研究和非物质文化遗产保护、保存方法研究，鼓励开展非物质文化遗产的记录和非物质文化遗产代表性项目的整理、出版等活动。"随着邛窑大遗址保护工作的推进，以及更多新的研究成果的出炉，邛窑所蕴含的丰富陶瓷文化将得到更为深入的挖掘和推广。在法律的完善保障和制度的倡导之下，随着邛窑考古工作的进一步展开，对邛窑陶瓷文化的挖掘、整理、研究、宣传等工作也应该继续深入下去。

综上所述，邛窑器物设计的审美文化的研究，不仅是对原有邛窑研究成果的深入和延展，也有利于重估邛窑的文化价值，有利于对传统物质和非物质文化遗产资源进行合理保护并有效地发掘其文化内涵，推动邛窑文化产业的发展。因此，本书的研究也获得了更为深远的现实意义。

参考文献

历史文献

[1] 常璩（晋）．任乃强校注．华阳国志校补图注［M］．上海：上海古籍出版社，1987

[2] 蓝浦，郑廷桂（清）．景德镇陶录图说［M］．济南：山东画报出版社，2004

[3] 李昉等（宋）．太平御览［M］．石家庄：河北教育出版社，2000

[4] 陆游（宋）．老学庵笔记（卷10）［M］．北京：中华书局，1979

[5] 欧阳修，宋祁（宋）．新唐书［M］．北京：中华书局，1975

[6] 彭定求等（清）．全唐诗（卷226）［M］．中华书局，1979

[7] 邛崃县志，民国十一年刊本

[8] 邛崃直隶州志，嘉庆二十三年刊本

[9] 四川省邛崃县政协文史资料研究委员会．邛崃文史资料第二辑［C］．1988

[10] 司马光（宋）．资治通鉴（卷232）［M］．北京：中华书局，1976

[11] 宋应星（明）．天工开物［M］．北京：中国社会出版社，2004

[12] 韦庄（唐）．河传［A］．花间集校［C］．北京：人民文学出版社，1981

[13] 闻人军译注．考工记［M］．上海：上海古籍出版社，2008

[14] 朱熹（明）．四书章句集注·论语集注（卷二）［M］．北京：中华书局，1983

[15] 朱琰，蓝浦，许之衡．冯雷（清），龙扬志译注．陶鉴［M］．重庆：重庆出版社，2009

[16] 张唐英（宋）．蜀梼杌（卷下）［A］．丛书集成初编第3855册［C］．北京：中华书局，1991

[17] 中华书局编辑部．全唐诗［M］．北京：中华书局，1999

考古与调查资料

[18] 陈显双, 尚崇伟. 邛窑古陶瓷简论——考古发掘简报 [A]. 邛窑古陶瓷研究 [C]. 合肥: 中国科学技术大学出版社, 2002

[19] 陈显双. 邛崃县古瓷窑遗址调查记 [A]. 四川古陶瓷研究（二）[C]. 成都: 四川省社会科学院出版社, 1984

[20] 成都市博物馆, 四川大学博物馆. 成都指挥街唐宋遗址发掘报告 [A]. 南方民族考古（第二辑）[C]. 成都: 四川科学技术出版社, 1989

[21] 成都文物考古研究所, 阿坝州文管所, 茂县博物馆. 四川茂县营盘山遗址试掘报告 [A]. 成都考古发现（2000）[C]. 北京: 科学出版社, 2002

[22] 成都文物考古研究所, 彭州市博物馆. 2000年瓷峰窑发掘报告 [A]. 成都考古发现（2000）[C]. 北京: 科学出版社, 2002

[23] 成都文物考古研究所, 邛崃市文物管理局. 邛窑 [C]. 成都: 四川人民版社, 2002

[24] 丁祖春. 成都胜利公社琉璃厂古窑 [A]. 四川古陶瓷研究（一）[C]. 成都: 四川省社会科学出版社, 1984

[25] 丁祖春. 四川邛崃十方堂窑 [A]. 四川古陶瓷研究（一）[C]. 成都: 四川省社会科学出版社, 1984

[26] 冯先铭. 两次调查长沙铜官窑所得的几点收获 [J]. 文物, 1960,（3）

[27] 河北省文物管理处. 河北省平山县战国时期中山国墓葬发掘简报 [J]. 文物, 1979,（1）

[28] 江学礼, 陈建中. 青羊宫古窑址试掘简报 [A]. 四川古陶瓷研究（一）[C]. 成都: 四川省社会科学院出版社, 1984

[29] 林士民. 浙江宁波云湖窑调查 [A]. 中国古代窑址调查发掘报告集 [C]. 北京: 文物出版社, 1997

[30] 罗希成. 唐邛窑奇品 [A]. 四川古陶瓷研究（一）[C]. 成都: 四川省社会科学院出版社, 1984

[31]（美）葛维汉. 琉璃厂窑址 [A]. 四川古陶瓷研究（一）[C]. 成都: 四川省社会科学出版社, 1984

[32] 南京市博物馆. 南京长岗村五号墓发掘简报 [J]. 文物, 2002,（7）

[33] 邛崃文物管理所. 邛窑古陶瓷研究论文资料选编 [C]. 2001. 内部资料

[34] 四川大学博物馆，四川大学考古学系，成都文物考古研究所．南方民族考古第六辑［C］．北京：科学出版社，2010

[35] 四川大学博物馆，中国古代铜鼓研究学会．南方民族考古第二辑［C］．成都：四川科学技术出版社，1989 四川大学博物馆，中国古代铜鼓研究学会．南方民族考古第三辑［C］．成都：四川科学技术出版社，1990

[36] 四川古陶瓷研究编写组．四川古陶瓷研究（一）（二）［C］．成都：四川省社会科学院出版社，1984

[37] 四川省文管会，成都市文管处．成都青羊宫窑址发掘简报［A］．四川古陶瓷研究（二）［C］．成都：四川省社会科学院出版社，1984

[38] 四川省文物管理局．四川文物志［M］．成都：巴蜀书社，2005

[39] 四川省文物管理委员会，四川省文物考古研究所，四川省邛崃县文物管理所．四川邛崃县固驿瓦窑山古瓷窑遗址发掘简报［A］．南方民族考古（第三辑）［C］．成都：四川科学技术出版社，1990

[40] 四川省文物考古研究所．四川考古论文集［C］．北京：文物出版社，1996

[41] 沈仲常．四川昭化宝轮镇南北朝时期的崖墓［J］．考古学报，1959，（2）

[42] 石光明，沈仲常，张彦煌．四川彰明县常山村崖墓清理简报［J］．考古通讯，1955，（5）

[43] 徐鹏章．川西古代瓷器调查记［A］．文物考古参考资料［C］，1958，（2）

[44] 杨枝高．访十方堂古窑记［A］．四川古陶瓷研究（一）［C］．成都：四川省社会科学院出版社，1984

[45] 中国科学院考古研究所．前蜀王建墓发掘报告［M］．北京：文物出版社，1964

[46] 中国社会科学院考古研究所．新中国的考古发现和研究［C］．北京：文物出版社，1984

著作

[47]（奥）阿洛瓦·里尔格．刘景联，李薇蔓译．风格问题——装饰艺术史的基础［M］．长沙：湖南科学技术出版社，2000

[48]（德）阿多诺．王柯平译．美学原理［M］．成都：四川人民出版社，1998

[49]（德）沃林格．王才勇译．抽象与移情［M］．沈阳：辽宁人民出版社，1987

[50]（俄）普列汉洛夫．曹葆华译．论艺术（没有地址的信）［M］．生活·读书·新知三联书店，1973

[51]（法）R·巴特．符号学美学［M］．沈阳：辽宁人民出版社，1987

[52]（美）爱德华·谢弗．吴玉贵译．唐代的外来文明［M］．西安：陕西师范大学出版社，2005

[53]（美）E·潘诺夫斯基．傅志强译．视觉艺术的含义［M］．沈阳：辽宁人民出版社，1987

[54]（美）克利福德·格尔茨．韩莉译．文化的解释［M］．南京：译林出版社，2008

[55]（美）鲁道夫·阿恩海姆．滕守尧，朱疆源译．艺术与视知觉［M］．成都：四川人民出版社，2005

[56]（美）苏珊·朗格．刘大基等译．情感与形式［M］．北京：中国社会科学出版社，1983

[57]（美）威廉·A·哈维兰．瞿铁鹏，张钰译．文化人类学［M］．上海：上海社会科学出版社，2006

[58]（日）柳宗悦．徐艺乙译．工艺文化［M］．桂林：广西师范大学出版社，2006

[59]（英）爱德华·露西-史密斯．朱淳译．世界工艺史——手工艺人在社会中的作用［M］．杭州：中国美术学院出版社，1993

[60]（英）E.H.贡布里希．范景中，杨思梁，徐一维译．秩序感——装饰艺术的心理学研究［M］．长沙：湖南科学技术出版社，2006

[61]（英）理查德·豪尔厄斯．葛红兵等译．视觉文化［M］．桂林：广西师范大学出版社，2007

[62]（英）李约瑟．中国古代科学思想史［M］．南昌：江西人民出版社，2006

[63]（英）李约瑟．中国科学技术史［M］．北京：科学出版社，1990

[64]（英）马尔科姆·巴纳德．王升才，张爱东，卿上力译．艺术、设计与视觉文化［M］．南京：江苏美术出版社，2006

[65]白建国．中国古代瓷塑玩具大观［M］．北京：光明日报出版社，1997

[66]伯仲．中国瓷器分类图典［M］．北京：化学工业出版社，2008

[67]薄松年．中国美术史教程［M］．西安：陕西人民美术出版社，2002

[68]蔡子谔．磁州窑审美文化研究［M］．北京：中国文联出版社，2001

[69]曹建文．景德镇青花瓷器艺术发展史研究［M］．济南：山东美术出版社，2008

[70]曹林．装饰艺术源流［M］．北京：文化艺术出版社，2006

[71]曹意强．艺术与历史［M］．杭州：中国美术学院出版社，2001

[72]陈进海．世界陶瓷艺术史［M］．哈尔滨：黑龙江美术出版社，1995

[73]陈丽琼，董小陈．三峡与中国瓷器［C］．重庆：重庆出版社，2010

[74]陈丽琼．古代四川陶瓷［C］．重庆：重庆出版社，1987

[75]陈丽琼．古代陶瓷研究［M］．重庆：重庆出版社，2001

[76]陈淞贤．中国传统陶瓷艺术研究［M］．杭州：中国美术学院出版社，2001

[77]程金城．中国陶瓷美学［M］．兰州：甘肃人民美术出版社，2007

[78]程金城．中国陶瓷艺术论［M］．兰州：甘肃人民美术出版社，2001

[79]戴开林．蜀窑缤纷［C］．成都：四川美术出版社，2009

[80]邓白．邓白美术文集［M］．杭州：浙江美术学院出版社，1992

[81]邓乔彬．中国绘画思想史［M］．贵阳：贵州人民出版社，2001

[82]杜石然．中国科学技术史稿［M］．北京：科学出版社，1983

[83]冯天瑜．中华文化史［M］．上海：上海人民出版社，1990

[84]冯先铭．中国古陶瓷图典［M］．北京：文物出版社，2002

[85]冯友兰．中国哲学史［M］．北京：中华书局，1961

[86]甘雪莉．中国外销瓷［M］．上海：东方出版中心，2008

[87]高丰．中国设计史［M］．南宁：广西美术出版社，2004

[88]葛兆光．中国思想史［M］．上海：复旦大学出版社，2007

[89]耿宝昌．邛窑古陶瓷研究［C］．合肥：中国科学技术大学出版社，2002

［90］关涛，王玉新. 日本陶瓷史［M］. 沈阳：辽宁画报出版社，2001

［91］海军. 视觉的诗学——平面设计的符号学向度［M］. 重庆：重庆大学出版社，2007

［92］杭间. 中国工艺美学思想史［M］. 太原：北岳文艺出版社，1994

［93］胡飞. 中国传统设计思维方式探索［M］. 北京：中国建筑工业出版社，2007

［94］贾大泉. 四川通史［M］. 成都：四川人民出版社，2010

［95］蒋跃. 绘画形式语言研究［M］. 合肥：安徽美术出版社，2009

［96］孔六庆. 中国陶瓷绘画艺术史［M］. 南京：东南大学出版社，2003

［97］李光元. 色彩艺术学［M］. 哈尔滨：黑龙江美术出版社，2000

［98］李建毛. 湖湘陶瓷（二）·长沙窑［M］. 长沙：湖南美术出版社，2009

［99］李立新. 设计艺术学研究方法［M］. 南京：江苏美术出版社，2010

［100］李铁锤. 巴蜀古陶瓷文集［C］. 成都：四川美术出版社，2013

［101］李文杰. 中国古代制陶工艺研究［M］. 北京：科学出版社，1996年

［102］李研祖. 装饰之道［M］. 北京：中国人民大学出版社，1993

［103］李泽厚. 美学三书［M］. 天津：天津社会科学出版社，2011

［104］李正安. 陶瓷设计［M］. 杭州：中国美术学院出版社，2002

［105］李知宴. 中国古代陶瓷［M］. 北京：商务印书馆，1998

［106］梁宪华，翁连溪. 中国地方志中的陶瓷史料［M］. 北京：学苑出版社，2008

［107］梁一儒，户晓辉，宫承波. 中国人审美心理研究［M］. 济南：山东人民出版社，2003

［108］林保尧. 美术考古与文化资产——以台湾地区学者的论述为中心［C］. 上海：上海大学出版社，2008

［109］林木，李颖. 巴蜀艺术地理［M］. 济南：山东美术出版社，2005

［110］吕品田. 中国民间美术观念［M］. 长沙：湖南美术出版社，2007

［111］罗二虎. 中国美术考古研究现状［M］. 上海：上海大学出版社，2008

［112］罗宏才. 西部美术考古［C］. 上海：上海大学出版社，2008

［113］马骋. 瓷绘丹青——历代瓷画解读与辨识［M］. 上海：上海大学出版社，2008

［114］潘鲁生. 民艺学论纲［M］. 北京：北京工艺美术出版社，1998

[115] 任继愈. 中国佛教史[M]. 北京：中国社会科学出版社，1981
[116] 阮荣春，罗二虎. 古代巴蜀文化探秘[M]. 沈阳：辽宁美术出版社，2009
[117] 邵琦，李良瑾等. 中国古代设计思想史略[M]. 上海：上海书店出版社，2009
[118] 设计史研究——设计与中国设计史研究年会专辑[C]. 上海：上海书画出版社，2007
[119] 沈福伟. 中西文化交流史[M]. 上海：上海人民出版社，2006
[120] 孙长初. 中国古代设计艺术思想论纲[M]. 重庆：重庆大学出版社，2010
[121] 唐家路，潘鲁生. 中国民间美术导论[M]. 哈尔滨：黑龙江美术出版社，2000
[122] 田自秉. 中国工艺美术史[M]. 北京：知识出版社，1985
[123] 田自秉. 中国纹样史[M]. 北京：高等教育出版社，2003
[124] 童恩正. 古代的巴蜀[M]. 成都：四川人民出版社，1979
[125] 童书业. 中国手工业商业发展史[M]. 济南：齐鲁书社，1981
[126] 汪正庆. 中国陶瓷研究[C]. 上海：上海人民出版社，2007
[127] 王菊生. 造型艺术原理[M]. 哈尔滨：黑龙江美术出版社，2000
[128] 王其钧，王谢燕. 中国工艺美术史[M]. 北京：机械工业出版社，2008
[129] 王毅. 中国民间艺术论[M]. 太原：山西教育出版社，2000
[130] 吴功正. 六朝美学史[M]. 南京：江苏美术出版社，1994
[131] 吴战垒. 图说中国陶瓷史[M]. 天津：百花文艺出版社．2009
[132] 吴中杰. 中国古代审美文化论[M]. 上海：上海古籍出版社，2003
[133] 伍秋鹏. 中国古陶瓷鉴定学[M]. 北京：北京出版社，2011
[134] 向达. 唐代长安与西域文明[M]. 北京：三联书店，1957
[135] 熊寥. 陶瓷美学与中国陶瓷审美的民族特征[M]. 杭州：浙江美术学院出版社，1989
[136] 熊寥. 中国陶瓷古籍集成[C]. 南昌：江西科学技术出版社，2008
[137] 熊寥. 中国陶瓷与中国文化[M]. 杭州：浙江美术学院出版社，1991
[138] 薛翔. 中国古瓷器[M]. 武汉：湖北美术出版社，2003

[139] 杨永善. 说陶论艺[C]. 哈尔滨：黑龙江美术出版社，2001

[140] 扬之水. 明式家具之前[M]. 上海：上海书店出版社，2007

[141] 姚文放. 审美文化学导论[M]. 北京：社会科学文献出版社，2011

[142] 叶朗. 现代美学体系[M]. 北京：北京大学出版社，2002

[143] 叶喆民. 中国陶瓷史[M]. 北京：生活·读书·新知三联书店，2001

[144] 易思羽. 中国符号[M]. 南京：江苏人民出版社，2005

[145] 袁庭栋. 巴蜀文化[M]. 沈阳：辽宁教育出版社，1991

[146] 袁庭栋. 巴蜀文化志[M]. 成都：四川出版集团巴蜀书社，2009

[147] 远宏，详波. 中国民间陶瓷艺术[M]. 哈尔滨：黑龙江美术出版社，1996

[148] 翟墨. 人类设计思潮[M]. 石家庄：河北美术出版社，2007

[149] 张世英. 天人之际——中西哲学的困惑与选择[M]. 北京：人民出版社，2005

[150] 张晓霞. 天赐荣华——中国古代植物装饰纹样发展史[M]. 上海：上海文化出版社，2010

[151] 张紫晨. 民俗学与民间美术[M]. 长沙：湖南美术出版社，1990

[152] 赵克理. 顺天造物——中国传统设计文化论[M]. 北京：中国轻工业出版社，2008

[153] 赵农. 中国艺术设计史[M]. 北京：高等教育出版社，2009

[154] 赵宇共. 陶瓷的文化品鉴[M]. 西安：陕西旅游出版社，1992年

[155] 中国大百科全书总编辑委员会. 中国大百科全书·考古学[M]. 北京：中国大百科全书出版社，1986

[156] 中国硅酸盐学会. 中国陶瓷史[M]. 北京：文物出版社，1982

[157] 中国美术全集编辑委员会，杨伯达. 中国美术全集·工艺美术编[M]. 北京：文物出版社，1989

[158] 周世荣. 长沙窑彩瓷[M]. 福州：福建美术出版社，2002

[159] 周淑兰. 中国陶瓷纹饰[M]. 北京：北京工艺美术出版社，2009

[160] 朱淳，邵琦. 造物设计史略[M]. 上海：上海书店出版社，2009

[161] 朱存明. 汉画像之美[M]. 北京：商务印书馆，1994

[162] 朱顺龙，李建军. 陶瓷与中国文化[M]. 上海：汉语大词典出版社，2003

[163] 祝慈寿. 中国古代工业史[M]. 上海：学林出版社，1988

[164] 宗白华. 宗白华全集[M]. 合肥：安徽教育出版社，1994

论文

[165] 常欣. 写意论 [J]. 美术, 2011, (4)

[166] 陈德富. 邛窑省油灯研究 [A]. 四川古陶瓷研究（二）[C]. 成都: 四川省社会科学院出版社, 1984

[167] 陈丽琼. 邛窑新探 [A]. 四川古陶瓷研究（一）[C]. 成都: 四川省社会科学院出版社, 1984

[168] 陈丽琼. 邛窑与铜官窑的关系及其可能外销 [A]. 四川考古论文集 [C]. 北京: 文物出版社, 1996

[169] 陈丽琼. 试谈四川省古代瓷器的发展及工艺 [A]. 四川古陶瓷研究（一）[C]. 成都: 四川省社会科学出版社, 1984

[170] 段玉明. 从出土文物看巴蜀早期佛教 [J]. 四川文物, 2008, (3)

[171] 范仲远. "扬一益二"话成都陶瓷 [J]. 文史杂志, 2003, (3)

[172] 范仲远. 论邛窑对唐代成都经济的影响 [J]. 四川师范大学学报（社会科学版）, 2005, (4)

[173] 黄晓枫. 从考古发现看邛窑的文化特征 [J]. 成都文物, 2007, (2)

[174] 林亦秋. 揭晓长沙窑蓝釉及铜红釉形成之谜 [J]. 艺术市场, 2005, (8)

[175] 刘茂才, 谭继和. 巴蜀文化的历史特征与四川特色文化的构建 [J]. 西南民族学院学报·哲学社会科学版, 2003, (1)

[176] 刘平. 略谈成都地区青瓷的发展 [A]. 文物考古研究 [C]. 成都: 成都出版社, 1993

[177] 刘毅. 论"窑系" [A]. 中国古陶瓷研究（第八辑）[C]. 北京: 紫禁城出版社, 2002

[178] 刘雨茂. 青羊宫窑初探 [A]. 文物考古研究 [C]. 成都: 成都出版社, 1993

[179] 陆明华. 试述高温铜红釉彩的起源和发展——长沙窑出土相关瓷器谈起 [A]. 上海博物馆集刊第9期 [C]. 上海: 上海书画出版社, 2002

[180] 吕军. 20世纪中国古瓷及窑址的专题研究与讨论 [J]. 文物春秋, 2005, (2)

[181] 栾天, 毛振伟, 王昌燧. 邛崃窑彩绘瓷彩绘工艺的SRXRF研究 [J]. 光

谱学与光谱分析，2006，（8）
[182] 谭洛非．关于开展巴蜀文化研究的建议[J]．社会科学研究，1991，（5）
[183] 唐昌朴．邛窑彩釉的兴起及其继承问题[J]．西南师范大学学报，1986，（1）
[184] 汪雄，李子军．邛崃市发现纪年铭文印模[J]．成都文物，1996，（1）
[185] 王蓓蓓，刘美丽．唐代邛窑瓷器及其所反映的社会生活[J]．文物春秋，2007，（2）
[186] 王崇东．浅析古邛窑陶瓷的工艺特点[J]．陶瓷科学与艺术，2008，（7）
[187] 王崇东．邛窑陶瓷艺术的语言特点[D]．四川美术学院．设计艺术学，2004
[188] 王志高．南京出土孙吴釉下彩绘瓷器概论[A]．中国古陶瓷研究（第十二辑）[C]．北京：紫禁城出版社，2006
[189] 王志高，贾维勇．南京发现的孙吴釉下彩绘瓷器及其相关问题[J]．文物，2005，（5）
[190] 魏崴．四川古瓷的造型和纹饰研究[J]．四川文物，2003，（3）
[191] 伍秋鹏．邛窑陶瓷窑具与装烧工艺初探[J]．四川文物，2005，（1）
[192] 伍秋鹏．四川邛窑彩绘瓷与三彩小议[J]．收藏界，2007，（9）
[193] 谢元鲁．论唐五代宋蜀中的奢侈之风[A]．前后蜀历史与文化学术讨论会论文集[C]．成都：巴蜀书社，1994
[194] 熊菁菁，汪浩．浅谈陶瓷仿生设计[J]．江苏陶瓷，2010，（3）
[195] 姚军．关于邛窑省油灯问题的探讨[J]．四川文物，2001，（3）
[196] 易家胜．南京出土的六朝早期青瓷釉下彩盘口壶[J]．文物，1988，（6）
[197] 余祖信．漫话古邛窑[J]．中国陶瓷，1984，（3）
[198] 张天琚．关于"邛窑和长沙窑关系"争论的若干问题[J]．东方博物，（16）
[199] 张亚林，王苗苗，余勇陶．瓷花口器造型仿生设计之美探究[J]．艺术百家，2011，（5）
[200] 张瑶．浅谈南京出土釉下彩绘瓷器的纹饰[A]．中国古陶瓷研究（第十二辑）[C]．北京：紫禁城出版社，2006
[201] 中国收藏家协会，四川省收藏家协会．全国第九届民间收藏文化高层（成都）论坛文集·四川古代陶瓷文化研讨[C]．2009．内部资料

图 录

图片标号	图片名称	年代	备注
1-1	邛崃十方堂窑遗址近照1		笔者拍摄
1-2	邛崃十方堂窑遗址近照2		笔者拍摄
2-1	邛崃古窑址分布示意图		图片采自耿宝昌主编《邛窑古陶瓷研究》
2-2	邛崃十方堂窑出土匣钵和支钉	唐至宋	图片采自耿宝昌主编《邛窑古陶瓷研究》
2-3	邛崃十方堂窑出土垫柱	唐至宋	图片采自耿宝昌主编《邛窑古陶瓷研究》
2-4	绿釉莲花纹壶墨线图	南朝晚期	图片采自陈丽琼、董小陈著《三峡与中国瓷器》
2-5	"永元"字黑彩四系壶展示图	南朝	图片采自陈丽琼、董小陈著《三峡与中国瓷器》
2-6	釉下彩白瓷敛口钵	隋	邛崃市博物馆藏
2-7	青瓷褐绿双彩联珠纹高足盘	隋	邛崃市博物馆藏
2-8	褐绿双彩瓷器	唐	私人收藏
2-9	邛崃十方堂窑出土刻花印模	五代至宋初	图片采自耿宝昌主编《邛窑古陶瓷研究》，比例不一
2-10	乳浊绿釉省油灯	宋	邛崃市博物馆藏
2-11	酱釉黄斑彩煎茶瓶	宋	邛崃市博物馆藏
3-1	邛崃十方堂窑出土器物造型汇总图	隋至宋	图片采自耿宝昌主编《邛窑古陶瓷研究》，比例不一

续表

图片标号	图片名称	年代	备注
3-2	邛窑杯		
	1 青瓷褐彩草叶纹杯	唐	邛崃市博物馆藏
	2 白瓷绿彩草叶纹环柄杯	唐	邛崃市博物馆藏
	3 青瓷褐彩带柄杯	唐	邛崃市博物馆藏
3-3	青瓷褐彩斑纹四系盘口瓶	唐	大邑县文管所藏
3-4	青瓷四系罐	唐	邛崃市博物馆藏
3-5	邛窑砚滴		
	1 白瓷褐绿双彩砚滴	唐	邛崃市博物馆藏
	2 乳浊绿釉瓜棱砚滴	宋	邛崃市博物馆藏
3-6	邛窑瓷塑		
	1 低温绿釉抱孩俑瓷塑	五代	邛窑古陶瓷博物馆藏
	2 乳浊青瓷盘坐孩童瓷塑	宋	邛崃市博物馆藏
	3 乳浊青瓷骑坐人像瓷塑	宋	邛崃市博物馆藏
	4 乳浊青瓷游泳孩童瓷塑	宋	邛崃市博物馆藏
	5 乳浊青瓷盘坐孩童瓷塑	宋	邛崃市博物馆藏
	6 青瓷小狗瓷塑	宋	邛崃市博物馆藏
	7 青瓷乌龟瓷塑	宋	邛崃市博物馆藏
	8 乳浊蓝釉飞鸟瓷塑	宋	邛崃市博物馆藏
	9 黄釉小牛瓷塑	宋	邛崃市博物馆藏
	10 青瓷小猴瓷塑	唐	邛窑古陶瓷博物馆藏
3-7	青瓷铃铛	唐至宋	邛崃市博物馆藏
3-8	邛窑执壶		
	1 青瓷索纹执壶	唐	邛崃市博物馆藏
	2 乳浊绿釉执壶	宋	邛崃市博物馆藏
3-9	青瓷高足盘	隋	邛崃市博物馆藏

续表

图片标号	图片名称	年代	备注
3-10	邛窑瓶		
	1 乳浊月白釉小葫芦瓶	宋	邛崃市博物馆藏
	2 乳浊绿釉长颈球腹瓶	宋	邛崃市博物馆藏
	3 乳浊蓝釉长颈鼓腹瓶	宋	邛崃市博物馆藏
	4 乳浊蓝绿釉长颈鼓腹瓶	宋	邛崃市博物馆藏
	5 乳浊蓝紫釉胆式瓶	宋	邛崃市博物馆藏
	6 乳浊浅绿釉玉壶春瓶	宋	邛崃市博物馆藏
3-11	邛窑碗		
	1 白瓷碗	隋至唐初	邛崃市博物馆藏
	2 青瓷碗a	唐	邛崃市博物馆藏
	3 青瓷碗b	晚唐至五代	邛崃市博物馆藏
	4 乳浊蓝绿釉碗	宋	邛崃市博物馆藏
3-12	邛崃十方堂窑出土碗造型汇总	隋至宋	图片采自耿宝昌主编《邛窑古陶瓷研究》，比例不一
3-13	邛窑砚台		
	1 青瓷多足辟雍砚	南朝至隋	邛崃市博物馆藏
	2 青瓷褐釉猴头五足辟雍砚	唐	邛窑古陶瓷博物馆藏
	3 青瓷青褐釉撮箕砚	唐	邛窑古陶瓷博物馆藏
	4 青瓷风字砚	唐至宋	邛崃市博物馆藏
3-14	邛崃十方堂窑出土器型分期汇总	唐至宋	图片采自耿宝昌主编《邛窑古陶瓷研究》，比例不一
3-15	唐代壶罐造型演变	唐	图片采自中国硅酸盐学会编《中国陶瓷史》
3-16	褐彩狮形枕	唐	邛崃市博物馆藏
3-17	褐绿双彩绘人头壶	唐	邛窑古陶瓷博物馆藏
3-18	褐绿双彩人头埙	唐	邛窑古陶瓷博物馆藏

续表

图片标号	图片名称	年代	备注
3-19	邛窑花形器		
	1 青釉黄褐彩绘三联杯	唐	邛崃市博物馆藏
	2 绿釉印花双层莲花形盏	五代	私人收藏
	3 绿釉印花莲花盏	宋	邛崃市博物馆藏
	4 青釉印花花形盏	宋	邛崃市博物馆藏
3-20	褐绘花朵纹摩羯形臼磨器	唐	邛崃市博物馆藏
3-21	青灰釉瓜棱形罐	唐	邛窑古陶瓷博物馆藏
3-22	邛窑花口器		
	1 青瓷菱花口盘	晚唐至五代	邛崃市博物馆藏
	2 乳浊蓝釉花口碟	宋	邛窑古陶瓷博物馆藏
	3 乳浊浅绿釉花口瓶	南宋	邛崃市博物馆藏
3-23	青瓷柳斗杯	唐至宋	邛崃市博物馆藏
3-24	褐绿双彩提梁壶	唐	四川博物院藏
3-25	何家村出土单耳金杯与邛窑单耳杯对比图		
	1 带把金杯	唐	陕西历史博物馆藏
	2 白瓷绿釉彩草叶纹环柄杯	唐	邛崃市博物馆藏
3-26	西安出土金摩羯纹长杯与邛窑摩羯印花长杯对比图		
	1 金摩羯纹长杯	唐	陕西历史博物馆藏
	2 低温绿釉海棠杯	五代	成都文物考古研究所藏
3-27	黄釉褐彩蟾蜍砚	唐	私人收藏
3-28	邛窑海棠式杯		
	1 青瓷绿彩花口杯	唐	邛窑古陶瓷博物馆藏
	2 海棠杯陶内模	宋	邛崃市博物馆藏
3-29	低温黄绿双色釉堆贴连瓣高足香薰	五代	邛窑古陶瓷博物馆藏

续表

图片标号	图片名称	年代	备注
3-30	褐釉狻猊薰炉	唐	邛窑古陶瓷博物馆藏
3-31	乳浊天青釉双耳小罐	五代至北宋	邛崃市博物馆藏
3-32	白瓷褐绿双彩点纹小瓶	唐	邛崃市博物馆藏
3-33	白瓷褐绿双彩点纹碗	唐	邛窑古陶瓷博物馆藏
3-34	邛三彩盘	五代	邛崃市博物馆藏
3-35	邛三彩杯	五代	邛崃市博物馆藏
3-36	邛三彩盘	五代	私人收藏
3-37	邛三彩五足炉	五代	成都博物馆藏
3-38	邛三彩执壶	晚唐至五代	私人收藏
3-39	唐三彩鹰首壶	唐	扬州博物馆藏
3-40	邛窑刻花、印花植物纹样汇总	南朝至宋	图片采自耿宝昌主编《邛窑古陶瓷研究》、《Journal of the West China Border Research Society.11》(《华西边疆研究学会杂志》1939年11期)，及根据部分存世邛窑瓷器绘制，比例不一
3-41	邛窑刻花、印花动物纹样汇总	唐至宋	图片采自耿宝昌主编《邛窑古陶瓷研究》、《Journal of the West China Border Research Society.11》(《华西边疆研究学会杂志》1939年11期)，及根据部分存世邛窑瓷器绘制，比例不一
3-42	邛窑刻花、印花神异纹样汇总	唐至宋	图片采自耿宝昌主编《邛窑古陶瓷研究》、《Journal of the West China Border Research Society.11》(《华西边疆研究学会杂志》1939年11期)，及根据部分存世邛窑瓷器绘制，比例不一
3-43	邛窑刻印花蝴蝶纹饰物 1 蝴蝶印模 2 青瓷蝴蝶片饰	 唐 宋	 邛窑古陶瓷博物馆藏 邛崃市博物馆藏

续表

图片标号	图片名称	年代	备注
3-44	青瓷褐绿双彩刻花莲花纹大盆	唐	邛崃市博物馆藏
3-45	青瓷绿彩刻划花执壶	晚唐至五代	邛窑古陶瓷博物馆藏
3-46	金银胎漆碟	五代 前蜀	永陵博物馆藏
3-47	双凤纹印模	五代至宋	四川大学博物馆藏
3-48	玉大带盘龙纹	五代 前蜀	四川博物院藏
3-49	龙纹盒盖印模	五代至宋	邛崃市博物馆藏
3-50	邛三彩印花碗残片	晚唐至五代	邛崃十方堂窑出土
3-51	邛窑彩绘兰草纹样汇总	隋至唐	图片根据存世邛窑瓷器绘制，比例不一
3-52	邛窑彩绘牡丹纹1	唐	图片根据邛窑贯耳瓶牡丹纹样绘制
3-53	邛窑彩绘牡丹纹2	唐	图片根据邛窑大盆牡丹纹样绘制
3-54	邛窑彩绘宝相花纹汇总	唐	图片根据存世邛窑瓷器绘制，比例不一
3-55	邛窑彩绘卷草纹汇总	唐	图片根据存世邛窑瓷器绘制，比例不一
3-56	邛窑彩绘摇钱树纹汇总	唐	图片根据存世邛窑瓷器绘制，比例不一
3-57	邛窑彩绘雁鸟纹汇总	唐	图片根据存世邛窑瓷器绘制，比例不一
3-58	邛窑彩绘花朵纹汇总	唐	图片根据存世邛窑瓷器绘制，比例不一
3-59	邛窑彩绘联珠纹汇总	隋至唐	图片根据存世邛窑瓷器绘制，比例不一
3-60	邛窑色斑、色条纹装饰 1 青瓷褐绿双彩斑纹双系注子 2 青瓷褐绿双彩条纹提梁小罐	 唐 唐	 邛崃市博物馆藏 邛崃市博物馆藏
3-61	邛窑彩绘卷曲纹汇总	隋至唐	图片根据存世邛窑瓷器绘制，比例不一

续表

图片标号	图片名称	年代	备注
3-62	"开成元年"铭赭彩碗	唐	中国国家博物馆藏
3-63	邛窑彩绘云气纹汇总	唐至宋	图片根据存世邛窑瓷器绘制,比例不一
3-64	邛窑彩绘云朵纹汇总	唐	图片根据存世邛窑瓷器绘制,比例不一
3-65	邛窑彩绘草叶纹汇总	隋至唐	图片根据存世邛窑瓷器绘制,比例不一
3-66	青瓷褐彩"临""邛"字杯	唐	邛崃市博物馆藏
3-67	青瓷褐彩"蜀"字罐	唐	邛窑古陶瓷博物馆藏
3-68	褐绿双彩绘卷草纹钵	唐	邛窑古陶瓷博物馆藏
3-69	褐彩兰草纹双耳执壶	唐	四川博物院藏
3-70	邛三彩水果象生瓷	晚唐至五代	邛窑三彩主题博物馆藏
3-71	邛崃十方堂窑出土女俑头瓷塑汇总	唐至宋	图片采自耿宝昌主编《邛窑古陶瓷研究》,比例不一
3-72	邛崃十方堂窑出土动物瓷塑汇总	唐至宋	图片采自耿宝昌主编《邛窑古陶瓷研究》,比例不一
3-73	长沙窑瓷塑	唐	图片采自周世荣编著《湖南陶瓷》
3-74	击鼓说唱俑	东汉	中国国家博物馆藏
3-75	青瓷褐彩草叶纹四系小罐	唐	邛崃市博物馆藏
3-76	青瓷褐彩草叶纹双系注子	唐	邛崃市博物馆藏
3-77	褐绿双彩绶带型云气纹双耳壶	唐	私人收藏
3-78	邛窑彩绘牡丹大盆		
	1 褐绿双彩写意牡丹大盆a	唐	私人收藏
	2 褐绿双彩写意牡丹大盆b	唐	成都顺达博物馆藏
	3 褐绿双彩写意牡丹大盆c	唐	私人收藏
3-79	赵昌《杏花图》	北宋	台北故宫博物院藏
3-80	"狼形纹"图案彩陶壶	新石器时代	甘肃临洮出土

续表

图片标号	图片名称	年代	备注
3-81	黄筌《写生珍禽图》	五代	北京故宫博物院藏
3-82	褐绿黄红彩绘盖罐	唐	私人收藏
3-83	青瓷褐彩卷草云纹四耳罐	唐	四川博物院藏
3-84	青瓷褐彩云纹罐	唐	重庆奉节出土
3-85	青瓷褐彩卷草纹钵	唐	邛崃市博物馆藏
4-1	刻划堆贴花青瓷盘口四系瓶	隋至唐初	邛窑古陶瓷博物馆藏
4-2	邛窑胡人头像瓷塑		
	1 褐绿双彩络腮胡包巾胡人头像	唐	私人收藏
	2 褐绿双彩络腮胡琵琶结包巾胡人头像	唐	邛崃市博物馆藏
	3 青绿釉圆窝帽胡人头像	唐	邛崃市博物馆藏
	4 褐绿双彩点鹰头翘尾帽胡人头像	唐	邛崃市博物馆藏
	5 褐绿双彩斑缨盔胡人头像	唐	邛崃市博物馆藏
	6 褐绿双彩点风帽胡人头像	唐	邛崃市博物馆藏
4-3	青瓷褐绿双彩斑胡人埙	唐	邛崃市博物馆藏
4-4	低温绿釉骑狮小俑	五代	邛崃市博物馆藏
4-5	青瓷胡人俑	唐	邛崃市博物馆藏
4-6	邛崃十方堂窑龙窑外观		笔者拍摄
4-7	邛崃十方堂窑龙窑内部		笔者拍摄
4-8	邛崃十方堂窑匣钵堆积		笔者拍摄
4-9	邛窑匣钵器物叠烧标本	唐至宋	邛崃十方堂窑出土
4-10	邛窑三齿支钉	五代至宋初	邛崃十方堂窑出土
4-11	乳浊绿釉唾壶	唐	私人收藏
4-12	乳浊绿釉五足印香炉盘	宋	大邑县文管所藏
4-13	邛窑高足盅		
	1 青瓷绿草叶纹高足盅	唐	邛崃市博物馆藏
	2 白瓷褐绿双彩高足盅	唐	邛崃市博物馆藏

续表

图片标号	图片名称	年代	备注
4-14	邛窑酒具		
	1 青瓷褐绿双彩条纹带杯	唐	邛崃市博物馆藏
	2 青瓷褐彩"蜀"字罐	唐	邛崃市博物馆藏
	3 低温黄釉执壶	五代	邛崃市博物馆藏
4-15	邛窑茶器		
	1 青瓷釉下双彩带盖鍑形罐	唐	邛崃市博物馆藏
	2 青瓷荷花形茶托	唐	邛崃市博物馆藏
	3 青瓷绿彩点搨棒	唐	私人收藏
	4 褐釉窑变茶研	唐	邛崃市博物馆藏
	5 青瓷熟盂	唐	邛崃市博物馆藏
4-16	邛窑茶器		
	1 酱褐釉鍑形罐	宋	邛崃市博物馆藏
	2 酱釉黄斑彩煎茶瓶	宋	大邑县文管所藏
	3 乳浊绿釉铫子	宋	邛窑古陶瓷博物馆藏
	4 乳浊蓝绿釉茶盏	宋	邛崃市博物馆藏
4-17	青釉褐红彩道教符碗	宋	四川原道文化博物馆藏
4-18	邛窑佛教器物		
	1 青瓷小佛像	唐	邛窑古陶瓷博物馆藏
	2 青瓷釉下双彩骑象坐俑	唐	四川博物院藏
	3 邛三彩绿釉净瓶	唐	私人收藏
	4 低温黄绿釉堆贴莲瓣高足薰炉	五代	成都文物考古研究所藏
4-19	邛窑香炉		
	1 褐釉五足香炉	宋	邛崃市博物馆藏
	2 乳浊绿釉立耳鼎式香炉	宋	邛崃市博物馆藏
	3 乳浊绿釉行炉	宋	邛崃市博物馆藏
4-20	褐绿双彩宝相花纹摩羯形臼磨器	唐	邛窑古陶瓷博物馆藏

续表

图片标号	图片名称	年代	备注
4-21	李昭道《明皇幸蜀图》	唐	台北故宫博物院藏
4-22	邛三彩水盂	五代	四川博物院藏
4-23	邛三彩提梁小杯	晚唐至五代	邛窑古陶瓷博物馆藏
4-24	邛三彩净水碗	五代	四川博物院藏
4-25	邛三彩葫芦瓶	五代	邛窑古陶瓷博物馆藏
4-26	邛窑乳浊釉瓷		
	1 乳浊绿釉葵口盘	五代至北宋	邛窑古陶瓷博物馆藏
	2 乳浊月白釉双系注子	北宋	邛崃市博物馆藏
	3 乳浊绿釉盖盒	宋	邛崃市博物馆藏
4-27	绿釉刻花洗	宋	成都顺达博物馆藏
4-28	青瓷釉下绿彩刻划花纹双流注壶	五代至宋	邛窑古陶瓷博物馆藏
5-1	绿釉刻花凤头短流水注	唐	邛窑古陶瓷博物馆藏
5-2	青瓷褐斑鸭把短流壶	唐	四川博物院藏
5-3	青釉褐绿点彩龟器盖	唐	邛窑古陶瓷博物馆藏
5-4	邛崃十方堂窑出土器盖造型汇总	唐至宋	图片采自耿宝昌主编《邛窑古陶瓷简论》，比例不一
5-5	褐绿双彩兰草纹四耳罐	唐	邛窑古陶瓷博物馆藏
5-6	白瓷褐绿双彩草叶纹四系带流罐	唐	邛窑古陶瓷博物馆藏
5-7	褐彩草叶纹六系大罐	唐	私人收藏
5-8	吉州窑褐彩开光鸳鸯纹瓶	南宋	广东省博物馆藏
5-9	邛窑水盂		
	1 白瓷红绿双彩水盂	唐	邛窑古陶瓷博物馆藏
	2 乳浊月白釉绿点彩水盂	晚唐至五代	邛崃市博物馆藏
	3 绿釉瓜棱形水盂	五代	邛窑古陶瓷博物馆藏
	4 邛三彩带柄水丞	晚唐至五代	邛窑古陶瓷博物馆藏
5-10	鹦鹉流云印花粉盒	五代	邛崃市博物馆藏

续表

图片标号	图片名称	年代	备注
5-11	飞天莲花纹粉盒	五代	邛窑三彩主题博物馆藏
5-12	莲花型蝴蝶纹盘模	五代至宋初	邛崃市博物馆藏
5-13	黄绿双彩双鱼盆	宋	北京故宫博物院藏
5-14	青瓷五佛脚炉	唐	邛窑古陶瓷博物馆藏
5-15	二级符号系统示意图		图片采自吕品田著《中国民间美术观念》
5-16	褐绿双彩卷草纹瓷枕	唐	私人收藏
5-17	画像砖《弋射收获》	东汉	四川博物院藏
5-18	褐绿双彩兰草纹复系执壶	唐	四川博物院藏
5-19	青瓷褐绿双彩盘口瓶	唐	邛崃市博物馆藏
5-20	邛崃十方堂窑人物瓷塑汇总	唐至宋	图片采自耿宝昌主编《邛窑古陶瓷简论》，比例不一
5-21	乳浊蓝绿釉贯耳瓶	宋	大邑县文管所藏
5-22	乳浊青瓷骑坐人像瓷塑	宋	邛窑古陶瓷博物馆藏
5-23	青瓷褐绿双彩胡人抱角杯	唐	四川大学博物馆藏
5-24	邛崃十方堂窑"乾德六年二月上旬造官样杨全记用"印模	五代	邛崃市博物馆藏
5-25	青瓷褐彩兰草纹水盂	唐	邛崃市博物馆藏
5-26	青瓷褐彩兰草纹带柄杯	唐	邛崃市博物馆藏
5-27	四川原生牡丹		图片采自中国科学院中国植物志编辑委员会编《中国植物志》第27卷
5-28	褐绿双彩牡丹纹贯耳瓶	唐	私人收藏
5-29	褐绿双彩摇钱树纹罐残片	唐	私人收藏
5-30	褐绿双彩摇钱树纹六系大罐	唐	私人收藏
5-31	青铜摇钱树	东汉	绵阳博物馆藏
5-32	镶金兽首玛瑙杯	唐	陕西历史博物馆藏

续表

图片标号	图片名称	年代	备注
5-33	唐三彩鸭式杯	唐	北京故宫博物院藏
5-34	邛窑动物形杯		
	1 青瓷褐绿双彩鸭杯	唐	收藏地不详
	2 青瓷褐绿双彩鸡杯	唐	收藏地不详
	3 青瓷褐绿双彩绘鸭杯	唐	私人收藏
	4 青瓷褐绿双彩点纹鸭杯	唐	四川博物院藏
	5 青瓷褐彩点纹鸭杯	唐	私人收藏
	6 青瓷褐绿双彩点纹鸭杯	唐	邛窑古陶瓷博物馆藏
	7 青瓷褐绿双彩斑点纹鸭杯	唐	四川大学博物馆藏
	8 青瓷褐彩骆驼杯	唐	四川博物院藏
6-1	乳浊绿釉小口球腹执壶	宋	大邑县文管所藏
6-2	高温铜红釉斑水盂	唐	邛窑古陶瓷博物馆藏
6-3	低温绿釉蓝彩坐俑	晚唐至五代	邛窑古陶瓷博物馆藏
6-4	乳浊蓝绿釉五足印香盘	宋	邛窑古陶瓷博物馆藏
6-5	乳浊蓝绿釉深腹碗	宋	邛窑古陶瓷博物馆藏
6-6	低温绿釉小龟	五代	成都文物考古研究所藏
6-7	低温黄绿双色釉五足炉	五代至北宋	邛崃市博物馆藏
6-8	青釉褐彩贴塑鸟兽、人物纹罐	东吴	南京市博物馆藏
6-9	青釉褐斑鸡头壶	东晋	东京国立博物馆藏
6-10	青（白）绿釉长颈瓶	北齐	河南博物院藏
6-11	青瓷褐彩联珠纹四系小罐	隋至唐	大邑县文管所藏
6-12	青瓷褐绿双彩点纹碗	唐	邛崃市博物馆藏
6-13	褐绿双彩花朵纹瓶	唐	四川博物院藏
6-14	白瓷褐绿双彩盘口瓶	唐	邛崃市博物馆藏
6-15	长沙窑瓷器彩绘纹样	唐	图片采自周世荣编著《湖南陶瓷》

续表

图片标号	图片名称	年代	备注
6-16	长沙窑白釉红绿彩执壶	唐	湖南省博物馆藏
6-17	长沙窑青釉褐斑贴花椰枣纹执壶	唐	新加坡圣淘沙机构藏
6-18	长沙窑青釉褐绿双彩联珠莲花纹罐	唐	扬州博物馆藏
6-19	白瓷褐绿双彩条纹执壶	唐	四川博物院藏
6-20	白瓷褐绿双彩斑纹执壶	唐	邛崃市博物馆藏
6-21	褐绿双彩草叶纹双耳执壶	唐	私人收藏
6-22	邛窑省油灯 1 酱釉省油灯	五代至宋	大邑县文管所藏
	2 乳浊绿釉省油灯a	宋	邛窑古陶瓷博物馆藏
	3 乳浊绿釉省油灯b	宋	邛崃市博物馆藏
	4 乳浊浅绿釉省油灯	宋	邛崃市博物馆藏
6-23	蓝绿乳浊釉省油灯残件标本	宋	成都文物考古研究所藏
6-24	省油灯原理示意图		笔者自绘

邛窑大事记

东晋，邛窑初创。青羊宫窑瓷器釉色呈青黄、青绿或者青褐色。胎质较粗，呈黑、灰白、灰红等色。器物以生活实用器为主，碗、盘、盘口壶、鸡首壶、桥系罐等。

南朝，邛窑的窑场明显增多，青羊宫窑、邛崃固驿瓦窑山窑、新津白云寺窑、大邑敦义窑、崇州天福村窑、江油九岭窑与方水窑等。釉色有青黄色、青灰色、黑釉、青绿色、青褐色等，并已出现了带乳浊状的青绿釉和少量褐色彩绘。

隋代，邛窑彩绘兴起。窑场有所增多，产品以青瓷为主，釉色除原有的青黄、青绿、青褐、灰黄、灰青等，还出现了乳白色。装饰方面，刻饰纹样有凹、凸弦纹、莲花纹等。彩绘纹样有釉下黑褐色彩绘条带式联珠纹、圆圈形联珠纹和花瓣纹，兰草纹也在这一时期开始多见。

初唐至盛唐，邛窑窑场发展迅猛，邛崃十方堂窑是最重要的代表。彩绘开始成熟。釉色极为丰富，多达三十多种。产品种类较前期更为丰富，几乎涵盖了日常生活的各个方面。器物中涌现了大量外域文化因素。

晚唐至五代，彩绘渐渐没落，邛三彩出现，代表邛窑高端精细产品的技法水平，高温乳浊铜绿釉大量生产，高温铜红釉已烧制成功。刻花和印花开始发展盛行，纹样丰富。

宋代，"邛窑绿"大量生产，还烧制天青色的青白釉或粉青釉，彩绘逐步为刻花、印花装饰所代替。

宋以后，邛窑的各大窑场基本停烧。

1935年至1936年，邛窑十方堂遗址遭到军阀的疯狂盗掘，大量精美器物流落民间甚至流失海外，邛窑重新进入人们视野。

1936年（美）葛维汉（D·G·Graham）调查邛窑后写成文章《邛崃陶器》并配图发表。随后，一批研究者开始关注邛窑。

20世纪50年代至80年代初，一大批有较高专业素养的文博研究者对邛崃境内的十方堂窑等遗址进行了多次田野调查，采集了部分实物标本，并发表了一批调查研究报告。

1982年10月、12月至1983年5月，四川省文管会、四川省博物馆和成都市文管所，对成都青羊宫窑进行了调查和发掘工作，并发表了《成都青羊宫窑址发掘简报》。

1984年3月2日至5月7日，四川省文物管理委员会和邛崃县文物保护管理所对邛崃十方堂遗址进行了第一次发掘，并随后发表了《邛窑发掘的初步收获》，简要介绍了这次意义重大的发掘成果。

1984年秋，中国古陶瓷研究会和中国古外销陶瓷研究会在成都市邛崃县召开。《四川古陶瓷研究》（一）（二），由四川省社科院于1984年6月出版，全面收录早期邛窑研究成果。

1988年9月至11月，四川省文物管理委员会、四川省文物考古研究所、四川省邛崃县文物管理研究所共同对邛崃县固驿瓦窑山遗址进行了发掘，并于1990年发表了《四川邛崃县固驿瓦窑山古瓷窑遗址发掘简报》。

2001年，邛崃市举行"邛窑古陶瓷科技考古研讨会"。国内陶瓷界许多一流专家如耿宝昌、李知宴等与会，并对邛窑进行了极高评价。会后出版论文集《邛窑古陶瓷研究》。

2005年至2007年，成都市文物考古研究所、邛崃市文物管理所对邛窑十方堂遗址1号窑包及其周围的平地、台地进行了大规模的发掘。相关发掘报告尚未发表。

2006年，邛崃十方堂邛窑遗址列入国家"十一五"100处重大遗址保护项目库名录。

2007年，"邛陶烧造技艺"被列入四川省首批非物质文化遗产保护名录。

2012年，成都市大遗址保护片区率先启动邛窑大遗址保护工作。

2017年，成都市文物考古研究所、邛崃市文物管理局主编《邛窑》出版。

2018年，邛窑遗址考古公园正式向公众开放。

后 记

邛窑器物设计的审美文化是我从博士期间就开始研究的课题，也是我近年来一直坚持的研究方向。从开始涉入课题研究至今已十余年，回首漫漫往昔，心中感慨万千。从这个课题在选择中诞生，到资料查找过程中的波折、困惑、欣喜、失落，以及最后写作中所面临的意想不到的困难和出乎意外的收获……一切都是如此深刻地融入这点点滴滴的文字之中。这是一本学术研究之作，更是一部生命历程的记录。

与邛窑的相遇，缘于我硕士学习阶段在四川省博物院的一次参观。陶瓷厅的展柜中那件独特的彩绘鸭杯给我留下了深刻的印象，它自然朴实又充满生机，设计巧妙而低调稚拙的美，令我对知之甚少的邛窑产生了兴趣。而当我充满期待想要进一步了解这个巴蜀本地规模最大的古代窑口时，却发现其不仅研究资料很少，关注度也不高。但限于当时的研究方向和精力，我没有再深入探寻下去。攻读博士学位期间，在"设计文化与设计美学"这一研究方向上，我着意于对四川本土的传统工艺美术展开研究，于是，曾经隐留于心中的邛窑又重新浮现于脑海，促使我产生了进一步研究的想法。

作为一个在史籍中无迹可寻、学术界极少关注的民间窑口，邛窑曾经长久沉寂在岁月的尘埃中。其存世精品不仅少，且流散民间不易寻访；出土器物大多是日用粗瓷，品相也并不出众。与其他著名窑口相比，似乎无更特别的研究价值。但当我怀着彷徨之情进入静寂荒凉的邛窑遗址和窑包，与那些堆积如山、积淀着历史信息的瓷片和窑具咫尺相对时，那些消失在茫茫史料里又埋藏于地层中的秘密，深深唤起了我的探索之心。在这片缺乏优质制瓷原料的平原河谷中，为何邛窑能在名瓷林立的朝代里延续长达900多年大规模的烧制活动？邛窑的使用者是谁？生产者又是谁？为何它在隋唐时期盛极一时而在宋代以后就销声匿迹？早期发现者的记载中那些制作精良色彩华丽的瓷器到底是什么模样？那些为数不多但却与众不同的彩绘源自何处？又去向何方？邛窑在中国陶瓷史上到底应该获得怎样的地位与评价？……当这些无处求解的问题在我心中浮起，我开始对邛窑产生了欲罢不能的痴迷，更意识到作为一名四川学人所肩负的对本土文化研究和传承的责任。于是，经过初步分析论证并与导师进行交流之后，我确定了《邛窑器物设计的审美文化研究》这一选题，开始了漫长又艰辛的探寻邛窑之旅。

研究的推进过程并非一帆风顺。资料的匮乏令许多问题难以找到深入的线索，一度陷入困境，连一些指点帮助我的前辈都曾对我的未来成果感到担忧。但幸运的是，我总在山穷水复之处见到光明。随着研究的不断深入，我接触到了许多研究邛窑的专家和热爱邛窑的收藏者。尽管我们之前素昧平生，但他们都热情和真诚的给予我无私的帮助，不仅将多年研究心得交流于我，还毫无保留的将收藏品供我学习研究。他们对邛窑的那份执著的情怀深深的感染着我，坚定了我要不怕艰辛继续下去的决心。相关博物馆和考古机构也为我提供了支持，使我得以掌握更为充实的第一手资料，极大弥补了早期材料的不足。

但是，研究材料的获得只是前提和基础，更大的挑战来自于这个课题对研究能力的要求。以往研究更多是从考古、历史、工艺、收藏等角度对邛窑的发展历史、器物类型、装饰手法、烧制工艺等不同侧面进行分析，而从器物设计的审美文化切入对邛窑的研究，则是一个全新的视角，不仅要以更为宏大的视野去展开对邛窑审美文化的整体研究，也要从器物的造型、装饰、色彩、纹样、技艺等具象的层面进行深度分析。其研究方法和内容涉及了多个学科领域，远远超出了我原有的知识结构和能力范围，迫使我必须更加努力的扩大自己的学术视野、建立更为完善的知识体系。而由于精力和能力的局限，我深感自己还相距甚远。因此，在实际研究中，对很多问题的探究未能达到应有的深度和广度。在对现象和内涵进行分析论证时，由于缺乏坚实的功力，所形成的观点也尚显稚嫩。这不能不说是种遗憾，但也更是一种动力，提醒我学无止境，唯有继续踏踏实实潜心付出，方能以勤补拙、收获更好的成果。

博士论文完成后，又历经六年继续研究完善修订，终于今书稿付梓。虽然在浩如烟海的学术成果中，这只是颗小小的水滴，但它却是自己学术生涯中的一个重要总结，更是下一研究阶段的起点。邛窑器物设计审美文化所包含的内容远不仅于此，限于篇幅和精力，还有更多的问题将留待下一步的研究工作来完成。随着邛窑大遗址片区保护工作的进一步展开，邛窑所蕴含的丰富陶瓷文化将得到更为深入的挖掘和推广。拙著对于邛窑器物设计审美文化的研究、归纳和总结，亦希望对邛窑研究的推进贡献自己的绵薄之力。由于个人水平所限，行文难免疏漏，诚望各位专家海涵和指正。

拙著的完成，离不开所有无私的施予我支持、指点和帮助的老师们和亲友们。借此向各位表达诚挚的谢意！

感谢我的博士生导师、清华大学美术学院张夫也教授。老师以学养深厚、知识渊博、亲切随和、幽默风趣的学者风度而得到学生们的崇敬，不仅在我选题和开展研究的整个过程中给予了许多指点，还在本书初稿完成以后逐字逐句的悉心修改，提出了许多宝贵建议，令我感动至深。如今又在百忙之中为本书写序，勉励学生，谨此表示由衷的感谢！

感谢恩师四川大学彭肜教授！恩师不仅领我走入学术的道路，更是人生中难得的良师益友，在学术和生活中都对我有深刻影响并令我终生受益。在我学术成长和课题研究的道路上，四川大学支宇教授、兰州大学程金城教授、四川博物院魏学峰教授、西南交通大学徐伯初教授、四川大学博物馆周静副馆长、广西艺术学院李永强教授、胡春涛副教授等老师和朋友都曾给予我诸多关怀和指教，在此致以深切的谢意！

感谢四川省收藏家协会李铁锤副会长！先生以古稀高龄却治学严谨、勤耕不缀，毫无保留的授业于我，无私地提供大量研究资料和成果，为本书完成起到了重要作用。感谢成都文物考古研究所黄晓枫研究员、邛崃市文物管理局何吉民局长、重庆市文史馆陈丽琼馆员、邛窑古陶瓷博物馆尚崇伟馆长、邛三彩主题博物馆胡维忠馆长、四川顺达博物馆符顺涛馆长、"邛陶烧造技艺"非遗传承人何平扬等多位专家，在我研究过程中提供了诸多帮助和支持，提出过很好的建议和意见，并无私的将藏品和资料供予我研究和学习，在此深表感谢！

感谢挚友傅嘉芹为本书绘制了所有的装饰纹样彩图！感谢挚友李原原、王娟为本书承担了大部分插图的制作工作！

感谢我的家人！多年以来，善体人意的双亲对我悉心照顾，毫无怨言的为我承担了众多繁杂的家务，我方能安心研究完成写作。感谢我的先生张仕强一直全心支持我的学业和工作，让我可以心无旁骛的投入研究！感谢亲爱的儿子紫宸，你的笑容常常在写作困顿时给我动力！感谢各位兄妹多年来对我的关心鼓励！感谢长久以来一直关心和帮助我的众多师长亲友们！

本书的出版获四川省社会科学高水平研究团队——"四川非物质文化遗产教育传承与发展研究团队"和四川文化产业职业学院学术著作出版基金的资助，特此致谢！同时，感谢中国轻工业出版社和毛旭林女士对本书出版的大力支持。

感谢所有曾在本研究期间帮助和支持我的人！

谨以此书献给你们！

詹 颖
2019年3月